미션 콘비벤츠
Mission Konvivenz

한국교회와 함께한 콘비벤츠 선교

Mission Konvivenz
미션 콘비벤츠

정균오 지음

정 균 오 의 7 가 지 미 션 콘 비 벤 츠

렛츠북

목차

추천사 008
    이수영 | 새문안교회 은퇴목사
    김영동 | 장로회신학대학교 명예교수
    박성배 | 하나북스 대표

프롤로그 018
    콘비벤츠(Konvivenz) 선교 이야기

1장
나를 보내소서

내가 여기 있나이다 나를 보내소서   028
세 마디 선교사 멤버케어   036
우리 정 목사 잘 부탁합니다   042
저들의 필요에 응답하다   050
기도하며 지원할게!   060
나무가 자라서 숲이 되듯이   072
함께 세워가는 선교   078

2장
구멍 난 슬리퍼

하나님 다음에 돈이다　084
선교사님을 신뢰합니다　091
끝까지 믿어준다　097
선교지 자립방안　104
구멍 난 슬리퍼　112
하늘을 바라보며 사는 사람　117
잊을 수 없는 사랑　122

3장
화향천리행
인덕만년훈
化香千里行
人德萬年薰

별 하나에 사랑　132
빈대떡이 예배당으로　141
눈물로 씨를 뿌리다　145
화향천리행 인덕만년훈　152
눈물이 변하여 춤이 되다　159
남이섬에서 사랑을 먹다　174
선교 잘하세요　179

4장
**시월의
어느 멋진 날에**

두 달간 여름캠프 186
한 아이를 소중히 여기라 190
지속해야 열매를 볼 수 있다 200
하나님의 걸작품 207
남자들의 눈물 213
시월의 어느 멋진 날에 222
사랑과 우정 선교 226

5장
**내가 너희를
기억한다**

선교는 사람을 세우는 것 238
선교는 사람을 남기는 것 250
비를 한번 해보면 어떨까? 260
진리의 종을 울려라 265
내가 너희를 기억한다 273
예전엔 미처 몰랐어요 280
우리는 모두 이야기로 남는다 287

6장
정규오의
7가지
미션 콘비벤츠

이제는 콘비벤츠 선교다 296

꽂혀있는 깃발을 날리게 하라 303

균형 잡힌 신학을 가지라 311

선교는 하나님의 선교다 316

한 사람을 예수의 제자로 양육하라 321

교회의 본질적 사명은 선교다 328

글쓰기도 선교사의 사역이다 333

에필로그 338

　　콘비벤츠 정신이 선교를 살린다

추천사

　모든 교회와 교인들이 주목하고 읽어야 할 책이 나왔다. 책의 제목은 《미션 콘비벤츠》이고 저자는 현재 러시아 볼고그라드에서 활동하는 정균오 선교사다.

　이 책은 저자가 러시아에서의 30년간의 선교사역과 그 현장에서의 삶의 경험을 정리한 보고서이기도 하고 선교에 관한 그의 숙성된 통찰의 기록이기도 하다. 그의 30년간의 선교사역과 통찰을 관통하는 확신을 요약하는 말은 '콘비벤츠'다. 콘비벤츠는 '함께 하는 삶'을 뜻하는 말이다.

　콘비벤츠를 가능하게 하는 개념은 한 마디로 '사랑'이다. 예수 그리스도 안에서 하나님의 사랑을 체험한 사람이 그의 부르심을 받고 그에게 붙들려 그 누구를 사랑하게 되고 그 사랑 때문에 그에게로 가서 그와 더불어 삶을 나누는 것, 그것이 선교라는 것이다.

　정균오 선교사가 사랑하라고 부르심을 받은 땅은 러시아이고 그가 더불어 삶을 나누라고 보내심을 받은 이들은 그 땅의 형제자매들이다. 정 선교사 부부는 그 삶을 30년째 살고 있다. 그 땅에서 그들이 쏟은 기도와 땀과 한숨과 감사의 눈물이 고스란히 이 책에 담겨있다.

　한국인들뿐 아니라 세계의 많은 나라 국민의 머릿속에서도 러시아는 무서운 공산국가이고 러시아인들은 하나같이 포악하고 잔인한 침략자들이라는 인식이 자리 잡고 있을지 모른다. 그러나 그것은 구소련의 공산주의 혁명 이데올로기와 그것에 충성스러운 정치지도자들과 열성 당원들, 그리고 군인들에 의해 그런 이미지가 덧씌워졌다고 보아야 할 것이다. 러시아 국민이 본래부터 그런 민족이 아니고 그들도 그 어느 국가의 국민 못지않게 순박하고 평화를 사랑하는 민족임을 알아야 한다.

나는 볼고그라드의 한 교회 지도자의 가정에 초대받아 차도 마시고 같이 찬송을 부르며 밤늦게까지 친교를 나누며 그 사실을 확인한 적이 있다. 그토록 선한 사람들이 왜 전 세계에 그렇게 무서운 민족으로 여겨지게 되었는가를 생각하며 그러기에 러시아는 복음 선교사역이 더더욱 필요한 나라라고 확신하게 되었다.

콘비벤츠 정신의 핵심이 사랑이지만 진정한 사랑은 그 대상에 대한 존중이 함께해야 하며, 존중은 그 대상에 대한 신뢰와 이해로 확인되는 것이고, 그 신뢰와 이해는 지속적 기도와 후원으로 이어져야 한다.

선교사는 그가 가서 더불어 사는 주민들에 대해 투철한 콘비벤츠 정신을 가져야 하고 선교사를 파송하는 교회와 온 교인은 그 선교사에 대해, 그리고 그를 통해 그가 더불어 사는 선교지의 주민들에 대해 이 콘비벤츠 정신으로 훈련되어 있어야 한다. 이 책의 저자는 콘비벤츠 선교라는 개념을 통해 그것을 소리 높여 외치고 있다.

정균오 선교사의 책 《미션 콘비벤츠》는 가히 선교의 교과서라 할

만한 책이다. 따라서 이 책은 그리스도인이라면 누구나 읽고 깨달음을 얻어야 할 책이다. 참 교회는 선교하는 교회이어야 하고 모든 그리스도인은 어떤 의미, 어떤 방식으로든 선교 사명을 받은 이들이기 때문이다.

이 책은 어느 나라의 어떤 사람들이 그 선교의 대상이든 선교의 본질과 선교사의 본분, 그리고 모든 교회의 주님 앞에서의 사명과 의무가 무엇인지를 가르쳐 줄 것이다. 이 책을 진지하게 읽는 이들은 저자의 글을 통해 성과와 과시 위주의 한국교회, 재정의 논리로만 선교에 임하는 한국교회, 경박하다 못해 천박한 선교 정책을 답습하는 한국교회에 대한 뼈아픈 경종을 들을 수 있을 것이다.

이 책을 읽고 깊이 깨달아 한국교회가 참 교회다운 교회가 되고 이 땅의 그리스도인들이 참 신앙인다운 교인들이 되는 은혜의 역사가 일어나기를 간절히 바라는 마음으로 교회에 다니는 모든 이에게 이 책의 일독을 강력히 추천한다.

이수영
새문안교회 은퇴목사
전 장로회신학대학교 교수

추천사

언젠가 선교학의 대가이자 선교의 사표이신 선생님께서 "선교학 책은 기하급수적으로 늘어나는데 선교 열정과 헌신은 왜 이리 줄어들지?"라는 말씀을 하신 것이 기억난다. 20세기 초반에 선교학이란 용어가 신학 분과학문으로 등장한 후 선교학자와 선교학 도서가 홍수처럼 쏟아져 나온 것이 사실이다. 그러나 선교는 여전히 이전에 답습하던 대로 이루어지고 있거나 아니면 하나님의 선교와 멀어지는 선교 실태를 보이는 것 같아 안타깝다.

선교학은 선교활동에 대한 비판적 성찰이다. 인간의 선교가 하나님 나라를 얼마나 지향하는지, 하나님의 선교에 부합되는지를 비판적으로 고찰하는 학문적 노력이다.

다른 말로 선교학을 표현하자면, '하나님의 나라를 실제화시키는 것과 맞물려 있는 전 세상에 걸친 성부, 성자, 그리고 성령의 구원 활동'에 관한 학술적 연구라고 할 수 있다. 그러므로 인간(혹은 교회)의 선교활동과 사역은 삼위일체 하나님의 말씀에 순종해야 하며, 예수 그리스도를 통한 구원을 이루어야 한다.

문제는 이 구원받은 사람들의 삶의 방식 혹은 하나님의 백성 공동체로서의 교회의 존재 양식이다. 다른 종교인, 무종교인, 반기독교인이 공존하는 세상에서 교회는 어떠한 존재가 되어야 하고, 어떠한 행동을 통해 빛과 소금의 역할을 감당해야 하는지가 문제가 된다. 건강한 교회 못지않게 건강한 선교, 삼위일체 하나님의 본성에 부합하는 선교가 요청된다.

이러한 문제의식에서 볼 때 정균오 선교사가 쓴 이 책은 이 땅에서 나그네 삶을 사는 교회와 사람들의 존재 양식에 대한 명확하고 분명한 시사점을 준다. 오랫동안 러시아에서 현지교회와 협력하며 하나님의 선교에 참여하고 있는 정균오 선교사는 교회 공동체 내부의 관계성은 물론이고 더 나아가서 교회와 세상의 관계성, 혹은 세상 속에서 교회의 존재 양식을 콘비벤츠로 이야기한다.

마땅히 교회 공동체는 신앙과 삶의 공동체로서 상호나눔, 배움, 축제를 이루어야 한다. 교회는 자체만을 위해 존재하지 않고 세상 속에서, 세상과 함께, 세상의 샬롬을 위해 선교해야 한다. 하나님의 선교는 교회의 주님일 뿐만 아니라 세상의 주님으로서 예수 그리스도를 증거한다. 따라서 교회의 선교는 세상 속에서 새로운 존재 양식과 새로운 관계성을 만들어야 한다. 이것이 예수 그리스도를 메시아로 믿는 교회의 선교다.

선교학의 이론과 실천, 선교사의 교육과 훈련에 경험이 풍부한 정균오 선교사는 건강한 선교는 콘비벤츠 선교요, 이 콘비벤츠 선교는 이론이 아니라 삶의 현장에서 살아내는 믿음의 사람들의 선교라고 한다. 그래서 그는 새문안교회의 목회자, 장로, 권사, 어린이, 여러 단기선교팀의 콘비벤츠 이야기와 선교사와 신학교 및 선교단체의 콘비벤츠를 제시하며, 결론적으로 건강한 선교 정신과 방법 7가지를 제안한다.

선교사로서 저자 자신의 이론이나 경험을 일방적으로 펼치기보다는 하나님의 선교에 함께 동역하는 사람들의 아름다운 콘비벤츠 이야기를 담아내는 데 노력하며 그러하기에 이 책의 가치가 크다.

콘비벤츠라는 용어는 외국어요 일반 성도들에게 생경한 말이지만 그 내용과 정신은 전혀 낯설지 않다. "이제는 콘비벤츠 선교다"라는 저자의 활자화된 외침에 귀 기울이는 여유를 가져야 할 때가 되었다. 각 장의 소제목(주제)들이 참 시적이며 촌철살인의 필치로 표현된다. 장마다 언급되는 '선교 현장에서 발견한 한 줄 콘비벤츠' 역시 저자의 오랜 선교 경험과 성찰이라는 자료가 버무려져, 숙성되고 요리되어 먹기 좋고 맛도 있으며 영양가 높은 선교적 격언처럼 보인다. 자기 자신과 주위 사람들에 대한 지속적인 비판적 성찰 없이는 이야기하기 힘든 아름다운 격언이다. 저자는 비본질적인 것은 과감히 버리고 본질적인 것을 추구하는 '담대한 겸손'의 영성을 보여준다.

이러한 저자의 살아있는 역사적 기록이 한국 선교의 깊이와 넓이와 높이를 더할 뿐만 아니라 세계 선교(학)에도 신선한 감동을 주며 선한 영향력을 미칠 것으로 본다. 아무쪼록 이 귀중한 저서가 선교에 참여하는 모든 이들에게 지상위임령의 소명을 완수하는 데 허기진 배를 채우는 맛있는 음식과 같고, 먼 여정을 떠난 자동차 에너지를 충전해 주는 주유소와 같은 귀한 역할을 다하기를 바란다.

쉬우면서도 본질을 보여주며, 깊이 있으면서 감동을 주는 이 귀한 책의 일독을 선교사는 물론 목회자, 평신도, 신학생, 선교 지망생에게 권한다.

김영동
장로회신학대학교 명예교수
주안대학원대학교 초빙 석좌교수

추천사

1994년 새문안교회(1887년 9월 27일 언더우드 선교사의 사랑방에서 시작, 한국 개신교의 어머니 교회) 후원으로 대한예수교장로회 총회 파송 러시아 선교사로 30여 년간 신실(信實)하게 선교사역을 해온 정균오 선교사님께서 이번에 《미션 콘비벤츠》를 출간하셨습니다. 출간을 진심으로 축하드립니다.

정균오 선교사님은 블라디보스토크에서 선교사들과 협력하여 블라디보스토크 장로회신학교를 설립하였고, 블라디보스토크 장로교신학교와 장로교 노회를 러시아 정부에 등록하여 장로교회의 법적인 기초를 놓았습니다. 2003년에는 볼고그라드로 이동하여 기독교 문화 센터 '세상의 빛'을 설립했습니다.

정균오 선교사님의 30여 년간의 사역은 새문안교회와 한국교회, 그리고, 러시아의 교회와 함께한 협력선교(協力宣敎)였습니다. 콘비벤츠의 정신을 삶으로 실천해 온 정균오 선교사님의 러시아 선교 30년 기록의 역사가 담긴 이 책을 적극적으로 추천(推薦)합니다.

《미션 콘비벤츠》는 정균오 선교사님의 삶이 신실(信實)했던 것처럼 1장부터 6장까지의 내용이 튼실한 책입니다. 1장 나를 보내소서, 2장 구멍 난 슬리퍼, 3장 화향천리행 인덕만년훈, 4장 시월의 어느 멋진 날에, 5장 내가 너희를 기억한다, 6장 정균오의 7가지 미션 콘비벤츠로 구성해서 쓴 책의 내용은, 정균오 선교사님이 얼마나 성실(誠實)하게 30여 년을 사역해 왔는가를 잘 알 수 있게 합니다. 그야말로 콘텐츠가 꽉 찬 책입니다. 특히 6장에서 제시한 '정균오의 7가지 미션 콘비벤츠'는 우리 한국교회가 해외선교를 위해서 나아갈 방향을 바로 제시하고 있습니다.

《미션 콘비벤츠》는 책의 제목대로 '콘비벤츠 정신의 실천을 잘 나타내고 있는 책'입니다. 저자가 프롤로그에 쓴 대로 콘비벤츠는 '함께 더불어 사는 삶'이라는 의미의 스페인어입니다. 콘비벤츠란 단어는 독일의 선교학자 테오 준더마이어에 의해서 '서로 돕는 공동체, 서로 배우는 공동체, 잔치하는 공동체'의 의미로 사용되었습니다. 정균오 선교사님의《미션 콘비벤츠》출간을 계기로, 한국교회와 해외선교의 현장에서 '상호협력 콘비벤츠 정신'이 이론과 실천 면에서 더 잘 이루어져 나가리라고 확신합니다.

《미션 콘비벤츠》는 선교를 기록으로 남긴 위대한 일을 한 책입니다. 정균오 선교사님은 러시아 선교사로 30년간 사역을 하면서 기록의 중요성을 몸으로 실천했습니다. 늘 메모하고 기록하는 습관이 쌓여서 러시아 선교 30년의 역작《미션 콘비벤츠》가 탄생하게 되었습니다. 이 책은 앞으로 한국교회의 해외선교에 길이길이 남을 중요한 선교 지침서가 되리라 믿습니다.

벤저민 프랭클린은 기록의 중요성에 대해서 "죽음과 동시에 잊혀지고 싶지 않다면, 읽을 가치가 있는 글을 쓰라. 또는 글로 쓸 가치가 있는 일을 하라"고 했습니다. 정균오 선교사님은 《미션 콘비벤츠》에 읽을 가치가 있는 글을 쓰셨을 뿐만 아니라, 글로 쓸 가치가 있는 러시아 선교 30년의 삶을 살아오셨습니다.

정균오 선교사님이 러시아 선교 30년과 한국교회와의 협력을 쓴 책 《미션 콘비벤츠》와 같이 앞으로도 은퇴 없는 현역 100세의 선교사로 더욱더 존귀(尊貴)하게 사용되기를 바랍니다.

박성배
하나북스 대표
《한국교회의 아버지 사무엘 마펫》 외 20여 권의 저자

프롤로그

콘비벤츠(Konvivenz) 선교 이야기

콘비벤츠를 실천한 사람들

작은 점들이 모여 선이 되고 선이 모여서 면이 되듯 한 성도 한 성도가 모여서 교회가 된다. 하나님 앞에서 성도 한 사람 한 사람이 하나님의 선교에 어떤 정신과 자세로 동참했는지에 따라 한국교회 선교의 성패가 결정된다.

한국교회 초기 외국인 선교사들의 선교는 선교사들과 한국교회 지도자들과 성도들의 헌신과 열정으로 함께 이룬 것이다. 그와 같이 오늘의 러시아 선교는 나와 함께 동반자 선교를 해주신 분들의 열정과 헌신이 있었기에 가능했다. 그분들의 아름다운 마음과 손과 발이 없었다면 오늘의 러시아 블라디보스토크 장로회신학교는 시작할 수 없었을 것이다. 또한 볼고그라드 문화센터 '세상의 빛'도 세울 수 없었을 것이다.

우리는 하나님의 선교를 위해서 하나님을 사랑하고 선교지 사람들을 사랑하는 마음으로 함께 협력했다. 필자는 나와 함께 하나님의 선교를 위해서 헌신한 분들의 아름다운 이야기를 기술하여 한국교회 선교역사에 남기고 싶었다. 이분들의 선교 정신과 자세를 통해서 이 시대에 어떻게 선교하는 것이 건강한 선교인지 말해보고자 한다.

이 책은 콘비벤츠 선교 정신을 실천한 사람들의 이야기다. 이 시대에 콘비벤츠 선교 정신과 자세를 실천한 사람들의 이야기에 귀를 기울이고 따라가면 하나님께서 기뻐하시는 선교를 할 수 있게 될 것이다. 콘비벤츠 선교 정신을 실천하는 곳에 하나님의 영광이 드러나고 하나님의 나라가 임하게 될 것이다.

콘비벤츠(Konvivenz)

이제는 콘비벤츠 정신과 자세로 선교해야 할 때다. 콘비벤츠(Konvivenz)란 '함께 더불어 사는 삶'을 의미하는 스페인어다. 이 단어는 독일의 선교학자 테오 준더마이어(Theo Sundermeier)가 사용했다. 그는 콘비벤츠를 통해 새로운 선교 패러다임을 제시했다. 콘비벤츠는 서로 돕는 공동체, 서로 배우는 공동체, 잔치하는 공동체다.

콘비벤츠는 상호 의존적인 존재라는 토대에서 출발한다. 건강한 인간관계는 수직적이 아니라 수평적이다. 일방적이 아니라 상호적이다. 서로 사랑할 때 수평성과 상호성을 회복할 수 있다. 사랑과 존중을 기초로 서로 돕고 서로 배우고 함께 식탁을 나눌 때 타인과 함께 더불어 살 수 있다. 그러므로 필자는 콘비벤츠를 상호존중을 기초로 한 상호도움, 상호배움, 함께 잔치하는 공동체로 이해한다.

선교에서 아무리 강조해도 지나치지 않은 것이 사랑이다. 사랑이 선교를 가능하게 한다. 예수님의 대위임령(The Great Commission)은 대계명(The Great Commandment)을 실천할 때 이루어진다. 하나님 사랑, 이웃 사랑이 없는 곳에서 모든 민족을 제자로 삼을 수 없다.

사랑은 서로를 존귀(尊貴)하게 여기는 것이다. 하나님의 형상대로 창조된 인간은 존귀하게 여김을 받아야 한다. 사람은 소중하게 여김을 받을 때 심리적인 산소를 공급받는다. 하나님의 사랑을 기초로 상호도움, 상호배움, 식탁 공동체를 통해서 잔치를 베푸는 콘비벤츠 정신이 역동적으로 실천될 때 하나님의 나라가 실현되고 하나님의 나라가 확장되며 세계선교 시간이 단축될 것이다.

콘비벤츠 선교 이야기

이 책은 콘비벤츠 정신으로 선교사와 함께 선교에 동참했던 분들의 이야기를 기록한 것이다.

1장에서는 새문안교회 세 분의 담임목사님과 함께 한 아름다운 콘비벤츠 선교 이야기를 기록했다.
필자는 새문안교회에서 김동익 목사님과 이수영 목사님과 이상학 목사님을 담임목사로 모셨다. 이 세 분은 선교사와 함께 콘비벤츠 선교 정신을 실천하며 하나님의 선교에 동참했다.

2장에서는 새문안교회 해외선교부장을 역임했던 장로님들을 중심으로 선교사와 함께 콘비벤츠 선교에 동참했던 분들의 아름다운 선교 이야기를 기록했다.
선교를 진행하는 데 장로님들의 역할은 지대하다. 장로님들이 올바른 선교관을 가지고 있으면 선교가 성장하지만 그렇지 않으면 선교는 답보상태에 머문다. 여기에서 독자들은 콘비벤츠의 정신을 가지고 하나님의 선교에 적극적으로 헌신한 장로님들의 선교 이야기를 만나게 될 것이다.

  3장에서는 선교사와 함께 콘비벤츠 선교에 동참한 권사님들과 어린이들의 아름다운 이야기를 기록했다.
  교회에서 권사님들은 사랑과 기도와 헌신의 대명사다. 권사님들은 교회 사랑의 온도를 높이는 분들이다. 권사님들의 선교 열정은 그 누구도 따라가기 어렵다. 여기에 기록한 권사님들은 온 정성과 사랑으로 선교사와 함께 콘비벤츠 정신으로 하나님의 선교에 헌신한 분들이다. 아울러 새문안교회 초등부 어린이들 이야기를 기록했다. 어린아이들의 사랑과 기도는 하늘과 사람을 감동시키는 힘이 있다.

  4장에서는 새문안교회 두나미스 단기선교팀, 모두회, 중등부 교사들의 단기선교팀, 아버지학교 단기선교팀, 소망교회 단기선교팀, 서초신동교회 단기선교팀의 이야기를 기록했다.
  단기선교팀은 선교에 지대한 영향을 끼친다. 단기선교팀은 선교사 혼자서는 감당할 수 없는 사역을 콘비벤츠 정신으로 선교사와 함께 선교지의 필요를 채워줬다. 건강한 단기선교는 선교에 힘과 활력을 불어넣는다. 그러나 병든 단기선교는 선교를 혼란스럽게 만든다. 이 장에서 단기선교는 어떤 정신과 자세로 해야 하는지 건강한 단기선교의 모델을 보게 될 것이다.

  5장에서는 장로회신학대학교와 BEE-Korea, TEE-Korea, 에젤(EZER)선교회, 한국대학생선교회(CCC), CGN-TV 등의 선교단체와 콘비벤츠 선교를 진행한 이야기를 기록했다.

장신대 교수님들과 학생들, 각 선교단체와 함께 콘비벤츠 정신으로 하나님의 선교를 섬긴 것은 선교사에게 영광이었다. 이 장에서 선교사와 신학교 및 선교단체가 어떻게 콘비벤츠 선교를 이루어야 하는지를 보고 배우게 될 것이다.

6장에서는 필자가 생각하는 건강한 선교 정신과 방법을 7가지로 제안해 봤다. 필자가 제안하는 7가지 선교 패러다임을 눈여겨보고 실천할 때 한국교회 선교가 건강하게 변화될 것이다.

여기에 기록한 콘비벤츠 선교 이야기는 올바른 선교 정신과 자세를 말해줄 것이다. 또한 여기에 실린 이야기들은 독자들에게 감동을 주고 선교에 대한 열정을 불러일으킬 것이다. 그뿐만 아니라 한국교회 지도자들과 성도들의 선교모델로 제시될 것이다.

동역자들에게 보내는 감사 편지

일반적으로 선교사가 선교에 관한 책을 쓸 때는 선교지에서 일어난 사건이나 사역을 기록한다. 선교지 이야기는 많은 감동을 준다. 필자도 처음에는 지난 30년간 사역하면서 체험하고 목격한 감동적인 이야기를 기술하려고 생각했었다. 그러나 생각을 바꾸었다. 2020년에 한국에서 안식년을 보내면서 30년간 선교 여정에 동행하며 헌신했던 한국교회와 성도들의 헌신에 감사해서 그분들의 이야기부터 쓰기로 했다.

이 책에 기록한 분들은 하나님께서 나에게 보내신 천사 같은 동역자들이다. 부족한 사람이 러시아에서 30년간 선교사역을 잘 감당할 수 있었던 것은 여기에 등장하는 분들의 조건 없는 사랑과 협력 때문이었다. 나는 하나님의 선교에 조건 없는 사랑과 헌신으로 동역해 주신 분들에게 감사 편지를 쓰는 마음으로 이 책을 저술했다.

이 책은 한국교회 속에서 선교에 헌신한 사람들의 선교 이야기다. 그러나 이 책은 단순한 선교 이야기가 아니라 건강한 선교 정신과 자세를 가지고 선교에 헌신한 분들의 이야기다. 이 이야기를 통해서 건강한 선교 정신과 자세를 한국교회에 말하고자 한다. 건강한 선교에 헌신한 모든 분은 이야기로 남아 한국교회 선교에 긍정적인 영향을 끼치게 될 것이다.

이 책의 기록 목적

이 책에 기록한 내용은 단순한 사람들의 이야기가 아니라 하나님의 선교역사이며 한국교회의 선교역사다. 역사는 기록으로 남겨야 한다. 필자는 이 책을 기술할 때 콘비벤츠 선교를 실천한 많은 사람의 이름을 기록했다. 톨스토이의 《전쟁과 평화》에 등장하는 인물은 500명 이상이다. 《전쟁과 평화》에 비하면 여기에 기록한 이름 숫자는 많은 것이 아니다. 여기에 기록된 이름 중에는 무명으로 남기를 원하시는 분들이 있을 것이다. 모든 분의 허락을 받지 않고 이름을 기록한 것에 대해서 너그러운 양해를 구한다.

이 책에 많은 사람의 실명을 기록한 이유가 있다. 이 책이 실제 역사의 공간에서 함께 숨 쉬고 살았던 사람들의 이야기라는 것을 증명하기 위함이다. 이 책은 궁극적으로 사람들의 이름과 그 공적을 드러내기 위한 것이 아니다. 단순히 감동적인 이야기를 남기는 것도 아니다. 이 책을 기록한 첫 번째 목적은 한국교회 성도들의 선교역사를 기록하는 것이다.

선교역사는 선교사나 지도자들의 이야기만이 아니다. 선교역사는 하나님 나라를 실현하기 위한 평범한 사람들의 이야기다. 이 책에는 하나님의 나라 실현을 위해 함께 울고 웃고 실패와 좌절을 경험한 사람들의 이야기가 담겨있다. 선교역사는 현재와 미래에 더 건강한 선교를 위해서 필요하다. 과거 선교를 객관화시켜서 바라봄으로 하나님의 선교가 더 건강해질 수 있을 것이다.

이 책을 기록한 두 번째 목적은 콘비벤츠 선교 정신과 실천 방법을 말하고자 하는 것이다. 바르고 건강한 선교가 무엇인지를 보여주고 선한 영향력을 끼치기 위한 것이다. 구체적으로 성도 한 분 한 분이 어떤 상황과 여건 속에서 건강한 선교 정신을 실천했는지를 보여주기 위한 것이다. 이를 통해서 한국교회 선교가 1cm라도 더 건강하게 성장하고 성숙해질 수 있기를 간절히 기대하며 기도한다.

하나님으로 위대한 일을 기대하라

코로나19는 많은 사람을 코로나 블루, 코로나 레드, 코로나 블랙으로 몰고 갔다. 러시아, 우크라이나 전쟁과 이스라엘, 팔레스타인 전쟁은 세계를 불안과 단절로 몰아가고 있다. 이 시대는 갈수록 절망과 불안이 더 증폭되고 있는 절망과 단절의 시대다.

절망과 단절은 죽음에 이르는 병이다. 죽음에 이르는 병을 극복하는 힘은 전능하신 하나님, 사랑의 하나님을 향한 믿음이다. 하나님을 믿을 때 절망이 희망으로 변한다. 하나님을 믿을 때 죽음에 이르게 하는 병을 극복할 수 있다.

　지금은 절망과 단절을 극복하고 하나님으로 인한 사랑과 소통과 희망을 꿈꾸어야 할 시대다. 교회가 축소되고 넘을 수 없는 거대한 벽에 선교가 막혀있는 것과 같은 시대에 절망과 단절을 떨쳐버리고 하나님으로부터 위대한 일을 기대하고 시도할 때다. 선교를 병들게 하고 죽음으로 몰고 가는 선교를 지양하고 사랑과 생명력 넘치는 건강한 선교를 지향하고 실천해야 할 때다. 한국교회는 1792년 5월 30일에 영국 노팅엄(Nottingham) 침례교 교역자 모임에서 근대선교의 아버지 윌리엄 캐리(William Carey)가 말한 것을 다시 가슴에 새겨 들어야 할 때다.

"하나님으로부터 위대한 일을 기대하라. 하나님을 위해 위대한 일을 시도하라!"
(Expect great things from God, Attempt great things for God!)

2024년 5월
정균오

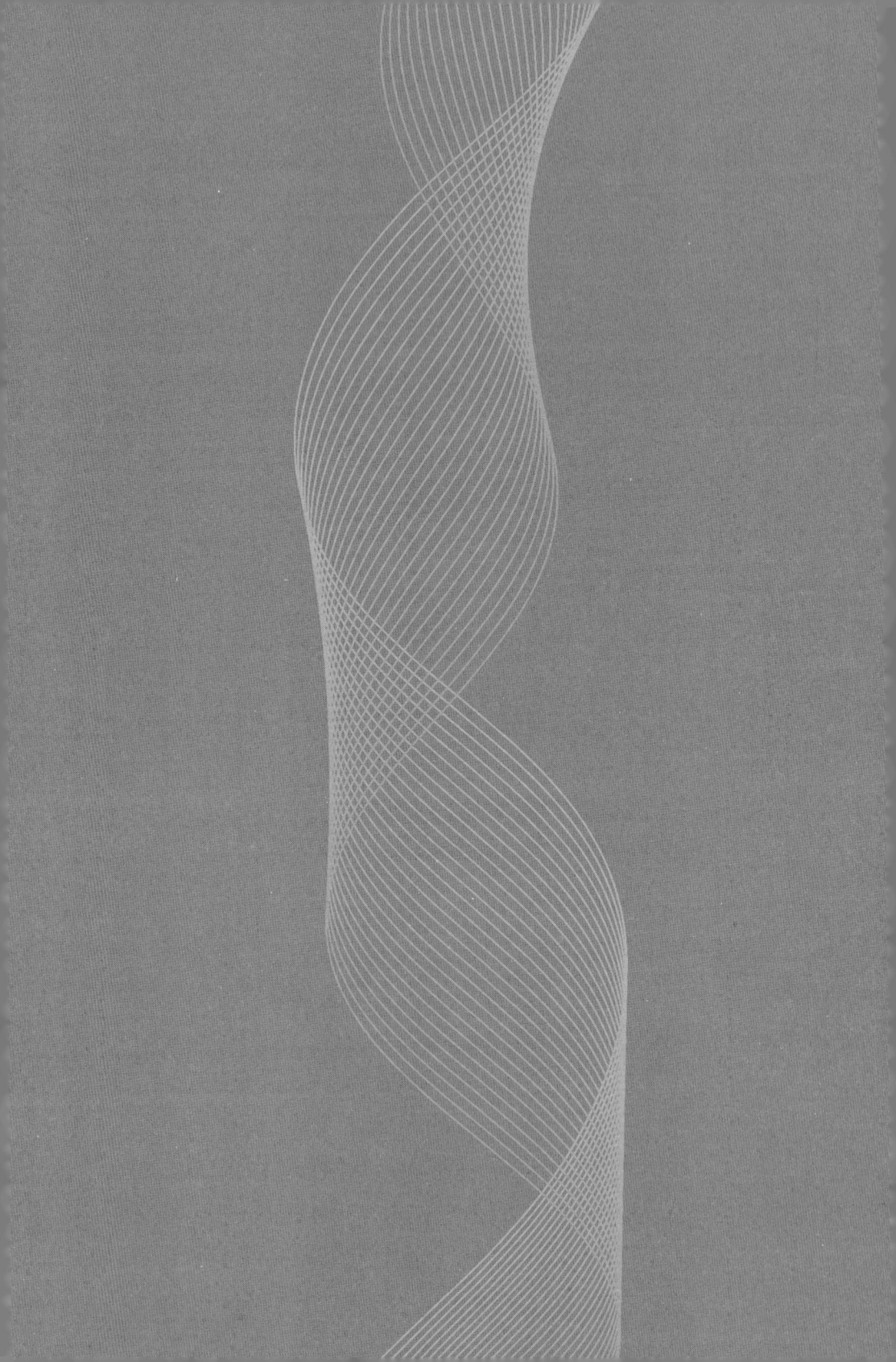

1장

。

나를 보내소서

내가 여기 있나이다 나를 보내소서

좋은 목사님을 만나다

내가 러시아 선교사로 헌신하는 데 결정적인 역할을 한 분은 김동익 목사님이다. 나는 새문안교회 전에 성천교회 김기택 목사님 밑에서 성장했다. 김기택 목사님으로부터 목회는 성도들을 사랑하는 것이라는 것을 배웠다. 그 후 동안교회에서 중고등부 전도사로 사역하면서 송치헌 목사님으로부터 강해 설교를 배웠다. 송치헌 목사님의 뒤를 이어서 김동호 목사님이 동안교회에 부임하셨다. 김동호 목사님으로부터 교회개혁의 필요성을 배웠다.

1993년 1월에 새문안교회 교육 1부 전임전도사로 사역하며 김동익 목사님으로부터 복음주의와 에큐메니칼 신학이 균형을 이루는 건강한 목회를 배웠다. 새문안교회는 상식이 통하는 교회여서 참 좋았다. 새문안교회의 사역은 즐겁고 행복했다.

새문안교회에서 전임전도사로 사역을 시작할 때 김동익 목사님이 부르셨다. 목사님은 새문안교회에서 어떻게 사역해야 하는지를 말씀하셨다.

"우리 교회는 전임전도사에게는 사택도 주지 않고 사례비도 많이 주지 않아요. 그 이유는 전임전도사를 인턴십 개념으로 생각하기 때문입니다. 그러므로 맡은 일을 성실하게 잘 감당하되 나머지 시간에는 책을 열심히 읽으며 신학교에서 배운 것을 정리하며 미래를 준비하세요."

목사님과 첫 만남에서 나는 믿을 수 없는 말을 들었다. 맡은 사역을 잘 감당하되 나머지 시간에는 열심히 공부하라는 것이었다. 나는 떨 듯이 기뻤다. 그 어느 교회에서 담임목사가 새로 온 사역자에게 맡은 사역을 감당하고 남은 시간에는 열심히 공부하라고 말할 수 있을까? 이렇게 좋은 목사님을 만나게 해주신 하나님께 감사드렸다.

새문안교회 주변에는 생명의말씀사, 교보문고, 영풍문고와 같은 대형서점들이 있다. 나는 점심시간마다 식사 후에 서점을 돌면서 책들을 구경하고 사례비에 비해서 과할 정도로 책을 구입해서 열심히 읽었다.

나는 서점을 돌면서 김동익 목사님을 자주 만났다. 당시 김 목사님은 서점가에서 책을 가장 많이 읽는 목사로 꼽히고 있었다. 나는 목사님이 책을 잔뜩 구입해서 옆구리에 끼고 행복하게 걸어가는 모습을 자주 목격했다.

목사님은 매일 밤 10시에서 새벽 4시까지 지하 서고에서 책을 읽는 데에 몰입하셨다. 그의 많은 독서는 설교에 영향을 끼쳐 깊이 있고 감동적인 설교로 나타났다. 그의 설교는 쉽고 깊이가 있었다. 그의 설교는 일반인들뿐만 아니라 지성인들의 가슴을 울렸다. 그 결과 김 목사님이 담임목사로 사역하는 동안 새문안교회는 크게 성장했다.

정 전도사가 가면 좋겠는데

1985년 소비에트 연방의 초대 대통령 미하일 고르바초프는 페레스트로이카(perestroika, 개혁)와 글라스노스트(glasnost, 개방)를 선언했다. 1991년 12월 26일에 소련 최고 평의회에서 소련에 속해있던 공화국들의 독립을 인정했다. 그 결과 1992년 1월 1일에 소련 연방이 해체되고 러시아와 15개국이 탄생했다.

러시아는 공산주의를 버리고 자유민주주의를 채택했다. 1990년에 한국과 외교가 수립되었다. 한·러 수교 후에 한국교회는 북방선교라는 이름으로 러시아에 많은 선교사를 파송했다. 1992년에 김동익 목사님은 러시아 연해주에 선교사를 파송하여 교회 지도자를 양성하는 기관을 설립할 계획을 세우셨다. 새문안교회는 정책 당회 때 러시아 블라디보스토크에 선교사를 보낼 것을 결의했다.

새문안교회는 한국기독공보를 통해서 선교사를 모집하기 시작했다. 그러나 러시아에 보낼만한 적합한 사람을 찾지 못했다. 그러던 중 김 목사님은 생각을 바꾸셨다. 선교사를 외부에서 모집하여 파송하는 것보다 새문안교회 교역자 중에서 선발하여 보내는 것이 더 좋겠다고 생각하셨다. 김 목사님은 부교역자들을 차례로 불러서 러시아 선교사로 헌신할 것을 도전하셨다. 부목사들은 다른 교회 담임목사로 나가려고 준비를 하고 있었기 때문에 목사님의 도전에 응답할 수 없었다. 부목사님들은 '기관지가 약하다', '천식이다', '추위에 약해서 못 간다', '아내가 반대한다' 등 다들 나름의 합리적인 이유를 댔다.

어느 날 김 목사님은 교역자 중에서 막내였던 나를 부르셨다. 목사님은 나에게 러시아 선교사로 나갈 것을 요청하셨다. "정 전도사가 러시아 블라디보스토크에 선교사로 갔으면 좋겠는데…." 나 역시 목사님의 요청을 거부했다.

"저는 해외선교사로 나가는 것을 생각조차 해본 적이 없습니다. 저는 전혀 준비가 안 되었습니다. 저의 아내는 건강이 좋지 않습니다. 아내를 러시아에 가서 잃고 싶지 않습니다. 저는 공부를 좀 더 하고 싶습니다. 저는 한국목회 외에 선교를 생각해 본 적이 없습니다. 죄송하지만 저는 목사님의 요청을 받아들일 수 없습니다."

그럼에도 목사님은 "정 전도사 부부가 둘 다 전도사이고 아직 아이가 없으니 선교사로 가면 좋겠는데…"라고 반복해서 말씀하셨다. 목사님은 약 6개월 동안 내가 선교사로 나갈 것을 도전하셨다. 목사님은 한 달에 한 번씩 교역자 회의를 마치고 자신의 성경책을 왼손에 끼고 나가시면서 다정하고 부드러운 목소리로 말씀하셨다. "정 전도사가 가면 좋겠는데…."

아내의 삼세판 기도

1993년 봄에 무주로 교역자 부부 수련회를 떠났다. 김 목사님은 나의 아내를 보자마자 잠깐 대화를 하자고 하셨다. 목사님은 아내에게 러시아 선교사로 나가는 것이 어떻겠냐고 물으셨다.

당시 우리 부부는 결혼 5년 차였다. 결혼 후 아내는 계속 아파 여러 번의 대수술을 한 탓에 도저히 선교사로 나갈 수 없는 상황이었다. 그러나 아내는 목사님의 말을 듣고 기도하겠다고 대답했다.

아내는 진짜로 기도하기 시작했다. 아내는 큐티를 하다가 신명기 3장 말씀을 받았다. "네가 건너가서 밟는 땅을 너희에게 줄 것이다. 두려워하지 말라"(신 3:18-22). 아내는 이 말씀을 통해서 하나님께서 자신을 러시아 선교사로 부르신다는 것을 확신했다. 아내는 말씀을 받은 후에 꿈을 꾸었다. 서부제일교회 담임목사님이 지휘봉을 가지고 세계지도에서 블라디보스토크를 짚어주셨다. 당시 아내는 서부제일교회 교회학교 전도사였는데 담임목사님이 꿈에 나타나서 정확하게 블라디보스토크를 짚어주는 것을 통해 하나님께서 자신을 러시아 선교사로 부르신다는 것을 더 확신했다.

아내는 기드온과 같이 삼세판 기도하기 시작했다. "하나님, 저는 블라디보스토크가 어떤 곳인지 잘 모르니 그곳을 보여주세요." 그러던 어느 날 텔레비전에서 8.15 특집으로 '발해를 가다'라는 프로그램을 방영했다. 그 프로그램은 육로와 헬리콥터를 동원해서 블라디보스토크와 연해주 일대를 보여줬다. 하나님께서 세 번 응답해 주신 것을 통해 아내는 러시아 선교사로 가는 것이 하나님의 뜻이라고 확신했다.

그즈음 아내는 매일 집에서 배를 붙잡고 방을 구르며 고통을 울부짖으며 기도하고 있었다. 그러나 아내는 에스더와 같이 "죽으면 죽으리라"는 각오로 하나님의 부르심에 응답하여 선교사로 헌신했다. 그리고 아내는 나에게 선교사로 헌신하자고 제안했다.

나는 아내가 목숨을 걸고 선교사로 가자고 할 때마다 무모하다고 생각했다. 나는 선교지에 가서 아내를 잃고 싶지 않았다. 그리고 공부를 더 하고자 하는 계획을 포기할 수가 없었다. 나는 아내에게 "정 가고 싶으면 당신 혼자 가라"고 했다.

내가 누구를 보내며 누가 우리를 위하여 갈꼬

어느 날 아내는 정연희 씨가 쓴《양화진》을 나에게 선물했다. 그 책은 양화진에 묻혀있는 서양 선교사들의 선교 이야기를 쓴 책이었다. 나는 책을 단숨에 읽으며 많은 감동을 받았다. 책을 읽고 난 후에 책 속에 쓰여있던 선교사의 무덤을 직접 보고 싶은 마음이 생겨 아내와 함께 양화진에 갔다. 나는 양화진을 둘러보면서 이 땅의 복음화를 위해서 헌신한 선교사들에게 감사의 마음과 빚진 자의 마음을 느꼈다.

양화진을 둘러보는 중 구석에 자리한 0~5세에 사망한 약 70개의 선교사 자녀들의 묘비 앞에서 큰 충격을 받았다. 선교사들은 자신은 물론 어린 자녀들을 희생시켜가면서 이 땅에 복음을 전했는데 나는 하나님의 종으로 부르심을 받았음에도 불구하고 선교사로 헌신하지 못하고 있는 것에 대해 부끄러운 생각이 들었다. 그때부터 '아골 골짝 빈들에도 복음 들고 가오리다'라는 찬양을 부를 수 없었다.

나는 중학교 3학년 때 목사가 되기로 결단하고 신학대학에 입학해서 목회를 준비했다. 나는 해외선교보다 내 나라 내 민족 복음화에 더 관심이 많았다. 선교를 꼭 해야 한다면 북한 선교를 하고 싶다는 생각이 있었다. 그래서 북한 선교훈련원에서 신학생을 대상으로 진행한 수련회에 두 번 참석하기도 했다.

그러나 해외선교사로 나가는 것은 생각조차 해본 적이 없었다. 양화진 방문 후에 하나님께서 나를 해외선교사로 보내시길 원하시는지 진지하게 하나님의 뜻을 물으며 기도하기 시작했다. 하나님께서 원하신다면 순종해야겠다고 생각했다.

나는 새문안교회 8.15 금식기도 때 3일간 금식 기도하며 하나님의 뜻을 물었다. 금식기도 3일째 아침에 조용히 내 마음속에 말씀하시는 하나님의 음성을 들었다. "내가 누구를 보내며 누가 우리를 위하여 갈꼬"(사 6:8). 하나님은 이사야를 부르셨던 말씀을 통해서 나를 부르셨다. 세계 열방 가운데 죽은 생명을 구원하시고자 하지만 부르심에 응답하는 자가 적은 것에 대해 안타까워하시는 하나님의 마음이 내 가슴에 전달되었다.

나는 그날 가슴 아파하며 하나님의 마음을 품었다. 그리고 하나님의 부르심에 이사야와 같이 응답했다. "주님 제가 여기 있나이다. 부족하지만 나를 보내소서." 그리고 아내의 건강과 나의 인생을 책임져 주시기를 간구했다. 하나님은 아내의 건강과 공부하고자 하는 계획을 책임져 주시겠다고 약속해 주셨다.

김 목사님께 과정을 말씀드리고 선교사로 나갈 준비를 시작했다. 이렇게 해서 1994년 봄에 총회 선교사 훈련을 받았다. 총회 선교사 훈련을 받는 중에 목사 안수를 받고 같은 해 7월 3일에 파송 예배를 드렸다. 그리고 1994년 7월 9일, 김일성 사망 특보를 들으며 러시아 선교사로 출발했다.

하나님의 말씀에 순종한 결과

우리 부부가 선교사로 순종한 결과는 놀라웠다. 하나님께서 폭포수와 같은 은혜를 우리 가정에 쏟아부어 주셨다. 선교사로 훈련받는 동안 아내의 건강이 호전되기 시작했다. 매달 약 23만 원짜리 주사를 맞아야 견딜 수 있었는데 주사를 맞지 않아도 아프지 않았다. 하나님은 우리 가정에 기적을 보여주셨다. 하나님께서 우리 부부의 순종을 기뻐 받으신다고 확신했다.

우리는 선교사로 파송 받은 후에 언어훈련을 위해서 블라디보스토크를 경유해서 모스크바로 떠났다. 모스크바 도착 후에 첫 2개월간 시각장애인 기숙사에서 생활했다. 그때 우리 부부는 하나님께서 우리 가정에 천사를 보내주신 것을 알게 되었다. 결혼 5년 만에 하나님께서 아들을 선물로 주신 것이다. 아들을 주신 후 다음 해에 하나님께서 우리 가정에 사랑스럽고 예쁜 딸을 보내주셨다. 하나님은 약속하신 대로 아내의 건강을 회복시켜 주셨을 뿐 아니라 자녀를 선물로 주셨다. 하나님께 순종한 결과 우리는 하나님의 크신 은혜를 체험했다.

내가 러시아 선교사가 된 것은 성령의 역사였다. 그와 동시에 부드럽고 따스한 음성으로 선교사로 나갈 것을 요청했던 김동익 목사님 덕분이었다. 김 목사님은 담임목사이기 때문에 좀 더 강하게 말씀하실 수 있었을 것이다. 그러나 그는 서두르지 않으시고 내가 준비될 때까지 6개월을 기다리셨다. 그리고 내가 잊을 만하면 부드럽게 나를 일깨웠다. "정 전도사가 러시아 선교사로 가면 좋겠는데…." 김 목사님은 조용하고 부드럽게 나에게 선교사로 헌신할 것을 도전하셨다.

목사님의 인격적인 도전과 성령의 역사가 나를 선교로 이끄셨다. 선교는 사랑과 존중을 통해서 시작되고 이루어지는 것이다. 아직도 목사님의 부드러운 말씀이 귀에 선명하게 들리는 듯하다. "정 전도사가 러시아 선교사로 가면 좋겠는데…."

세 마디 선교사 멤버케어

❖

한 달에 한 번씩 걸려오는 전화

"정 목사, 잘 지내는가?"

"예, 잘 지내고 있습니다."

"별일은 없고?"

"예, 별일 없습니다."

"그럼 됐네."

선교지에 정착할 때 김동익 목사님은 한 달에 한 번씩 나에게 전화를 하셨다. 그때는 지금과 달리 국제전화 사용료가 매우 비싼 시절이었다. 담임목사님은 무척 바쁜 분이셨다. 그럼에도 목사님은 매월 한 번씩 국제전화로 우리의 안부를 물으셨다.

목사님은 전화로 '삼 분간 세 마디'를 물으셨다. "정 목사 잘 지내는가? 별일 없는가? 그럼 됐네." 그 짧은 세 마디가 얼마나 큰 힘이 되었는지 모른다. 특히 선교 초기 우리가 선교지에 적응하는 동안 목사님의 전화는 큰 격려와 위로가 되었다. 그때 나는 삼 분간 세 마디가 선교사 멤버케어에 최고의 방법인 것을 체험했다.

모스크바에 정착

김 목사님은 나에게 러시아의 수도 모스크바에서 언어연수를 하라고 권면하셨다. 선교사가 선교지를 파악하기 위해서는 그 나라의 수도에서 언어 공부를 하는 것이 좋겠다는 목사님의 판단 때문이었다.

그 당시는 교단 현지선교회가 잘 조직되지 않았기 때문에 모스크바에서 사역하고 있는 교단 선교사들과 연결할 방법을 알지 못했다. 그때 김동익 목사님은 장성철 선교사님에게 우리 부부가 모스크바에 정착하는 일을 위해 도움을 요청하셨다. 장 선교사님은 모스크바에서 로고스 신학교와 교회사역을 하고 있었다. 장 선교사님은 우리 부부가 모스크바에 처음 도착한 날 공항에 나와서 우리를 맞아 주셨다.

이민자와 선교사는 처음 만나는 사람이 중요하다고 한다. 모스크바에서 처음 만난 장 선교사님은 우리를 존중하며 친절하게 안내해 주셨다. 우리는 장 선교사님의 안내로 시각장애인 기숙사에서 생활하며 러시아 땅에 삶의 뿌리를 내리며 안전하게 정착할 수 있었다.

우리 부부는 모스크바대학 언어학부에 등록하여 러시아어를 공부하기 시작했다. 언어에 재능이 없는 나에게 러시아어 공부는 쉽지 않은 도전이었다. 나는 1년 안에 러시아어를 정복하겠다는 생각으로 열심히 공부했다. 평일에는 학교에 다니며 언어를 공부하고 주일에는 장 목사님이 시무하는 교회에서 사역하며 러시아 사람들 속으로 한 걸음씩 들어갔다.

아직도 그분이 그립다

우리 부부는 모스크바에서 언어연수를 마치고 블라디보스토크로 이동했다. 한국에서 블라디보스토크로 이삿짐 컨테이너를 보냈으나 한 달이 넘도록 받지 못했다. 그때 생활비는 물론 아이의 분유도 다 떨어져 가고 있었다.

어느 날 김 목사님이 전화하여 안부를 물으셨다. "정 목사 잘 있는가?" 나는 어려운 상황을 설명할 수밖에 없었다. "아닙니다. 어렵게 보내고 있습니다.", "돈이 다 떨어져서 사업하는 교인에게 돈을 빌려서 컨테이너를 찾고 있습니다.", "아이 분유도 다 떨어져 가고 있습니다."

목사님은 깜짝 놀라며 선교부장을 블라디보스토크로 급히 파송하셨다. 선교부장은 컨테이너를 찾을 수 있는 경비와 함께 아이 분유 한 박스를 직접 들고 왔다. 목사님의 관심과 사랑으로 혼자 끙끙 앓던 문제가 단번에 해결되었다. 눈물 나게 고마웠다.

목사님의 사랑과 관심은 필자가 선교지에 정착하는 것은 물론 지금까지 선교를 할 수 있는 힘을 제공해 줬다. 나는 마음 깊은 곳에서 목사님을 존경하고 사랑한다. 목사님이 암으로 돌아가신 지 어느새 약 26년이 되었다. 그러나 나는 아직도 그분이 그립다.

선교사 멤버케어는 부모의 마음으로

블라디보스토크에서 사역할 때 장로회신학대학교 신대원 동기 선교사가 있었다. 그의 아버님이 아들을 보기 위해 선교지를 방문하셨다. 아버님은 제법 큰 교회 시무장로님이셨다. 우리 부부는 장로님을 집으로 초대하여 식사를 대접했다. 장로님은 아들 선교사 집에서 며칠간 묵으며 선교지를 돌아보셨다.

한국으로 돌아가실 날이 되었다. 나는 동기 선교사와 함께 장로님을 공항까지 배웅했다. 공항에서 동기 선교사가 장로님의 출국 수속 절차를 알아보기 위해서 잠시 자리를 비웠다. 그때 장로님은 눈물을 참을 수 없으셨는지 눈가를 훔치시며 나에게 말씀하셨다.

"선교사님, 저는 아들 가족을 선교지로 보내고 나서 발을 뻗고 편하게 잠을 자본 적이 한 번도 없습니다. 아들과 며느리는 자기들이 하나님 앞에서 소명 받아서 선교지에 온 것이기 때문에 그래도 괜찮은데요, 손자 손녀가 이렇게 추운 곳에서 살고 있다고 생각하면 잠을 제대로 이룰 수가 없습니다. 저는 아들 가족을 위해서 기도할 때마다 피눈물을 흘립니다. 아들을 선교지로 보내고 나니까 자녀를 선교사로 보낸 선교사 부모들의 마음을 알 것 같습니다."

장로님의 고백은 내 어머니의 고백이었다. 나는 처음에 러시아 선교에 부르심을 받았을 때 홀로 되신 어머니를 두고 선교지로 떠나는 것이 마음에 걸렸다. 어머니께 러시아 선교사로 가도 되겠느냐고 여쭙자 어머니는 단호하게 "하나님이 부르셨으면 그 어디든지 가야지 무엇을 망설이냐"며 나의 등을 떠미셨다.

필자의 어머니는 돌아가시기 전에 약 2년간 치매로 고생하셨다. 그럼에도 내가 선교지에서 한국에 돌아와서 어머니를 찾아뵈면 나를 명확하게 알아보셨다. 어머니는 돌아가시기 전에 마지막으로 만났을 때 마음에 숨겨놓으셨던 말을 꺼내셨다.

"아들, 나는 매일 학처럼 목을 길게 빼고 러시아 쪽을 바라보았어."
"나는 아들이 선교사로 떠난 후에 한 번도 다리를 뻗고 편하게 잠을 자본 적이 없어. 항상 뒤척이다가 새벽기도회에 나가서 아들과 며느리와 손자 손녀를 위해서 기도했어."

어머니는 돌아가실 때까지 매일 학처럼 목을 길게 빼고 나를 기다리시다가 돌아가셨다. 어머니는 돌아가실 때까지 평생을 다리 한 번 펴지 못하고 편하게 잠을 이루지 못하셨다. 어머니는 매일 새벽기도회에 나가셔서 선교지에 있는 아들 가족을 위해서 눈물로 기도하셨다. 이것은 자녀를 선교지로 보낸 부모들의 공통된 마음일 것이다.
 선교사를 자기 자녀라고 생각하면 누구나 잠 못 이루는 사랑의 마음과 피눈물 나는 절실한 기도가 저절로 나오지 않을까 생각한다.

존중감은 선교사를 살리는 심리적 산소다

후원교회 담임목사와 선교담당자들이 선교사를 사랑하고 존중하는 것은 선교사에게 심리적 산소와 같다. 충분히 존재 가치를 인정하고 소중히 여길 때 선교사는 회복된다. 그러한 담임목사와 함께 동역하는 선교사는 어떤 고난과 어려움도 참고 견딜 수 있는 힘과 용기를 얻는다. 그런 후원교회 담임목사를 모시고 있는 선교사는 후원교회를 사랑하고 후원교회 담임목사를 존경하게 된다. 선교사를 더 충성하게 하고 헌신하게 하는 것은 선교사역에 대한 감독과 평가가 아니라 관심과 사랑이다. 선교사에 대한 세심한 돌봄과 사랑이 선교사를 감동하게 하고 더 헌신하게 한다.

선교사는 하나님 나라를 전파하기 위해서 십자가를 짊어지고 목숨을 걸고 선교지에서 현지인들과 함께 사는 사람들이다. 선교사들은 기후와 환경과 문화가 다른 선교지에 적응하면서 몸과 마음이 병든다. 선교사가 병이 들면 건강한 선교를 할 수 없다.

선교사의 정신건강과 선교사역의 성패를 가늠하는 것은 신뢰와 사랑과 기도다. 사람은 빵으로만 살 수 있는 존재가 아니다. 사람은 사랑을 먹고 살아야 하는 존재다. 한국교회에는 선교사를 내 자식, 내 손자라고 생각하는 후원교회 목사님과 장로님, 권사님, 성도님들이 많이 있다. 그 결과 오늘도 세계 방방곡곡에서 수많은 선교사가 건강한 선교를 하고 있을 것이다.

내가 오늘까지 선교지에서 살아남아 사역을 감당하고 있는 것은 수많은 분의 사랑과 존중히 여기는 마음과 기도 때문이다. 선교사를 향한 최고의 멤버케어(Member Care)는 사랑과 존중과 신뢰와 관심이다. 후원교회 담임목사의 사랑과 존중과 신뢰와 관심은 선교사를 치료하고 회복하는 멤버큐어(Member Cure)가 될 것이다.

우리 정 목사 잘 부탁합니다

블라디보스토크

우리는 선교사로 출발하기 전에 러시아 연해주 블라디보스토크로 선교지가 결정되어 있었다. 연해주(沿海主)의 행정수도는 블라디보스토크다. 연해주는 러시아어로 프리모르스키 크라이(Приморский край)로 '해안의 끝'이라는 말이다. 블라디보스토크(Владивосток)에서 블라디(Влади)는 '정복하다'는 뜻이고 보스톡(восток)은 '동쪽'이라는 뜻이다. 블라디보스토크는 '동방을 정복하다'라는 의미다.

블라디보스토크는 원래 지명은 해삼위(海蔘威)였다. 해삼위는 청나라의 작은 어촌이었다. 해삼위는 1860년 베이징조약 체결 후에 러시아 땅이 되었다. 러시아는 1872년에 이곳에 러시아 태평양 해군기지를 세웠다.

1860년 조선 시대에 함경도에 거주하던 사람들이 가뭄과 배고픔에서 탈출하기 위해서 연해주로 이주했다. 연해주로 이주하여 정착한 한인을 고려인 또는 고려사람이라고 부른다. 고려인들은 블라디보스토크에 신한촌을 세웠다. 1905년 을사늑약 이후에 조선의 독립운동가들이 블라디보스토크로 대거 이주하여 항일 독립운동의 전초기지가 되었다. 1930년경에 연해주에는 고려인이 약 20만 명 거주했다.

1937년 중일전쟁 발발 이후 러시아는 중국인과 고려인들을 잠재적 스파이로 간주했다. 스탈린은 1937년 9월부터 12월까지 고려인 17만 명을 중앙아시아로 강제 이주시켰다.

강제로 이주당한 고려인은 거주나 이동의 자유가 없었다. 고려인들은 중앙아시아에서 잡초처럼 살아남았다. 1991년 소련 해체 이후에 고려인들은 조상들의 고향을 찾아서 연해주로 돌아왔다.

교파를 초월한 선교

우리 부부는 1994년 7월부터 1995년 6월까지 모스크바에서 일 년간 언어연수를 마치고 블라디보스토크로 이동했다. 소련 공산주의 철의 장막이 무너지고 러시아 민주주의가 세워진 이후 한국교회는 유행처럼 북방선교를 시작했다. 블라디보스토크는 지정학적으로 한국과 가깝고 과거에 고려인들이 살았던 곳이기 때문에 많은 선교사가 선교하기 위해서 들어갔다.

러시아 초기에 들어간 선교사들은 불안한 정세 속에서 사역을 시작했다. 한국 선교사들은 무신론을 주장하던 공산정권이 무너진 후 정체성 혼란에 빠져있던 러시아 사람들에게 복음을 전했다. 러시아 사람들은 복음에 목말라 있었다. 교회를 열기만 하면 사람들이 모여들었다.

교회는 빠르게 성장했다. 교회가 성장하자 현지인 지도자 양성이 절실해졌다. 이러한 상황 속에서 새문안교회 김동익 목사님은 블라디보스토크에 현지인 지도자 양육 사역을 기도로 준비하셨다. 목사님은 러시아 블라디보스토크과 중국 연변에 선교거점을 만든 후 그 거점을 기반으로 해서 북한 선교를 하고자 하는 비전이 있었다.

우리 부부가 모스크바에서 언어연수를 마치고 블라디보스토크로 이동하는 동안 김동익 목사님 일행은 한국에서 블라디보스토크로 들어왔다. 당시 블라디보스토크에 함께 들어온 일행은 김동익 목사님과 황산성 사모님, 오장은 선교부장과 임창우 재정부장이었다. 이분들이 블라디보스토크에 들어온 첫 번째 목적은 선교사의 사택을 구입하기 위한 것이었다. 두 번째는 블라디보스토크에서 사역하고 있는 선교사들에게 식사를 대접하며 신임선교사인 나를 부탁하기 위해서였다.

김 목사님은 블라디보스토크에 있는 한국식당을 전세 내서 연해주에서 사역하고 있는 모든 선교사와 선교사 가족을 초대하셨다. 목사님은 정성을 다해서 선교사들에게 점심 식사를 대접하셨다.

식사 후에 목사님은 선교사들에게 몇 가지를 말씀하셨다.

첫째로 "선교사는 현지인을 내세워 직접 선교하도록 하는 중재자입니다"라고 말하며 현지인을 세우는 사역의 중요성을 강조하셨다.

둘째로 "교파 의식을 버리고 교파를 초월하여 연합적인 선교를 해야 합니다"라고 말하며 교파를 초월한 협력의 중요성을 강조하셨다.

셋째로 "새문안교회는 다른 교회가 혼자 하기 어려운 사역을 여러분과 함께하고 싶습니다. 그것은 바로 현지 지도자 양성기관을 세우고 운영하는 것입니다"라고 말하며 새문안교회의 러시아 선교 방향을 밝히셨다.

마지막으로 선교사들에게 "우리 정 목사, 잘 부탁합니다"라고 말씀하셨다.

초교파 연합신학교 준비위원장

　연해주에서 이미 사역을 진행하고 있던 선교사들도 현지인 지도자 양성의 필요성을 절감하고 있었다. 그러나 선교사들은 교파를 초월한 사역에 대해서 의견의 일치를 이루지 못하고 있었다. 선교사들은 김동익 목사님의 말씀을 듣고 초교파신학교를 세우는 것을 긍정적으로 받아들였다.

　김동익 목사님 일행이 떠난 후에 연해주에서 사역하고 있던 선교사 열네 명이 초교파적으로 한자리에 모였다. 장로교와 감리교를 비롯한 모든 교파의 선교사들이 함께했다. 그날 모였던 선교사들은 현지인 양성을 위해서 초교파신학교를 설립하기로 합의했다.

　사실 내가 블라디보스토크에 도착하기 전에 신학교 설립을 위한 준비위원장이 이미 있었다. 그는 자신의 사역이 바빠서 신학교 설립을 위해서 아무 일도 추진하지 못하고 있었다. 선교사들은 나에게 신학교 준비위원장을 맡아달라고 했다. 나는 김동익 목사님께 상황을 설명했다. 목사님은 준비위원장을 맡아서 한국 선교사들과 초교파신학교를 세우며 현지교회와 협력 사역을 주문하셨다.

　나는 신학교 준비위원장으로 사역을 시작했다. 먼저 나와 함께 사역할 부위원장을 한 사람 뽑았다. 나는 부위원장과 거의 매일 만나서 신학교 정관과 커리큘럼과 신학교 운영에 필요한 것들을 차근차근 준비하며 초안을 작성했다. 매월 한 번씩 열네 명의 선교사들이 모여 나와 부원장이 준비한 내용을 논의하고 한 가지씩 결정을 해 나가며 신학교 개교를 준비했다. 일 년간 열한 번의 모임을 하면서 신학교 준비를 마쳤다.

그러나 블라디보스토크에 신학교를 할 수 있는 적합한 공간이 없었다. 우리는 블라디보스토크에 신학교 학사(學舍)가 준비될 때까지 나호드카 장로교회에서 신학교를 진행하기로 했다. 1996년 가을에 교단을 초월한 연해주 신학교를 나호드카에서 개교했다.

신학교 건축과 등록

나는 나호드카에서 신학교가 시작되자 신학교 준비위원장에서 운영위원장으로 직책을 바꾸어 사역을 계속했다. 나는 매주 블라디보스토크에서 나호드카까지 270km를 자동차로 다니며 신학교 운영에 관계된 업무를 처리했다. 나호드카 장로교회를 담임하는 선교사가 신학교 운영에 필요한 제반 사항을 맡아줬다.

신학교가 시작된 후에 블라디보스토크에 신학교 학사(學舍)를 건축하기 시작했다. 새문안교회의 후원으로 세단카 용궁 휴양지 옆 멘델레예바 3번지에 건축이 중단된 3층짜리 단독 건물을 매입했다.

그런데 학사 공사를 시작하자마자 러시아 종교법이 새로 나와서 선교사들이 다 추방될 수 있다는 소문이 퍼졌다. 엎친 데 덮친 격으로 한국에서는 IMF가 터졌다. 나는 하나님께서 보내셨기 때문에 하나님께서 책임져 주실 것을 믿었다. 내일 추방된다고 해도 나무 한 그루 심고 나가겠다는 생각으로 건축을 중단하지 않고 계속해서 진행했다. 새문안교회 선교부장을 맡으신 장로님은 어떤 일이 있어도 후원을 계속할 것이니까 건축을 중단하지 말고 계속하라고 말씀하셨다. 약 2년간 수많은 어려움을 극복하고 신학교 학사 공사를 마쳤다. 그리고

1998년에 블라디보스토크에 세운 학사로 신학교를 이주했다.

1999년에 새로운 종교법에 따라서 국가에 등록된 3개 교회 서류를 기초로 하여 장로교 총회(союз)와 신학교를 국가에 등록했다. 유능한 고려인 변호사 마가리타가 러시아 법무부에 총회와 신학교를 한 달 만에 등록했다.

러시아 법으로 장로교 총회가 없이는 신학교를 등록할 수 없었다. 러시아 종교법에 따라 교파를 정해야 총회 산하에 신학교를 등록할 수 있었다. 협력하고 있는 선교사 중 장로교 선교사가 가장 많았고 종교법에 따라서 새로 등록한 교회가 장로교였기 때문에 장로교총회로 등록하기로 결의했다. 신학교는 법적으로 장로교총회 산하에 있었기 때문에 장로회신학교가 되었다. 신학교가 블라디보스토크로 이주하면서 신학교 명칭을 블라디보스토크 장로회신학교로 바뀌었다. 그러나 신학교는 처음 초교파신학교로 시작한 정신을 이어가며 여러 교단 선교사들이 함께 사역했다.

교파를 초월한 협력 선교의 콘비벤츠

김동익 목사님은 블라디보스토크에 초교파신학교가 세워지길 원하셨다. 그러나 선교지 사정으로 인해서 블라디보스토크 장로회신학교로 명칭을 변경했다. 이 신학교는 지금도 선교사들이 교파와 교단을 초월하여 협력하여 계속해서 선교를 진행하고 있다.

사실 다양한 교파와 다양한 성향을 가지고 있는 선교사들 간의 협력은 쉽지 않았다. 교파가 다른 선교사들은 신학과 교회 전통의 차이로 많은 갈등을 빚기도 했다. 그러나 선교사들 간의 갈등은 신학과 교회 전통보다는 각자 성향의 차이가 더 큰 영향을 끼쳤다. 끼리끼리의 편 가름은 연합을 어렵게 했다. 때론 선교사 개인의 이기적인 욕망으로 인해서 연합사역을 미궁으로 빠뜨렸다. 학교 교장이 되고자 하는 권력에 대한 욕심은 연합사역을 악화시켰다.

하지만 대부분 선교사는 현지인 지도자 양성을 위해서 자기를 부인하고 자기 십자가를 지고 묵묵히 협력을 이어갔다. 신학생들이 하나둘씩 배출됨에 따라서 선교사들이 세운 교회들은 현지인이 사역을 이어갔다. 선교사들과 연합사역이 쉽지 않았으나 시간이 지나면서 선교사들은 연합사역의 중요성을 깨달아 갔다.

대부분 한국교회 선교는 개교회와 개교파주의적이다. 개교회와 개교파주의 선교는 선교자원이 중복으로 투자된다. 경쟁적인 선교를 낳는다. 싸우고 분열한다. 교회를 찢고 나눈다. 이러한 선교는 당장 눈으로 나타나는 현상은 효율적인 것 같이 보이지만 장기적으로 보면 매우 비효율적인 선교라는 것을 곧 깨닫게 된다.

한국교회 선교가 발전하고 성장하기 위해서는 개교회주의와 개교파주의를 극복해야 한다. 교단과 교파를 넘어서 존중하며 서로 돕고 서로 배우고 서로 잔치를 배설하는 콘비벤츠 선교로 패러다임을 바꾸어야 한다. 그때 한국교회 선교가 건강해지고 생명력을 갖게 될 것이다. 하나님의 나라를 구현하는 삼위일체 하나님의 선교는 교회와 교단을 넘어서 협력하는 것이다.

한국교회는 김동익 목사님이 말씀했던 것을 다시 새겨들어야 한다.

"교파 의식을 버리고 교파를 초월하여 연합적인 선교를 해야 합니다!"

저들의 필요에 응답하다

❖

> 내가 진실로 너희에게 이르노니 너희가 여기 내 형제 중에
> 지극히 작은 자 하나에게 한 것이 곧 내게 한 것이니라(마 25:40).

종교국장과 보육원 방문

2000년 9월 20일에 종교국장 아나톨리 바실리예비치와 함께 달리네레첸스키 지역을 방문했다. 우리는 그 지역에 있는 보육원 세 곳을 방문하여 보육원에서 요청한 물품들을 전달할 예정이었다.

달리네레첸스키는 블라디보스토크에서 500km 거리에 있다. 종교국장이 아침 일찍 신학교까지 왔다. 종교국장을 옆자리에 앉히고 뒷자리엔 우리 가족 세 명을 태웠다. 그리고 짐칸에는 전동 타자기를 싣고 달리네레첸스키 지역까지 약 6시간을 달려갔다.

달리네레첸스키 지역에 도착하니 그 지역 부도지사가 우리를 기다리고 있었다. 주청의 종교국장과 함께하면 지역에 있는 지방 관료들이 나와서 우리를 맞이한다. 우리는 지방 관료들과 함께 그곳에서 60km 떨어져 있는 오지로 다시 이동했다.

그곳에는 두 개의 보육원이 있었다. 한 곳에는 80명의 어린이가 있었고 다른 곳에는 40명의 어린이가 있었다. 우리는 80명의 어린이가 있는 보육원에 먼저 갔다. 보육원 원장과 어린이들이 우리를 기다리

고 있었다. 그 보육원에서는 러시아 전통에 따라서 귀한 손님이 올 때 하는 카라바이와 쏠(каравай и соль) 행사를 진행했다.

러시아 사람들은 귀한 손님이 오면 카라바이라고 하는 둥글고 큰 빵을 직접 굽고 그 위에 소금을 준비해서 빵 조각과 소금을 찍어서 먹도록 하는 관습이 있다. 이 큰 빵을 카라바이(каравай)라고 하며 소금을 쏠(соль)이라고 한다. 러시아 사람들에게 카라바이와 쏠은 손님에 대한 극진한 대접을 상징하는 것이다.

선생님 한 분이 손수 구운 둥근 빵 카라바이와 쏠을 수건에 받쳐서 우리에게 내밀었다. 우리는 성찬식을 하듯이 차례로 빵 한 조각을 뜯어 소금을 찍어 먹었다. 손님맞이 행사를 마친 후에 우리는 모든 어린이에게 아이스크림을 하나씩 나눠줬다. 우리는 보육원을 돌아보며 상황을 파악하고 보육원에서 요청한 전동타자기와 후원금을 전달했다.

첫 번째 보육원을 방문한 후에 40명의 어린이가 있는 두 번째 보육원으로 이동했다. 보육원에 도착하여 어린이들에게 학용품과 후원금을 전달했다. 이 보육원에는 1년 전에 삼성전자에서 기증한 세탁기가 있었다. 당시 블라디보스토크 삼성전자 지사에 근무하던 노세권 과장이 선교사들이 사회 봉사하는 것을 기쁘게 생각하여 세탁기를 기증해 준 것이었다. 우리는 그 세탁기를 잘 사용하고 있는지 확인하고 싶었다.

유감스럽게도 세탁기는 가동되지 않고 있었다. 보육원 원장은 물을 자동으로 공급할 수가 없어서 자동 세탁기 사용이 불가능하다고 설명했다. 이것이 그 당시 러시아 지방의 실정이었다. 러시아 지방 도시는 19세기와 비슷한 처지였다. 전자동 세탁기가 있어도 아무런 쓸모가 없는 현실을 목격하며 마음이 아팠다.

보육원을 둘러보는 중에 열두 살짜리 한 소녀가 눈에 띄었다. 그 아이는 우리 아이와 잘 어울려 놀았다. 아이가 예쁘고 인상도 좋았다. 우리 부부는 그 아이를 입양하면 좋겠다고 생각했다. 저녁에 입양 담당자에게 입양 가능성을 물어봤다. 담당자는 외국인에게 고아를 입양시키는 것이 절차상 쉽지 않지만, 원한다면 해주겠다고 했다. 그러면서도 동양인이 서양 아이를 입양하여 키우는 것은 만만치 않다며, 아이를 보육원에 그대로 두고 아이의 필요를 채워주는 것이 더 좋을 것 같다고 조언했다.

우리는 그의 조언을 받아들이기로 했다. 그 후 우리는 몇 차례 그 아이를 위해서 작은 선물을 보냈다. 아쉽게도 우리가 블라디보스토크에서 사역을 이양하고 볼고그라드로 떠나면서 그 아이와 소식이 끊어졌다.

저녁 식사 시간이 되었다. 해가 서서히 짧아지고 있었다. 우리는 서둘러서 집으로 돌아오려고 했다. 그러나 그 지역 관료들이 저녁 식사를 준비해 두었다며 극구 말렸다. 지역 관료들의 제안대로 하룻밤을 자고 다음 날 돌아오기로 했다. 그들은 아내와 아이들을 손님을 위해 준비된 숙소로 안내했다. 자동차를 숙박 장소에 주차했다. 비포장도로를 달려왔기 때문에 차를 한 바퀴 돌면서 정비했다.

정부 관료들과 함께 저녁 식사를 했다. 그 지역 부도지사와 보육원 원장과 지역 종교 담당관과 문교부 담당자가 모였다. 우리는 저녁 식사를 마친 후에 남자들끼리 러시아 사우나를 했다. 러시아는 귀한 손님이 오면 사우나를 하는 관습이 있다.

그분들은 사우나실에서 보드카를 마셨다. 나에게 보드카를 함께 마시자고 권했다. 나는 성직자이므로 술을 마시지 못한다고 설명하며 정중히 사양했다. 그들은 나의 설명을 잘 이해했다. 나는 자리를 떠나지 않고 보드카 대신 사이다로 건배(TOCT, 또스트)를 하며 그들과 함께 자리를 지켰다.

그들은 내가 술을 마시지 않으면서도 자기들과 자리를 함께해 주는 것에 대해 고마워했다. 나는 내심 저들이 모두 술에 취하면 내가 어떻게 저들의 뒷바라지를 해야 할까 하는 걱정을 했다. 그러나 그들은 술에 취해도 모두가 예의를 지켰다.

그들은 나와 한국인과 한국 선교사들에 대해서 다양한 질문을 했다. 그리고 자신들의 고민과 아픔도 털어놓았다. 그들은 도움을 요청하는 주민들의 딱한 사정을 다 해결해 줄 수 없는 자신들의 무능함에 가슴 아파하고 있었다. 국가 경제침체로 인해서 보육원의 필요를 채워줄 수 없는 상황에 대하여 가슴 아파했다. 아이들을 보육원 이후에는 어디로 보내야 할지 모르는 막막한 현실을 안타까워했다.

모두가 자기만 살려고 하는 이기적이고 욕심 많은 관료가 아닌 것 같아서 고마웠다. 나는 그들에게 말했다. "역사의 주인은 하나님이시다. 하나님께 돌아가야 한다. 성경으로 돌아가야 한다. 하나님께 순종할 때 하나님께서 러시아에 복을 주실 것이다." 새벽 2시까지 그들과 함께 대화를 나누었다.

우리는 새벽 2시에 각자 숙소로 헤어지며 아침 7시에 아침 식사를 하기로 했다. 나는 그들이 저녁 늦게까지 술을 마셨기 때문에 7시에 모이는 것이 어렵지 않을까 생각했다. 그러나 내 생각과는 달리 아침 7시에 한 사람도 빠짐없이 식탁에 다 모였다. 러시아 사람들이 술에 강한 것인지 정부 관료들이 예의가 바른 것인지 모르겠다. 술을 그렇게 마셔도 시간을 정확하게 지키는 것을 보고 정부 관료답다고 생각했다.

우리는 아침 식사를 마치고 달리네레첸스키에서 블라디보스토크를 향해서 출발했다. 5시간을 달려서 블라디보스토크 신학교에 도착하니 오후 3시 30분이었다.

연해주 선교 사회봉사회

종교국장과 함께 보육원을 돕기 시작한 것은 1995년부터였다. 대한예수교장로회 통합측 선교사 세 명이 사회봉사의 필요성에 공감하면서 각 가정에서 매월 200불씩을 모아 사회를 섬기기로 했다. 그리고 그 명칭을 '연해주 선교 사회봉사회'라고 했다.

그때 한국 선교사들은 비자 받기가 매우 어려웠다. 종교국장의 사인이 있어야만 종교 비자를 받을 수 있었다. 우리는 블라디보스토크 종교국장인 파자예프와 함께 사회봉사를 하기로 했다. 종교국장을 만나 보육원이나 양로원 등 어려운 곳을 소개해 주면 돕겠다고 했다. 그는 선교사들이 사회를 섬기려는 것에 대해서 매우 긍정적으로 반응했다. 그는 우리에게 사회봉사기관의 대표 세 사람을 소개해 줬다.

우리는 3세부터 17세까지의 아이들이 있는 기관의 대표와 장애아를 섬기는 기관의 대표와 병원 대표를 만났다. 그들과 연속 회의를 하는 중에 예전에 어떤 나라에서 구호품을 보내주었는데 유효기한이 지난 것이나 쓸 수 없는 것이었다고 말했다. 그리고 그들은 "당신들이 원하는 것을 주려고 하지 말고 우리가 필요로 하는 것을 주라"고 했다. 우리는 그들의 말에 깊이 공감하며 그들에게 필요한 것이 무엇인지 말해달라고 부탁했다.

그들은 우리를 연해주 주(主)청사로 안내했다. 주청사에서 우리는 연해주 아동보호시설 전체를 관장하는 대표를 만났다. 우리는 그를 통해서 연해주에 아동보호시설이 16곳이 있다는 사실을 알게 되었다. 전체 수용 인원은 2,005명이었다. 그들의 설명을 들어보니 도울 곳은 너무나 많았다.

우리는 먼저 블라디보스토크에 있는 보육원과 정신지체장애자 시설을 돕기로 했다. 기관 대표들로부터 그들에게 필요한 목록을 받아서 그들의 필요에 응답하려고 힘을 썼다. 그들이 필요한 것을 돕기 시작하자 종교국장과 각 기관 대표들은 매우 좋아했다.

사랑은 내가 좋아하는 것보다 상대방이 무엇을 좋아하는지에 관심을 갖는 것이다. 선교는 기본 정신은 사랑이다. 사랑으로 선교한다면 나의 필요보다 상대방의 필요에 초점을 맞추어야 한다. 우리는 '사회봉사를 할 때 우리가 주고 싶은 것이 아니라 저들이 필요로 하는 것을 주어야 한다'는 사회봉사의 기본원리를 깨달았다.

연해주 선교 사회봉사후원회

우리를 후원하고 있던 후원교회 담임목사님들이 '연해주 선교 사회봉사회'를 통한 사회봉사를 좋게 여겼다. 새문안교회 김동익 목사님과 선교사를 후원하는 담임목사님들은 우리가 하고 있던 사회봉사 사역을 후원하기 위해서 후원회를 조직했다.

그 당시 블라디보스토크에 대한예수교장로회 통합측 선교사가 여섯 명 있었다. 김동익 목사님은 1997년 6월 12일에 여섯 명의 선교사를 후원하는 각 교회 대표들을 새문안교회로 초대하셨다. 이날 후원 교회 대표 열 명이 참석하여 '러시아 연해주 선교 사회봉사후원회'를 조직했다. 김동익 목사님이 후원회 회장이 되었고 당시 인천제일교회 이철신 목사님이 총무가 되었다.

연해주 선교 사회봉사후원회는 매달 1,300불씩을 연해주 선교 사회봉사회에 보내줬다. 선교사들이 모은 돈과 후원회에서 보내온 돈을 합하여 종교국장이 추천하는 곳에 저들이 필요로 하는 물품을 지원했다. 우리는 물품이나 후원금을 지원할 때마다 종교국장을 대동했다. 종교국장은 자신의 업적을 쌓을 수 있어서 좋아했다. 우리는 그와 함께함으로써 사회봉사 사역이 더욱 수월했다. 그뿐 아니라 종교국장은 한국 선교사들이 러시아 사회를 위해서 봉사하는 것을 자신의 입으로 선전하고 다녔다. 선교사들이 러시아 사회를 섬기는 것을 러시아 사람들은 긍정적으로 반응하기 시작했다. 선교사들에 대한 주 정부의 인식이 달라지면서 선교사를 대하는 그들의 태도도 점차 정중하게 바뀌기 시작했다. 그동안 종교 비자 받는 것이 어려웠는데 한결 쉬워졌고 영주권을 받는 길도 열렸다.

선교사는 복음주의 선교사역과 함께 사회봉사 사역을 하는 것이 좋다. 사회봉사는 복음주의 선교와 긴밀하게 연결된다. 어떤 사역을 먼저 할 것인가는 선교지 상황에 따라서 결정해야 한다. 때로는 사회봉사 사역을 먼저 시작하는 것이 좋을 수도 있다. 복음주의 선교와 에큐메니칼 선교가 조화를 이룰 때 선교의 효과가 높아질 수 있다.

깨어있는 한 사람

약 4년간 활발하게 진행되던 사회봉사는 1999년부터 차츰 시들해지기 시작했다. 그 첫 번째 이유는 1998년에 연해주 선교 사회봉사후원회 회장이었던 김동익 목사님이 암으로 별세했기 때문이었다. 후원회 총무였던 이철신 목사님도 영락교회 담임목사로 자리를 옮겼다.

또한 연해주 선교 사회봉사회를 함께 진행하던 교단 선교사들의 마음이 하나로 모여지지 않았다. 선교 사회봉사회는 사회를 섬기려는 취지로 시작했는데 이 취지를 모르는 선교사들이 더해지면서 순수한 정신과 열정이 흐려졌다. 심지어 사회봉사회의 정신을 잘 이해하지 못한 어느 선교사는 후원회에서 보내온 경비를 자기가 목회하는 교회로 가져가려고 했다. 모일 때마다 이러한 주제가 반복해서 논의되면서 갈등과 분열이 시작되었다.

그 결과 1999년 말에 연해주 선교 사회봉사회가 중단되었다. 러시아 사회와 선교를 위해서 꼭 필요했던 사역이 중단되는 것은 가슴 아픈 일이었다.

봉사회가 중단된 가장 핵심적인 이유는 연해주 선교 사회봉사회 후원회 회장이었던 김동익 목사님이 별세했기 때문이었다. 든든한 후원자로서 또한 건강한 균형감각을 갖고 후원회를 견인하던 목사님의 부재가 컸다. 선교를 하는 데에 깨어있는 한 사람의 역할이 얼마나 중요한지를 절실하게 느꼈다.

선교를 활성화시키는 정신

연해주 선교 사회봉사회가 깨진 후에 나는 개인적으로 사회봉사 사역을 계속해서 진행했다. 종교국장이 추천하는 보육원과 양로원을 다니며 그들의 필요에 응했다. 사회봉사 사역을 진행하면서 종교국장과 매우 친밀한 사이가 되었다. 우리 가족은 그의 가족과 함께 블라디보스토크 해변에 가서 함께 휴식 시간을 보내기도 했다. 그는 우리 가족의 영주권을 받는 데 앞장서서 도와주고 선교사들이 비자를 편하게 받을 수 있도록 도와줬다.

사회봉사는 좋은 선교 도구가 될 수 있다. 때로 사회봉사는 그 자체가 선교일 수 있다. 배고프고 헐벗은 사람에게 가장 먼저 필요한 것은 빵이다. 선교사의 필요는 복음을 전하는 것이다. 선교사의 필요만 고집할 것이 아니라 상황에 따라서 저들의 필요에 먼저 응답할 필요가 있다. 저들의 필요에 진실한 마음으로 응답할 때 하나님은 저들의 마음을 움직이신다.

하나님은 사회봉사 사역을 통해서 선교의 열매를 맺게 하신다. 선교사와 교회가 하는 일은 씨를 뿌리고 물을 주는 것이다. 열매를 맺게 하시는 분은 하나님이시다. 선교는 하나님의 선교다. 연해주 선교 사회봉사회와 후원회는 진실하게 러시아 사회의 필요에 응답했다. 연해주 선교 사회봉사회와 후원회는 선교사와 한국의 후원교회가 함께 하는 콘비벤츠 선교였다.

기도하며 지원할게!

❖

스승이 담임목사로 부임하다

2000년 9월에 이수영 목사님이 새문안교회 6대 위임목사로 부임하셨다. 이수영 목사님은 장로회신학대학교에서 조직신학 교수로 재임하셨다. 장신대 대학원 재학시절 나는 이수영 교수님의 강의를 열심히 들었다. 학부에서 보수적인 신학을 공부했기 때문에 장신대 신학을 받아들이기 어려워서 입학 첫 학기 내내 학교를 그만둘까 고민했다. 그때 내가 유일하게 동의하고 받아들일 수 있는 과목은 이수영 교수님의 '칼뱅의 기독교 강요'였다. 이후 나는 이 교수님이 개설하는 모든 강의를 들었다. 교수님은 언제나 최고의 점수를 주셨다.

1993년 2월에 신학대학원(M.Div)을 졸업할 때 이수영 교수님이 논문 지도교수를 맡아주셨다. 나는 〈교회의 본질과 한국교회의 역할〉이라는 제목으로 논문을 썼다. 한번은 논문을 쓰다가 막혀서 약 한 달 동안 아무런 진척이 없었다. 교수님을 찾아뵙고 의논했다. 교수님은 잠시 내 말을 들으신 후에 "이렇게 하면 될 것 같은데…"라며 조언해 주셨다. 교수님의 말씀을 들으니 뻥 뚫리는 느낌이었다. 그때 나는 속으로 "야, 역시 교수님은 교수님이시구나!" 하는 감탄을 반복했었다.

교수님의 조언 덕분에 나는 논문을 쉽게 마무리할 수 있었다. 그리고 그 논문은 목사고시 추천논문으로 뽑혀서 대량으로 복사되어 회람 되기까지 했다.

나는 내성적인 성격으로 교수님께 가까이 다가가지 못하고 먼발치에서만 존경했었다. 그런데 존경하는 스승께서 새문안교회 담임목사로 부임한 것이 참으로 기쁘고 행복한 일이었다. 장신대에서 시작된 이 목사님과의 아름다운 만남은 새문안교회에서 이어졌고 선교지에서도 계속되었다.

정 선교사 기도하며 지원할게

이 목사님은 위임목사가 되기 전에 새문안교회 선교지를 둘러보셨다. 2000년 8월에 목사님은 블라디보스토크 장로회신학교를 방문하셨다. 그때 나는 교파를 초월하여 열네 명의 선교사들과 협력하여 블라디보스토크 장로회신학교를 세워서 사역하고 있었다.

목사님은 장신대 교수를 하셨기 때문에 규모도 작고 체계도 잘 갖추어지지 않은 선교지에 있는 신학교가 목사님의 마음에 차지 않았을 것이다. 목사님은 며칠간 아무 말씀도 없이 선교지 상황을 신중하게 둘러보셨다. 목사님과 함께 온 선교팀은 북한 접경인 핫산을 방문했다. 선교팀은 북녘땅을 바라보며 남북통일을 위해서 기도했다. 두만강을 건너갈 수 있는 철로를 배경으로 기념사진도 찍었다.

선교지를 둘러보고 한국으로 돌아가기 전날 이 목사님이 말씀하셨다. "정 선교사, 나는 선교에 대해서는 잘 몰라. 그러나 사역이 더 잘될 수 있도록 기도하며 지원하고 협력할 테니까 열심히 해." 나는 목사님의 말씀을 듣고 감사하고 기쁘고 행복했다.

이수영 목사님은 16년 동안 새문안교회를 목회하시면서 선교지 상황과 선교사 입장에서 역지사지(易地思之)로 생각하며 선교사를 믿어주고 최선을 다해서 지원해 주셨다. 이런 후원교회 목사를 모시는 선교사는 후원교회 담임목사님을 존경하고 후원교회를 사랑하지 않을 수 없다. 이런 담임목사를 모시고 있는 선교사는 선교지에서 다른 짓을 하지 않는다. 선교를 위해서 기꺼이 목숨을 걸고 열정적으로 사역한다.

볼고그라드로 선교지 이동

이수영 목사님은 내가 안식년을 가지 못한 것을 안타까워하며 서둘러서 후임을 보내주려고 노력하셨다. 목사님이 한국기독공보를 통해서 선교사를 모집하는 동시에 장로회신학대학 학생들을 상대로 선교사를 모집하셨다. 그 결과 후임이 선교지에 도착했다. 나는 선교지에서 사역한 지 7년 반 만인 2002년에 첫 번째 안식년을 갖게 되었다.

안식년 기간에 장신대에서 선교학 석사과정(Th.D.)을 공부했다. 장신대에서 공부하는 동안에 중앙아시아에서 민족 문제와 자녀 교육과 언어 문제로 고려인들이 볼고그라드로 이주하고 있다는 소식을 접했다.

그때 높은뜻숭의교회를 담임했던 김동호 목사님이 교회에 와서 매 예배 시간에 고려인에 대해서 약 15분씩 소개해 달라고 했다. 김동호 목사님은 나에게 블라디보스토크로 꼭 들어가야 하느냐고 물으셨다. 블라디보스토크 신학교에 후임이 들어가 있으므로 꼭 들어갈 필요는 없다고 대답했다.

그러자 목사님은 정 목사가 볼고그라드로 가서 고려인을 섬기는 것이 어떻겠냐고 물으셨다. 나는 볼고그라드를 한번 가 볼 수 있으면 좋겠다고 했다. 그래서 높은뜻숭의교회 선교부 담당 목사인 박은호 목사님과 선교부 장로님과 셋이서 볼고그라드를 방문했다.

장신대 1학기 시험을 마치고 6월 말경에 볼고그라드에 도착했는데 기온이 영상 40도가 넘었다. 러시아에 이렇게 더운 곳이 있다는 것이 믿어지지 않았다. 그곳은 겨울은 영하 30도까지 내려간다고 했다. 연교차가 70도가 난다고 했다. 나는 여러 차례 대수술로 건강이 그리 좋지 않은 아내가 연교차 70도를 견딜 수 있을까를 걱정했다.

또 그곳에는 한국 사람이 없는데 아이들이 친구를 다 떠나서 잘 적응할 수 있을지도 걱정되었다. 더군다나 나는 당시 블라디보스토크 기후에 적응되어 더운 것보다는 추운 것을 더 좋아했다. 아무리 생각해도 선교지를 블라디보스토크에서 볼고그라드로 이동하는 것은 어렵겠다는 생각이 들었다. 나는 돌아오면서 목사님과 장로님께 너무 더워서 못 갈 것 같다고 말했다. 그리고 8월 말까지 기도해 보고 말씀드리겠다고 했다.

그 후에 기도하려고 눈만 감으면 하나님께서 황금색 글씨로 '볼고그라드'를 보여주셨다. 하나님께서 가라고 말씀하시는 사인이었다. 그러나 이 길을 피할 수만 있으면 피하게 해달라고 기도했다. 그렇게 하나님과 투쟁하다가 약 2달이 지나갔다. 결론을 내려야 할 때가 가까이 왔다. 하나님께서 원하시는 일이라면 피할 수 없다는 것을 알았다.

하루는 아내에게 "아무래도 볼고그라드로 가야 할 것 같은데 당신 생각은 어때?"고 물었다. 아내는 "당신이 결정만 하면 우리는 땅끝까지 쫓아갈 것이니까 걱정하지 말고 결정만 해"라고 했다. 그렇게 우리는 선교지를 볼고그라드로 이동하기로 했다.

문제는 새문안교회를 떠나 높은뜻숭의교회 후원선교사로 후원교회를 바꾸는 것이었다. 김동호 목사님은 새문안교회를 떠나 높은뜻숭의교회로 후원교회를 바꾸라고 하셨다. 안식년을 들어올 때 마음 아프게 했던 해외선교부장을 생각하면 바로 떠나고 싶었다. 그러나 그동안 눈물로 기도해 주셨던 성도들과 특히 권사님들의 사랑과 헌신을 배신할 수 없었다.

나는 이수영 목사님과 김동호 목사님께 두 분이 만나서 결정하는 대로 따르겠다고 했다. 그때 이수영 목사님은 김동호 목사님께 "내가 보낸 사람이 아니므로 교회 당회에 물어보아야 한다"고 말씀하셨다. 이수영 목사님은 나를 놓아줄 생각을 안 하시는 듯했다. 이 목사님은 "정 목사가 정책 당회 때 왜 볼고그라드로 가야 하는지를 직접 설명하라"고 하셨다.

정책 당회를 하기 전에 장로님들은 난리가 났다. 블라디보스토크 신학교 학사를 짓고 정부의 허가를 받았으니 다시 돌아가서 본격적으로 사역해야 하는데 어딜 가느냐고 성화였다. 약 97% 장로님들이 선교지 이동을 반대했다.

정책 당회가 있기 며칠 전에 교회 중진급 장로님들이 나를 만나자고 하셨다. 장로님들은 "목사님이 왜 볼고그라드로 가려고 하는지 우리를 설득하세요. 그러면 우리가 당회를 설득하겠습니다"라고 하셨다. 나는 장로님들을 설득할 수 없다고 하며 그동안 진행된 이야기를 간증했다. 그리고 그 누군가는 그곳에 가서 고려인들을 섬겨야 한다고 했다. 장로님들을 고개를 끄덕이시며 "목사님의 의도를 알겠습니다"라고 말씀하셨다.

나는 새문안교회 정책 당회에 들어가서도 설명이 아닌 간증을 했다. 이수영 목사님께서 나가 있으라고 해서 당회실 밖에서 결과를 기다렸다. 얼마간의 시간이 흐르고 이 목사님께서 다시 들어오라고 하셨다. 서기 장로님은 정책 당회 결과 97% 장로님들이 내가 볼고그라드로 이동하는 것에 찬성했다고 설명하셨다. 그리고 이어서 말씀하셨다.

"새문안교회는 러시아에 2개의 선교 베이스를 세우고자 하는 계획이 없었습니다. 그러나 선교사님이 그동안 열정적으로 사역했고 블라디보스토크보다 더 오지로 가서 고려인을 섬기고자 하는 것을 높이 사서 러시아에 선교지를 하나 더 확장하기로 했습니다. 현재 사역비 예산이 없어서 사역비는 못 드리고 생활비만 지원하기로 했습니다."

새문안교회가 러시아 한 나라 안에 2개의 선교 베이스를 세우는 것은 현실적으로 쉽지 않은 결정이었다. 그러나 하나님께서 하셨다. 선교는 하나님께서 하신다.

당회가 끝나자마자 강인애 장로님이 뒤따라 나오며 "목사님, 저희 브니엘선교회에서 고려인 선교를 위해서 1억 원을 헌금하겠습니다"라고 말씀하셨다. 그리고 며칠 후에 서은경 권사님과 채영문 장로님 가정에서 1억 원을 헌금하겠다고 말씀하셨다. 이로써 하나님께서 이

사역과 결정을 기뻐하신다는 것을 강하게 확신할 수 있었다. 하나님은 언제나 나보다 먼저 일하신다. 선교는 사람이 하는 것 같지만 실제로는 하나님께서 하시는 것이다.

장신대 석사과정(Th.M.)을 공부하며 볼고그라드에 가서 고려인 사역을 어떻게 해야 할지 연구했다. 그 연구 결과로 〈정교회와 개신교회의 러시아 한인 디아스포라 연구〉라는 논문을 썼다. 논문을 제출한 후 우리 가족은 2003년 7월에 새문안교회에서 선교사 재파송식을 했다. 그 후 우리는 블라디보스토크를 떠나 볼고그라드로 이동했다.

뒤돌아보면 그때 새문안교회에서 인정해 주고 잡아 준 것이 늘 고맙다. 특별히 이수영 목사님께서 쉽게 놓아주지 않고 끝까지 잡아준 것이 고맙다. 스승은 스승이었다.

목사님의 지지(支持)

볼고그라드 선교 초기에 문화센터 '세상의 빛'을 건축하느라 매우 힘든 시간을 보냈다. 처음 건축을 시작할 때 두 가정의 헌신으로 2억 원의 헌금이 준비되어 있었다. 돈이 있었기 때문에 별 어려움 없이 건축을 진행할 수 있으리라 생각했다. 약 2억 원만 더 있으면 건축을 마무리할 것으로 예상했다.

그러나 건축을 시작할 무렵에 러시아는 경제가 해마다 약 7.2%씩 성장했다. 모든 건축자재 가격과 인건비가 상상을 초월할 정도로 빠르게 상승했다. 건축 기간은 6개월이면 될 것으로 예상했으나 까다로운 법적 절차로 인해서 공사 기간이 늦어졌다. 건축자재 가격 상승과 늘어나는 건축 기간으로 인해서 건축비용이 예상보다 몇 배 더 많이 들어갔다. 후원교회는 건축공사가 늦어지고 공사비용이 늘어나는 것에 대해서 힘들어했다. 나 역시 힘든 시간을 보냈다. 가지고 있던 건축비가 바닥에 나서 공사가 중단되었다.

공사는 중단되어도 건축비는 계속 들어갔다. 앞으로 갈 수도 없고 뒤로 되돌아갈 수도 없는 상황이었다. 나는 심한 스트레스로 우울증에 걸렸다. 머리에는 세 곳에 원형 탈모 현상이 나타났다. 볼고그라드 선교의 기초를 놓는 과정인데 끝까지 참고 견디지 않으면 아무 일도 할 수 없겠다는 생각이 들었다. 하나님께서 시작하게 하셨으니 하나님께서 책임져 주실 것을 믿었다. 선교의 주인이신 하나님께서 포기하시지 않는 한 종놈이 포기할 권리는 없다고 생각했다. 그리고 죽으면 죽으리라는 각오로 건축을 강행했다.

나는 건축 진행 상황을 설명하고 건축비를 확보하기 위해서 한국에 입국했다. 새문안교회 수요예배를 마치고 예산위원장을 비롯한 몇 장로님을 만났다. 이수영 목사님도 자리에 동석하셨다. 나는 장로님들께 건축 진행 상황을 설명했다. 장로님들은 상황을 설명해도 이해하지 못하는 분위기였다. 장로님들은 한국 상황을 생각하며 러시아 상황을 평가했다. 아무리 상황을 설명해도 이해하지 못하는 것이 너무 답답했다. 울고 싶었다. 그러나 나는 포기하지 않고 계속해서 다시 설명하며 건축비를 요청했다. 장로님들은 건축비를 더 주는 것에 대해서 부정적이었다.

옆에서 상황을 지켜보던 이수영 목사님이 장로님들에게 러시아의 특수상황을 이해하고 선교사 힘들게 하지 말고 빨리 예산을 편성해서 건축비를 지원하라고 말씀하셨다. 목사님이 그렇게 말씀하셔도 장로님들은 꿈쩍도 하지 않았다. 그러자 목사님은 자리를 박차고 나가시며 말씀하셨다. "도대체 선교사더러 어떻게 하라는 겁니까? 교회가 선교사를 보냈으면 끝까지 책임을 져야지요!" 장로님들은 여전히 잘 이해되지 않는다는 표정이었지만 목사님의 뜻을 따라서 건축비를 지원하기로 결의했다. 절벽 끝에 서 있다가 구조받는 느낌이었다.

목사님은 처음에 나에게 약속하신 것처럼 선교사 편에서 생각하고 지원을 아끼지 않았다. 목사님의 적극적인 지지(支持)가 없었다면 '세상의 빛' 문화센터 건축과 새문안교회 선교와 선교사 모두 부도(不渡)가 났을 것이다. 나는 끝까지 믿어주고 지원을 아끼지 않으셨던 이 목사님을 잊을 수 없다.

문화센터 외장공사 감사예식

나는 선교지에서 한국에 입국하면 가장 먼저 담임목사님께 도착보고를 드린다. 담임목사님이 사무실에 계시면 사무실로 찾아가서 목사님께 인사를 드린다. 선교부장과 선교부 차장에게도 입국했음을 알린다. 그리고 부모님과 가족에게 전화한다. 이후 따로 시간을 내어 총회 선교부에 찾아가서 도착보고를 한다. 이수영 목사님은 내가 한국에 입국할 때마다 식사 약속을 따로 잡아 함께 식사하면서 격려해 주시고 선교지 상황을 귀담아들어 주셨다.

이 목사님께서 은퇴하실 때가 다가올 무렵 한국을 방문했을 때 목사님과 식사를 했다. 그때 목사님께서 모스크바와 페테르부르크를 한 번도 돌아보지 못했다고 말씀하셨다. 나는 깜짝 놀랐다. 나는 2010년에 볼고그라드 문화센터 '세상의 빛' 헌당식을 마치고 목사님께서 선교팀과 함께 모스크바와 페테르부르크를 돌아보신 것으로 기억하고 있었다. 그러나 그때 목사님은 볼고그라드에서 행사를 마치고 바로 신학교 졸업식을 위해서 블라디보스토크로 달려가셨었고, 나는 그날 식사 자리에서야 그 사실을 알게 된 것이었다.

나는 담임목사님이 모스크바와 페테르부르크를 탐방할 수 있는 기회를 만들어 드리지 못한 것이 죄송스러웠다. 그때부터 나는 목사님이 은퇴하시기 전에 러시아를 한번 볼 수 있는 기회를 만들려고 노력했다.

2015년에 남양희 장로님이 해외선교부장이 되셨다. 문화센터 '세상의 빛'은 돈이 생기면 외장공사를 한다는 조건으로 준공검사를 받았으나 오랫동안 외장공사를 못 하고 있었다. 그해에 남 장로님은 33명의 새문안교회 성도들께서 헌금한 것을 보내셨다. 그분들이 헌금한 선교비로 '세상의 빛' 문화센터 외장공사를 서둘러 마쳤다. 외장공사를 마치고 감사예식 설교자로 이수영 목사님을 초청했다.

목사님과 사모님과 약 열다섯 명이 볼고그라드를 방문했고 외장공사 마감 감사예식을 마쳤다. 그리고 저녁에 독일식당 방 한 칸을 예약하여 목사님 생일잔치를 했다. 참가한 모든 분이 돌아가며 축하 노래를 불렀다. 목사님도 훌륭한 목소리로 멋진 노래를 불러 주셨다. 목사님은 매우 행복해하셨다.

그해 선교팀은 목사님을 모시고 모스크바와 페테르부르크를 탐방했다. 그 후 볼고그라드 선교팀은 계속해서 이수영 목사님과 아름다운 교제를 이어가고 있다.

성삼위일체교회 예배당

나는 볼고그라드 선교팀의 선교헌금으로 외장공사를 마치고 남은 선교비로 러시아 복음주의 침례교 성삼위일체교회 예배당을 구입했다. 이 교회는 아파트 6층 건물에 있는 지하실을 임대해서 예배를 드리고 있었다. 그러나 주민들의 반대로 예배 시간에 찬송을 소리 내어 부르지 못했다.

나는 그 교회의 소식을 듣고 예배당으로 사용할만한 건물을 매입했다. 건물 수리는 그 교회와 노회가 담당하기로 했다. 지금 성삼위일체교회는 예배당에서 마음껏 찬양하며 예배를 드리고 있다. 그리고 받은 은혜를 갚기 위해서 가난한 이웃에게 빵을 나누어 주는 사역을 진행하고 있다.

담임목사의 선교 열정이 선교를 살린다

내가 신대원을 졸업할 당시 이수영 목사님은 장신대 교수였다. 1993년 신대원 졸업식 때 이 교수님은 졸업생들에게 "모로 가도 서울만 가면 된다"는 것이나 "꿩 잡는 게 매"라는 식으로 사역하지 말라고 권면하셨다. 그것은 수단과 방법을 가리지 않고 목적만 이루려고 하는 자세로 하지 말고 정직하게 사역하라는 가르침이었다. 이것은 매사에 정직과 정도(正道)를 실천하며 살아가시는 목사님다운 권면이었다. 아무리 급해도 바늘허리에 실을 매어 쓰지 못하는 법이다. 목사는 술수를 쓰지 말고 정직과 정도를 걸어가야 한다고 항상 강조하셨다. 나는 아직도 이 교수님의 가르침을 가슴에 새기고 사역한다.

이 목사님은 교수로 재직하실 때나 목회하시는 동안 항상 정직의 모범을 삶으로 보여주셨다. 목사님은 장신대 퇴직금과 연구실 매매 비용과 개인주택 매매금을 모두 새문안교회 건축헌금으로 하나님께 드렸다. 목사님은 외부 부흥회 사례비나 강사료를 모두 새문안교회 재정에 넣으셨다. 목사님은 재정에 대해서 깨끗하고 정직한 목사로 많은 사람에게 존경을 받으셨다.

목사님이 새문안교회에 처음 오셨을 때 목사님의 설교가 어렵다고 많은 분이 힘들어했다. 목사님은 성경 중심의 설교를 하셨다. 성도들에게 목사님의 설교는 딱딱하고 껄끄러운, 그러나 영양가가 높은 '현미밥'과 같았다. 목사님이 은퇴하실 때는 많은 성도가 목사님의 성경 중심의 설교를 더는 듣지 못하게 되는 것을 안타까워했다. 목사님은 시작할 때보다 끝날 때 더 많은 사람에게 존경을 받으셨다. 그리고 끝난 후에는 더 존경을 받으신다.

목사님은 선교를 교회의 본질적 사명이라고 생각하셨다. 새문안교회에서 목회하시는 동안에 교회 예산의 10분의 1을 해외선교에 사용하며 선교를 강화하셨다. 또한 피택 장로님들에게 임직 전에 의무적으로 선교지를 방문하여 선교를 이해할 수 있도록 제도화하셨다.

이수영 목사님은 새문안교회에서 16년 목회하시는 동안 전심으로 선교에 동참하셨다. 선교사가 한국에 입국하면 반드시 바쁜 시간을 쪼개서 만나서 식사를 대접해 주시고 선교보고를 할 수 있는 장을 마련해 주셨다. 목사님은 처음에 한 약속과 같이 기도하며 선교사와 함께 콘비벤츠 선교를 이루셨다.

　담임목사의 선교 열정은 선교를 살리고 교회를 살린다. 목사님은 선교사를 소중히 여기고 적극적으로 지원하여 새문안교회 선교를 한층 업그레이드시키셨다.

나무가 자라서 숲이 되듯이

❖

열 그루 나무를 심었다

문화센터 '세상의 빛' 헌당식 날 앞마당에 열 그루 나무를 심었다. 자작나무 일곱 그루와 전나무(욜까) 세 그루를 심었다. 러시아 땅에 복음의 뿌리가 더 깊이 내리기를 기도하며 기념식수를 했다. 볼고그라드 문화센터 '세상의 빛'이 많은 사람에게 그늘이 되어 쉼을 제공하며 복음을 전하는 공간이 되도록 기도했다. 헌당식 때 심은 열 그루의 나무가 부디 뿌리를 잘 내리고 성장하기를 기도했다.

선교는 나무를 심고 뿌리를 내리는 것과 같다. 러시아에 나무를 심고 뿌리 내리는 것은 결코 쉬운 일이 아니었다. 여러 번 강한 바람이 불어서 나무가 송두리째 뽑힐 뻔한 적이 몇 번 있었다. 러시아 땅에 문화센터를 세우고 운영하는 것은 오직 하나님을 더 소망하도록 만드는 과정이었다.

문화센터 '세상의 빛' 건축과정

2005년에 볼고그라드 문화센터 '세상의 빛'을 건축하기 시작하여 2010년 5월 23일에 헌당식을 거행했다. 새문안교회에서 이수영 목사님과 32명이 문화센터 헌당식에 참석했다. 윤홍준 장로님과 해외선교부 볼고그라드 담당 차장 김철경 집사님(장로)과 권사님들과 집사님들, 새남중창단이 참석했다.

한국에서 볼고그라드까지는 약 12,000km의 거리다. 비행시간만 해도 약 열한 시간이나 소요되는 장거리다. 모스크바 공항에 도착해서 다시 볼고그라드로 가는 비행기를 갈아타는 시간을 합하면 약 스물네 시간이 걸린다. 게다가 볼고그라드는 지방이기 때문에 항공료가 비싸다. 한국에서 볼고그라드까지는 짧은 일정으로 다녀가기도 어렵다. 이렇듯 멀어서 시간과 경비가 많이 들어가는 선교지를 방문하는 것은 쉬운 일이 아니다. 그럼에도 서른두 명이나 되는 많은 분이 이곳을 방문했다. 이것은 새문안교회의 선교 열정을 말해주는 것이며 볼고그라드를 향한 사랑의 표현이었다.

문화센터 '세상의 빛'은 문화를 통해 러시아 땅에 복음의 빛을 비추고자 하는 목적으로 세웠다. 특별히 문화센터 '세상의 빛'을 통해서 '러시아 교회의 성장과 고려인 복음화'를 이루고자 하는 비전이 있었다. 문화센터에 주신 사명을 이루기 위해 죽을 고비를 몇 차례 넘기며 약 6년간 건축을 진행했다. 하나님의 은혜가 아니고서는 마칠 수 없는 사역이었다.

이 건물은 본래 러시아 복음주의 침례교 개혁교회(변화교회) 소유의 건물이었다. 개혁교회가 골조만 있는 건물을 국가로부터 1만 불에 매입했으나 매입비보다 100배 이상 예상되는 건축비용이 없어서 오랫동안 건축에 손을 못 대고 있었다.

2004년 9월 16일에 당시 해외 선교부장이었던 이용실 장로님과 브니엘선교회 회장 강인애 장로님, 브니엘선교회 총무 김상철 장로님이 이 건물을 보고 매입하기로 했다. 나는 장로님들께 매입하지 말고 그냥 수리해서 개혁교회와 같이 사용하는 방법을 제안했다. 그러나 장로님들은 한 지붕 두 주인은 분쟁의 소지를 남기는 것이기 때문에 매입하는 것이 좋겠다고 했다. 이렇게 해서 러시아 교회가 국가로부터 매입한 동일한 가격으로 브니엘선교회가 매입하여 새문안교회에 헌물했다.

건물 뼈대 공사만 하고 15년 이상 방치된 건물 상태는 매우 좋지 않았다. 지하실에는 마약을 주입하기 위해 사용한 주삿바늘과 술병들이 나뒹굴고 있었고 악취가 진동했다. 2층은 층고(層高)가 너무 낮아서 사람이 서 있을 수 없었다.

나는 무너진 성벽을 세우는 마음으로 건축에 임했다. 건축을 빨리 마치고 복음화에 매진해야겠다고 생각했다. 나는 러시아 교인 세르게이와 함께 건축을 시작했다. 그는 암으로 곧 죽을 것이라고 했는데 건축을 진행하는 동안 하나님께서 건강을 주셨다.

나는 공사를 빨리 진행하기 위해서 설계사무소와 설계를 계약하고 곧바로 일을 시작했다. 가장 먼저 지하실을 청소했다. 건물 외부에는 공사 차량이 자유로이 다닐 수 있도록 임시도로를 깔았다.

건축은 급하게 서둘러 시작했지만, 생각만큼 잘 진행되지 않았다. 건물 설계도가 늦어져서 건축허가를 받을 수 없었다. 건축허가 없이 건축을 진행하는 것은 불법이었다. 건축허가 없이 공사를 진행하다가 검사(檢事)에게 소환 통지서를 받았다. 검사는 건축법을 어기면 추방될 수 있다며 겁을 줬다. 나는 건축허가가 나올 때까지 공사를 중단하겠다는 서약서를 쓰고 문제를 해결했다.

서둘러서 설계도를 그리고 건축허가를 받은 후에 공사를 재개했다. 하지만 오랫동안 지붕 없이 버려져 있던 건물이기 때문에 골조들이 많이 약해져 있었다. 마침 국가에서 골조 강도 정밀검사를 명령하여 검사를 진행했다. 검사 결과, 골조가 약해서 기존에 있던 골조를 다 뜯어내고 거의 처음부터 다시 골조 공사를 해야 하는 상황이었다. 결국 골조를 뜯어내는 데도 건축비가 들어가고 새로 골조 공사를 하는 데도 건축비가 들어감으로 경비가 이중으로 들어갔다. 정부 건축과에서는 지진 강도 6을 견딜 수 있도록 공사를 해야 준공 허가를 내준다고 해서 철재 H빔을 두 겹으로 용접해서 기둥을 세웠다. 철재 빔으로 기둥 공사를 마치고 나니 가지고 있었던 건축비 20만 불이 바닥났다. 그 경비로 건축의 절반은 진행할 수 있을 것으로 예상했는데 기초공사하고 끝난 것이었다.

나는 건축비가 바닥나면서부터 심한 스트레스로 잠을 이루지 못했다. 그러나 공사는 계속해서 진행했다. 추운 겨울이 다가오기 전에 예배실 창문을 먼저 달고 그 외 공간은 비닐을 붙여놓았다. 공사는 겨울에도 계속 진행했다. 전기가 들어오지 않을 때는 장작불을 피워가며 공사했다. 전기가 들어온 후에는 부분 난방을 하며 공사를 진행했다.

그러나 아무리 발버둥을 쳐도 공사는 잘 진척되지 않았다. 전체 설계도도 늦어지고 건축허가도 늦어졌다. 건축회사는 공사하기 편하고 수익성이 높은 것만 공사하고 돈을 받은 후에 말도 없이 도망가 버렸다. 이렇게 해서 두 개의 건축회사와 결별했다. 돈 앞에서는 양심도 도덕도 없었다.

결국, 직영으로 건축해야겠다고 마음먹었다. 예배당 건축을 위해서 모스크바에 설립해 놓은 복음주의 침례교 총회 산하 건축회사를 통해서 법적 보호를 받으며 건축을 직접 진행했다. 일꾼을 찾아서 일을 시키고 감독하고 자재를 구입하여 날랐다. 인부가 없을 때는 직접 노동을 했다. 그리고 밤에는 온몸이 아프고 쑤셔서 잠을 못 자는 때가 많았다.

입당식과 공사

죽을힘을 다해도 건축은 황소걸음처럼 느리게 진행되었다. 6개월 만에 공사를 마치려고 했는데 건축 시작 후 2년이 지난 2006년 9월에서야 입당예배를 드렸다. 입당예배를 드릴 당시에 건물은 지붕과 벽만 세워진 상태였다. 내부공사가 아직 마무리되지 않아서 흰색 벽돌이 내장처럼 보였다. 그럼에도 당시 해외선교부장 여기락 장로님이 입당예배를 드리자고 하셨다. 내가 예배를 인도하고 이수영 목사님이 설교하셨다. 여기락 장로님이 대표 기도를 하고 서원석 장로님과 러시아 복음주의 침례교회 노회장 표트르 목사가 감사 인사를 했다.

입당예배를 드린 후부터 이 건물에서 동역하고 있던 러시아 복음주의 침례교 변화교회가 예배를 드리기 시작했다. 그리고 2007년 9월 8일에 러시아 현지교회와 한국 새문안교회, 미국 선교단체가 협력하여 신학교를 시작했다. 학생 열 명을 모집하여 신학교 개교예배를 드렸다. 신학교 개교예배 때 해외선교부장 여기락 장로님이 대표 기도를 하셨다. 김호용 장로님과 강인애 장로님, 윤홍준 장로님이 함께 오셔서 신학교 개교를 축하해 주셨다. 이때까지도 난방공사가 안 되어서 겨울에는 전기난로로 난방을 하며 예배를 드렸다.

입당예배를 드린 후에 4년간 공사를 더 진행했다. 총 6년간 공사를 하여 2010년에 완공했다. 공사 기간이 지연된 핵심적인 이유는 러시아 사회의 관료주의 때문이었다. 무슨 일을 하든지 뇌물이 필요했다. 그러나 나는 뇌물을 주지 않았다. 그러다 보니 중요한 문서 결재가 늦어졌다. 그럼에도 기도하며 정직하게 일을 진행했다. 이러한 과정에서 하나님께서 많은 관료의 마음을 움직여 서류에 사인하게 하시거나 그 자리에서 물러나게 하셨다.

기념식수를 도둑맞다

헌당식을 하는 날 기념식수로 심은 열 그루 나무 중 자작나무 네 그루는 죽었고 전나무(욜까) 세 그루는 일주일 만에 모두 도둑맞았다. 욜까는 하나에 약 15만 원을 주고 구입한 것이었다. 기념식수를 준비할 때부터 러시아 형제들이 좋은 나무를 심으면 다 훔쳐 간다고 말했다. 나는 설마 나무를 훔쳐 가겠느냐고 반문하며 비싼 나무를 심었다. 욜까는 특별히 경비원이 지켜볼 수 있는 곳에 심었다.

하지만 현지 사역자들의 말처럼 나무를 심은 지 일주일 만에 욜까를 모두 도둑맞았다. 이 일을 겪고 나서 선교지에서는 현지인들의 말을 들어야 한다는 것을 가슴에 새겼다. 현지인들에게 배우려는 자세는 선교사가 현지인들과 함께 협력하는 데 필수적인 콘비벤츠 선교 정신이다. 나는 이것을 비싼 값을 치르고 배웠다. 척박한 러시아 땅에 선교의 뿌리를 내리는 일은 쉽지 않았다. 여기까지 오게 된 것은 모두 하나님의 크신 은혜다. 에벤에셀!

함께 세워가는 선교

❖

선교사를 향한 배려

새문안교회 제7대 담임목사로 이상학 목사님이 부임하셨다. 이 목사님은 우리 부부가 안식년을 들어오는 것을 기쁘게 동의해 주셨다. 2020년 7월 말에 나와 아내는 안식년을 맞이하여 한국에 입국했다. 모스크바 차이코프스키 음악원을 졸업한 딸도 함께 한국에 입국했다.

한국에 도착한 후 총회세계선교부에서 제공해 준 인천 청라아파트 원룸에서 14일간 자가격리를 했다. 작은 원룸에서 아내와 딸과 함께 두 주간을 보내는 것은 쉽지 않았다. 그러나 두 주간은 13살에 우리 곁을 떠나서 10년간 험한 세월을 견뎌낸 딸을 격려하는 은혜의 시간이기도 했다.

나는 작은 밥상 위에 컴퓨터와 책을 펼쳐놓고 장신대 객원교수로 초빙되어 강의를 준비했다. 자가격리를 하는 동안 국가에서 제공한 음식은 인스턴트 음식이었다. 창밖은 매일 비가 내렸다. 두 번째 주에 접어들면서 좁은 공간이 너무 답답해지기 시작했다. 매일 먹는 인스턴트 음식은 질려서 먹을 수가 없었다. 그러던 중에 이상학 목사님이 자가격리 장소로 갈비 세트를 택배로 보내주셨다. 목사님의 택배에서 느껴지는 애정은 작은 공간에서 느꼈던 답답함을 해소해 줬다. 우리는 매일 만나를 먹다가 메추라기를 먹는 듯했다.

안식년을 보내는 동안 코로나19가 기승을 부려서 이 목사님을 직접 만나지 못하고 카톡으로 대화했다. 그때마다 이 목사님은 나에게 안식년 기간에 절대 무리하지 말고 잘 쉬라고 하셨다. 나는 한국의 목회 환경이 바쁘고 힘든 것을 멀리서 바라본다. 나만 편하게 쉬는 것 같아서 미안한 마음이 들었다. 하지만 한편으로는 편하게 안식년을 보낼 수 있도록 배려해 주는 것이 고마웠다.

선교에 대한 열정을 느끼다

선교사를 선교지에 파송하기 전에 잘 훈련시키는 것은 매우 중요하다. 총회 선교사 훈련은 신임선교사와 가족과 사역의 미래를 좌우할 수 있기 때문이다. 나는 신임선교사 훈련의 중요성을 깨닫고 약 10년간 총회 선교사 훈련원 교수로 사역했다. 그 후 약 3년간 총회 선교사 훈련 사역을 내려놓았다.

2020년에 안식년으로 한국에 입국했을 때 총회세계선교부 신임 총무가 선교사 훈련에 동참해 달라고 요청했다. 안식년에 후배들을 위해서 헌신하는 것은 보람된 일이라고 생각하여 기쁘게 총무의 요청을 받아들였다.

총회에서는 나를 총회 선교사 훈련원 부원장으로 임명했다. 총회 선교사 훈련은 1년 중 봄과 가을에 6주씩 두 번 진행했다. 안식년 때는 후배 선교사들과 합숙하며 봄과 가을에 약 4달을 선교사 훈련을 위해서 헌신했다. 그러나 안식년을 마친 후에는 선교지 사역으로 인해서 봄에만 6주 동안 선교사 훈련을 담당했다.

총회 선교사 훈련을 진행할 때 이상학 목사님을 수요예배 설교자로 초청했다. 이 목사님은 복음과 선교에 대한 열정을 가지고 뜨겁게 설교하셨다. 그때 나는 이 목사님의 설교를 통해서 훈련받는 선교사에 대한 애정과 선교의 열정을 느낄 수 있었다. 하나님께서 세계 복음화를 위해서 이 목사님을 크게 사용하시기를 기도한다.

함께 모여 세우는 선교전략

장신대 김영동 교수님은 박사학위 논문 지도교수였다. 나는 교수님과 자주 통화를 한다. 어느 날 김 교수님께 전화했는데 제주도에 있다고 하셨다. 무슨 일로 제주도에 가셨느냐고 물었다. 교수님은 한 지방에 있는 대형교회에서 주최한 선교 모임에서 특강을 한다고 했다.

그 교회는 새로 부임한 담임목사와 선교부장과 선교사들이 한자리에 모여 교회의 선교 방향을 논의하기 위해 제주도에서 3박 4일간 워크숍을 열었다. 그동안 교회와 선교사가 진행해 온 선교사역에 대해 허심탄회하게 이야기가 오고 갔다. 그리고 선교학 교수로부터 강의를 들으며 교회와 선교사가 어떤 선교 정신과 선교전략을 가지고 새롭게 선교할 것인지에 대해서 의견을 모았다. 그 자리에서 교회가 앞으로 가야 할 선교의 방향을 공유하며 함께 정했다고 했다.

새로 부임한 담임목사와 선교사와 선교담당자와 깊은 만남과 교제를 통해서 교회의 장기선교 방향을 같이 세우는 것은 아름다운 모습이라고 생각한다. 한국교회에 이러한 움직임이 활발하게 일어나면 좋겠다. 한국교회는 담임목사나 장로들이 선교전문가가 아님에도 불구하고 교회의 선교정책을 세우고 선교를 관리하고 통제하는 경우가 많다. 그 결과 하나님의 선교가 방향을 잃고 인간의 선교로 진행되는 경우가 많다. 이제는 선교사와 후원교회가 함께 교회와 이 시대와 선교지 상황에 적합한 선교전략을 세울 필요가 있다. 그리고 함께 협력하여 하나님의 선교를 이루어가야 한다.

무엇보다 후원교회와 선교사는 하나님의 선교를 위한 동반자라는 인식이 필요하다. 상호존중, 상호배움, 상호나눔의 콘비벤츠 정신으로 선교할 때 하나님의 선교가 더 건강하게 이루어질 것이다. 하나님의 선교에 동참하고 있는 모든 교회가 담임목사와 선교위원들과 선교사들이 함께 모여서 교회의 선교정책과 선교방향을 논의하여 장기적인 선교정책을 세우고 실행할 때 건강한 선교를 할 수 있게 될 것이다.

서로 존중하는 콘비벤츠 선교

담임목사가 바뀌면 선교사의 후원을 끊는 교회가 종종 있다. 담임목사가 바뀐다고 선교사의 후원을 중단하는 것은 자기 지체(肢體)를 자르는 행위다.

나는 선교사로 사역하는 동안 담임목사가 두 번 바뀌었다. 새로 부임한 담임목사님은 선교사들의 마음을 불편하게 한 적이 없다. 오히려 선교사가 한국에 나올 때마다 식사 자리에 초대해서 그동안의 사역을 듣고 격려해 줬다. 한국교회가 새문안교회와 같이 담임목사가 바뀌어도 선교사들이 불안해하지 않는 상식적이고 마음이 넓은 교회가 되면 좋겠다. 이것이 한국교회 선교를 살리는 상호존중을 기초로 한 콘비벤츠 선교 정신이다. 이러한 정신과 자세가 한국교회를 건강하게 만든다.

*** 선교 현장에서 발견한 한 줄 콘비벤츠 1**
담임목사의 콘비벤츠 정신이 선교를 건강하게 만든다.

2장

。

구멍 난 슬리퍼

하나님 다음에 돈이다

이종배 장로님의 첫 번째 방문

1996년 3월에 새문안교회 선교부장 이종배 장로님이 선교부 차장 김창현 안수집사님(장로)과 함께 블라디보스토크를 방문하셨다. 장로님의 방문 목적은 연해주 신학교 학사로 사용 가능한 건물을 결정하기 위한 것이었다. 그때 나는 장로님께 미리 준비한 건물을 몇 개 보여드렸다. 그러나 그 건물 중 신학교로 사용하기에는 적합한 것이 없었다.

장로님은 러시아성서공회 블라디보스토크 지부장인 침례교회 미하일 목사를 만났다. 장로님은 미하일 목사에게 정 선교사를 잘 도와주셔서 감사하다는 인사와 함께 아름다운 협력을 부탁한다고 말씀하셨다. 블라디보스토크에서 사역하고 있던 교단 선교사들이 장로님 일행을 초대하여 점심 식사를 대접했다. 장로님은 이에 대한 응답으로 러시아 현지 목사들과 선교사들에게 식사를 대접하며 연해주 신학교 운영에 대해서 대화를 나누었다. 그리고 장로님은 참석한 분들에게 신학교 운영에 대해서 적극적으로 협력해 달라고 부탁하셨다.

복음주의 침례교회 건축 지원

나는 김동익 목사님의 영향을 받아 교단을 초월해서 협력하는 데 관심이 많았다. 특별히 나는 러시아에서 복음주의 침례교회와 협력하는 일에 관심을 가졌다.

러시아 복음주의 침례교회는 러시아에서 가장 오래된 개신교회로 공산주의 치하를 견디고 살아남은 교회다. 블라디보스토크에서 가장 오래되고 가장 큰 침례교회는 제자교회였다. 이 교회 담임목사는 미하일이었다.

마침 제자교회는 예배당을 새로 건축하고 있었다. 나는 새문안교회에 제자교회 예배당 건축 지원을 요청했다. 김동익 목사님과 이종배 장로님은 나의 요청을 적극적으로 받아들였다. 새문안교회는 1996년 4월에 제자교회 건축을 위해서 5,000불을 지원했고, 1999년에 제자교회 예배당 건축을 마쳤다. 건축이 끝난 후에 새문안교회는 제자교회의 예배당 장의자를 헌물했다. 교파를 초월해서 선교지 교회를 든든하게 세우는 일이 선교의 효과를 높이는 것이다.

이종배 장로님의 두 번째 방문

1997년 4월에 이종배 장로님은 블라디보스토크를 두 번째로 방문하셨다. 이때 선교위원회 서기 최영진 장로님과 선교부 차장 김창현 안수집사(장로)님이 동행하셨다. 방문 목적은 일 년 전에 결정하지 못한 연해주 신학교 학사로 사용할 건물을 매입하기 위한 것이었다.

나는 아르툠에 위치한 건물과 블라디보스토크 세단카에 위치한 두 개의 건물을 보여드렸다. 그러나 이때도 첫 번째 방문 때와 같이 목적을 이루지 못했다. 아르툠에 있는 건물은 블라디보스토크에서 다소 멀었다. 장기적인 면에서 이곳을 신학교로 사용하기에는 적합하지 않다고 생각하셨다. 블라디보스토크 세단카 지역에 있던 건물은 주인이 처음에 말한 가격보다 터무니없이 비싸게 요구하여 거래가 성사되지 못했다.

나는 장로님 일행을 모시고 러시아와 북한과 중국의 국경지대인 핫산을 방문했다. 핫산역에는 두만강 철로가 시작되는 지점에 김일성의 러시아 방문을 역사로 남긴 작은 박물관이 있다. 이곳을 둘러보며 방명록에 통일을 소원하는 글을 남겼다. 장로님 일행은 멀리 보이는 북한과 두만강 하류를 하염없이 바라봤다.

한 분이 문득 '눈물 젖은 두만강'을 흥얼거리셨다. 찬송가도 아닌데 약속이나 한 듯이 모두 '두만강 푸른 물에 노 젓는 뱃사공'을 따라 불렀다. 아무도 소리내어 말하지 않았지만, 남북통일을 향한 간절한 소원이 모든 분의 가슴 속 깊이 자리 잡고 있는 모습을 엿볼 수 있었다.

두만강에 러시아와 북한을 잇는 철로가 있다. 다섯 개의 철도 교각은 러시아의 것이고 다섯 개의 철도 교각은 북한 것이다. 저 철도를 통해서 북한에 복음을 전할 수 있는 길이 열리기를 기도했다. 놀랍게도 약 20년 후에 러시아 교회 형제들이 그 다리를 건너서 북한 선교를 다니고 있다.

장로님은 선교사들을 초대하여 식사를 대접하셨다. 장로님이 선교사들에게 신학교 운영에 적극적으로 협력해 달라고 부탁하셨다. 장로닙 일행은 신학교 학사 구입을 나에게 위임하고 블라디보스토크를 떠나셨다. 그 후 나는 블라디보스토크 세단카에 있는 건물 주인과 매매에 합의를 봤다. 그곳은 아르툠 공항과 블라디보스토크 중간에 위치한 곳으로 휴양지가 있던 지역이다. 1997년 8월에 세단카에 있는 그 건물을 신학교로 사용하기 위해서 교회에 보고하고 매입했다.

국제통화기금(IMF) 사태에도 불구하고

연해주 신학교 학사(學舍)로 사용하기 위해서 매입한 건물은 지붕과 외벽만 설치되어 있었다. 나는 1997년 9월부터 그 건물을 신학교 학사로 만들기 위해 수리를 시작했다. 군대에서 예배당을 건축해 본 일을 경험 삼아 건물을 수리했다. 중국에서 조선족 인부 네 사람을 초청했다. 러시아 사람들은 인건비가 비싸고 일을 늦게 하는 데 비해 조선족은 인건비가 저렴하고 일을 빨리하기 때문이었다. 그들은 건축현장에서 먹고 자면서 밤낮으로 건물 공사를 진행했다.

나는 그들이 요청하는 건축자재를 직접 구입해서 실어 날랐다. 건물 공사는 쉽지 않았다. 가장 애를 먹인 것은 상수도 공사였다. 상수도 공사 업체와 공사를 계약하며 그들이 요구하는 대로 공사비의 50%를 선지불했다. 상수도 공사 업체는 돈만 받고 1년간 공사를 진행하지 않았다. 공사 선금을 너무 많이 준 것이었다.

나는 매일 아침 그 회사로 출근했다. 회사 문 앞에 서서 회사 대표가 출근하기를 기다렸다. 나는 회사 대표에게 매일 똑같은 말을 했다. "이 돈은 내 돈이 아니라 하나님 돈이다. 이 돈을 떼어먹으면 하나님께서 가만두지 않을 것이다!" 당시 나는 극심한 스트레스로 인해 머리에 원형 탈모가 세 군데나 나타났다.

그러나 나의 건강보다 더 심각한 사건이 터졌다. 1997년 12월에 한국이 외환위기로 인해 국제통화기금(IMF)에 구제금융을 요청한 것이었다. 외환위기 사태로 달러 환율이 급격하게 상승하자 많은 교회가 선교비를 줄이거나 중단하는 일이 발생했다. 태국에서 사역하고 있던 조준형 선교사님과 나는 후원교회에 자진해서 사례비 삭감을 요청했다. 후원교회가 어려운 때에 선교사도 희생해야 한다는 생각 때문이었다. IMF 사태로 인해서 신학교 건물을 계속해서 수리할 수 있을지도 미지수였다.

당시 새문안교회 후원선교사였던 조준형 목사는 태국 치앙마이에서 한-태 선교관을 건축하고 있었다. 새문안교회 후원으로 러시아와 태국에서 큰 건축이 동시에 진행되고 있었다. 그러나 IMF 상황에도 새문안교회는 두 나라 선교지에 건축비를 차질 없이 보내줬다. 그것은 당시 선교위원장 이종배 장로님의 소신과 새문안교회의 성숙함 때문이었다. 선교지 두 나라에 건축비용을 줄이거나 중단해야 한다는 의제가 거론될 때마다 이 장로님께서는 다음과 같이 말씀하셨다고 한다.

"해외에 나가 있는 선교사에게는 하나님 다음에 돈이에요. 선교를 위해서 현재 우리가 해야 할 일은 건축 일정에 맞게 정확하게 돈을 보내는 것입니다."

선교사의 입장으로 볼 때 돈이 하나님 다음이라고는 생각하지 않는다. 선교를 하는 데 하나님 다음에 필요한 것은 돈이 아니라 사랑이다. 사랑이 없이 돈으로 하는 선교는 울리는 꽹과리와 같이 소리만 요란하고 건강한 선교 열매가 맺히기 어렵다.

한국교회 선교는 돈이 없는 것이 문제가 되기도 하지만 지나치게 돈이 많은 것으로 인해 문제가 될 때가 있다. 선교하는 데 돈이 중요하기는 하지만 하나님 다음은 아니다. 물론 선교 후원을 책임지고 있는 장로님으로서는 하나님 다음에 돈이라고 말씀하시는 것이 옳았다고 생각한다. 장로님께서 그러한 소신이 있었기 때문에 어려운 상황에서도 두 선교지에 건축비를 차질 없이 보낼 수 있었다. 그 결과 연해주 신학교와 한-태 선교관을 무사히 건축할 수 있었다.

1998년 4월에는 상수도 공사를 맡은 회사도 하나님의 은혜로 수도 공사를 마감해 줬다. 그래서 1998년에 비로소 신학교 학사를 완공할 수 있었다. 그리고 1999년 8월에 드디어 연해주 신학교 학사(學舍) 헌당예배를 드렸다.

아름다운 흔적

이종배 장로님은 2010년에 《아름다운 흔적》이라는 자서전을 출판하셨다. 그 책에서 장로님은 신학교 건물을 매입하기 위해 블라디보스토크를 방문하고 돌아보며 해외선교에 대한 애로사항과 고충을 이해하게 되었다고 기록하셨다. 그때 장로님은 선교지에 선교기반을 구축하는 것을 최우선 목표로 삼고 전폭적으로 지원하겠노라고 결심했다고 쓰셨다.

후원교회에서 선교를 위한 재정을 결정하는 위치에 있는 사람은 이종배 장로님과 같이 '선교사에게 있어서 중요한 것은 하나님 다음에 돈'이라는 생각을 가질 필요가 있다. 장로님의 헌신적인 선교 정신은 나의 가슴에 아름다운 흔적으로 남아있다.

선교사님을 신뢰합니다

❖

노정현 장로님

1998년에 블라디보스토크에 신학교 학사 건축을 완공하고 1999년에 헌당식을 했다. 1999년에 노정현 장로님이 새문안교회 해외선교부장이 되셨다. 장로님은 연세대 행정학 교수로 재직하면서 새문안교회와 서울노회와 총회와 세계교회를 위해서 열심히 사역했다. 장로님은 미국 뉴욕대학에서 한국 최초의 행정학박사가 된 인재였다. 그는 미국 유학 시절 뉴욕 라파엘 교회 시무장로로 사역했다. 라파엘 교회는 언더우드와 알렌 선교사가 한국에 올 수 있도록 5,000불을 헌금한 성도 맥 윌리엄스가 신앙생활을 했던 교회다. 후에 새문안교회는 이 교회에 3년 동안 15,000불을 지원했다.

장로님은 한국에 돌아와서 행정학 교수를 하면서 1967년에 새문안교회 장로가 되어 충성스럽게 사역했다. 특히 새문안교회 100년사 편찬위원으로 《새문안교회 100년사》를 출간하는 데 큰 공헌을 했다. 장로님은 예장통합 전국남선교회 연합회 총무로 재직하면서 전국남선교회 연합회를 활성화시켰다. 또한 1987년에 서울노회 노회장을 역임하면서 깨끗한 선거풍토를 만들었다. 장로님은 한국기독교실업인회(CBMC)를 조직하는 일에도 큰 몫을 감당하였고 세계개혁교회연맹(WARC) 부회장을 역임했다.

신학교 학사 헌당식

1999년 8월에 연해주 신학교 학사 헌당식을 위해서 노정현 장로님과 주명갑 목사님과 20명의 새문안교회 성도들이 선교지를 방문했다. 나는 장로님을 통해서 러시아 정교회와 교류를 시도했다. 장로님은 세계개혁교회연맹(WARC, The World Alliance of Reformed Churches) 부회장 자격으로 블라디보스토크 정교회 주교에게 만나고자 하는 편지를 썼다. 그러나 정교회에서는 예배 때문에 만날 수 없다고 통보를 해 와서 정교회와 교류가 무산되었다.

연해주 신학교 학사 헌당예배는 노정현 장로님이 인도했다. 주명갑 목사님이 "이 반석 위에 내 집을 세우리니"(마 16:13-20)라는 주제로 설교했다. 해외선교부 차장 이일영 장로님의 기도, 강영애 권사님의 성경 봉독과 장명순 권사님이 찬양을 올려드렸다. 러시아 블라디보스토크 침례교 노회장 게나지 쿠즈미츠 목사님이 축사를 했다. 나는 건축 경과보고를 했다. 2부에는 박용호 선교사의 인도로 신학교 입학식을 진행했다. 예배 후에 학사를 하나님께 드린다는 글이 새겨진 동판을 신학교 건물에 붙이는 현판식을 진행했다.

선교사에 대한 믿음

신학교 헌당예배와 입학식과 식사를 모두 마치고 오후에 건축 경비보고서를 장로님께 드렸다. 장로님은 내가 내미는 보고서를 다시 내 앞으로 밀어주며 말씀하셨다.

"목사님, 건축비 정산은 이미 교회에서 끝났습니다. 선교사님께서 저에게 보고하실 필요 없습니다. 저와 우리 교회는 선교사님을 신뢰합니다. 혹시 모르니 나중을 위해서 선교사님께서 자료를 보관만 하고 계시기 바랍니다."

나는 그때 노정현 장로님이 보통 큰 인물이 아니라는 것을 직감적으로 느꼈다. 나는 감동했다. 그렇게 어렵게만 느껴졌던 장로님이 마음 좋은 삼촌과 같이 느껴졌다. 장로님은 나를 믿어줬다.

선교사는 믿어주는 후원자를 만날 때 큰 힘을 얻는다. 장로님은 해외선교부장으로 시무하는 동안 선교사 복지와 선교사 자녀(MK: Missionary Kids)에 대해서 많은 관심을 가지고 제도를 보완했다. 장로님은 세계교회를 경험하시며 새문안교회 선교시스템을 미국교회 수준으로 만들어 놓았다. 안타깝게도 그때 장로님이 만들어 놓은 선교 정책은 시간이 갈수록 흐려지고 퇴색되어 가고 있다.

나는 러시아 선교 30년 동안 이런 거목 같은 어른들이 계셔서 여기까지 올 수 있었다고 생각한다. 거목(巨木)은 괜히 거목이 아니다. 거목은 본질에 충실하다. 거목은 사람을 사랑하며 믿어준다. 그리고 사람은 그 사랑과 신뢰를 받을 때 성장한다. 장로님은 내가 만난 거목이었다. 비록 천국으로 먼저 가셨지만 내 가슴속에 영원히 살아있다.

우리의 소원은 통일

장로님 일행과 러시아와 북한 접경지 핫산을 방문했다. 핫산까지

가는 길은 멀고 험했다. 일행 중에 노정현 장로님, 송순옥 권사님, 이종숙 권사님, 오삼순 권사님, 박병숙 권사님은 연세가 70~80대였다. 나는 육로를 이용해서 장시간 이동하는 것은 무리라는 생각이 들었다. 나는 블라디보스토크에서 자루비노까지 배를 타고 가는 노선을 선택했다. 중간 지점인 자루비노에서 하루를 숙박했다. 자루비노에 도착하자 비가 내리기 시작했다. 무리해서라도 간다면 하루에 다녀올 수 있는 거리였으나 참석하신 분들의 연세를 고려하여 자루비노에서 하루를 머물렀다.

러시아 블라디보스토크는 비가 오거나 흐리면 여름에도 추울 때가 많다. 해변에 도착해 숙소에 들어가신 어른들은 겨울과 같이 춥다고 했다. 어른들은 숙소에서 주는 여름 담요로 추위를 견디지 못했다. 특히 장로님은 너무 춥고 힘들다며 그냥 신학교로 돌아가면 좋겠다고 하셨다. 그러나 배편도 이미 다 끝난 상태이기 때문에 돌아갈 수도 없었다. 또한 다른 분들은 북한 접경을 방문한다는 것에 흥분해 있었.

다행히도 아내는 블라디보스토크 날씨를 알고 있었기 때문에 만일을 대비해서 오리털 이불과 밥솥을 차에 싣고 갔었다. 아내는 싣고 간 이불을 장로님 내외분께 드렸다. 그리고 솥에 밥을 해서 따뜻한 숭늉을 어른들과 일행에게 만들어 드렸다. 장로님과 일행은 아내가 준비해간 이불과 밥솥 덕분에 추위를 견딜 수 있었다. 장로님과 일행은 마음을 다시 다잡고 북한 접경까지 가기로 했다.

그날 밤에 나는 방이 부족해서 열려 있는 공간에서 잠을 잤다. 늦은 밤에 태원식 집사님이 방에서 잠을 청하지 못한 채 밖으로 나왔다. 태 집사님은 이일영 장로님의 코 고는 소리가 탱크 소리 같아서 잠을 잘 수가 없다고 했다. 나는 집사님께 내 자리를 내드리고 이일영 장로님의 코 고는 탱크 소리를 음악으로 삼아 깊은 잠을 잤다. 나처럼 어떤 여건이든지 침대에 머리만 대면 잠을 잘 수 있다는 것은 복이다. 다음 날 아침에 태원식 집사님은 이일영 장로님께 불만을 토로했다. 장로님의 사과와 너털웃음으로 싸늘한 분위기가 잠재워졌다. 훗날 태원식 집사님은 전문인 선교사로 블라디보스토크에서 신학교 사역을 했다.

다음 날 아침 우리 일행은 러시아 깡통 버스에 몸을 싣고 핫산으로 향했다. 그런데 길에서 갑자기 버스 엔진이 멈추었다. 주명갑 목사님이 차에서 내려 버스 앞쪽에서 키를 돌려 가까스로 시동을 걸었다. 가다가 멈추면 다시 시동을 걸고, 한참을 가다가 멈추면 또다시 시동을 걸며 아슬아슬하게 핫산에 도착했다.

선교팀은 러시아와 북한과 중국, 세 나라의 국경에서 압록강 철교를 바라보며 '우리의 소원은 통일'을 노래했다. 모든 일행의 마음과 눈에 눈물이 가득 고였다. 우리는 남북 평화통일을 위해서 기도했다. 그리고 압록강과 북한 땅을 배경으로 사진을 찍었다. 북한을 뒤로하고 무거운 발걸음을 돌렸다. 돌아오는 길도 순탄하지 않았다. 그러나 하나님의 은혜로 한 분도 아프지 않고 건강하게 돌아왔다.

상호 신뢰는 아름다운 선교의 열매를 맺게 한다

우리 가족이 한국에 입국할 때마다 노정현 장로님은 연세대학교 근처에 있는 한식당에서 식사를 대접해 주셨다. 식사 후에는 장로님 집으로 우리를 초대해서 차를 마시며 담소를 나누었다. 장로님은 자루비노에서 아내가 베풀어 준 사랑과 돌봄을 평생 잊지 못한다고 자주 말씀하셨다. 나는 나를 신뢰해 주셨던 장로님을 평생 잊지 못한다. 사랑과 신뢰를 기초로 한 식탁 공동체를 통해 콘비벤츠 선교 정신이 아름다운 선교 열매를 맺게 한다.

끝까지 믿어준다

> 야곱이 그곳 이름을 브니엘이라 하였으니 그가 이르기를
> 내가 하나님과 대면하여 보았으나 내 생명이 보전되었다 함이더라(창 32:30).

브니엘선교회

브니엘이란 하나님의 얼굴이라는 뜻이다. 이 단어는 창세기 32장에 나온다. 야곱은 절박한 순간에 얍복 나루에서 기도할 때 하나님을 만났다. 그는 브니엘에서 새로운 사람으로 변화되었다. 그곳에서 그의 이름이 이스라엘로 바뀌었다. 그는 브니엘에서 신분과 인생이 전환되었다.

내가 선교하는 동안 잊을 수 없는 선교 후원 단체는 브니엘선교회다. 브니엘선교회는 90년대에 국내와 해외선교를 위해서 새문안교회 장로님들과 집사님들이 함께 조직했다. 브니엘선교회 회원 중 러시아 선교와 깊게 연계된 분은 강인애 장로님과 김상철 장로님과 여기락 장로님이다.

강 장로님은 죽음의 경지에서 주님을 만났다. 예수를 만난 후 야곱이 이스라엘로 변화된 것처럼 새로운 인생을 살았다. 장로님은 다시 생명을 주신 하나님의 은혜에 보답하고자 브니엘선교회를 조직하셨다.

장로님은 브니엘선교회를 통해서 복음을 전하며 하나님께 영광을

돌리길 원하셨다. 이 브니엘선교회는 처음에 국내에 있는 농촌교회 지도자들을 섬겼다. 이후에는 북한 선교와 중국과 러시아 블라디보스토크와 볼고그라드 선교를 했다.

브니엘선교회의 북한 선교

나는 북한 선교를 위해서 강인애 장로님과 김상철 장로님과 함께 중국 연변을 방문했다. 김덕근 목사님의 안내로 북한 사역자들을 만났다. 장로님은 고난의 행군을 하고 있었던 북한 주민들에게 양식을 공급하는 사역을 진행하셨다. 장로님과 일행은 몇 차례 그곳을 더 방문하며 북한 선교를 진행하셨다.

장로님은 상당히 오랫동안 연변에서 사역하고 있는 선교사와 협력하여 북한에 식량을 공급하는 사역을 하셨다. 장로님은 선교사를 보호하기 위해서 그 사역을 비밀스럽게 진행하셨다. 선교사가 보내온 선교 편지도 장로님 책상 서랍 속에 쌓아 놓고 공개하지 않으셨다. 그것이 북한 사역을 하는 선교사를 보호하는 것이기 때문이다.

북한 선교는 목숨을 걸어야 할 정도로 위험하다. 어느 날 동역했던 선교사가 독침을 맞고 사망했다. 누가 죽였는지 범인을 찾지 못했다. 그러나 우리는 누가 했는지 짐작할 수 있었다. 선교사가 사망하면서 그 사역이 중단되었다. 선교사가 사망한 후에 북한 선교 사역은 중단되었지만 하나님은 아실 것이다. 장로님 서랍 속에 보관되어 있었던 선교 보고서가 언젠가는 책으로 엮어져서 세상에 빛을 볼 수 있기를 기대한다.

선교기반 놓기

브니엘선교회는 볼고그라드 선교기반을 놓는 데 중추적인 역할을 했다. 브니엘선교회 강인애 장로님은 해외선교부장을 하면서 볼고그라드 사택 매입에 특히 힘을 쏟아주셨다.

2003년에 볼고그라드로 선교지를 이동한 후 가족의 안정적인 삶과 사역과 영주권을 받기 위해서 사택이 필요했다. 나는 1년간 사택 구입을 후원교회에 요청했다. 다음 해에 강인애 장로님이 해외선교부장이 되셨다. 장로님은 사택의 필요성을 공감하고 살만한 공간을 알아보라고 하셨다. 나는 구입 가능한 아파트를 몇 개 찾아서 보고했다.

그런데 보고 후 당회의 검토가 진행되는 동안 아파트 가격이 만 불 올라갔다. 장로님은 자신이 책임을 지겠다며 가격이 더 오르기 전에 무조건 구입하라고 하셨다. 나는 즉시 아파트를 구입했다. 그 후 우리 가족은 영주권을 받을 수 있었고, 20년째 안정적으로 거주하며 사역하고 있다.

브니엘선교회와 문화센터 건축

브니엘선교회는 우리 부부가 선교지를 러시아 볼고그라드로 이동할 때 1억 원을 헌금하겠다고 약속했다. 그와 동시에 서정한 장로님 자녀 가정에서 1억 원을 헌금하기로 약속했다. 그래서 나는 볼고그라드 사역을 시작하면서 문화센터 '세상의 빛'을 건축하려고 계획했다.

2004년에 브니엘선교회에 소속된 강인애 장로님과 김상철 장로님,

당시 해외선교부장 이용실 장로님이 선교센터로 사용할 만한 건물을 매입하기 위해서 볼고그라드를 방문하셨다. 나는 세 분에게 선교센터로 사용 가능한 건물 세 개를 보여드렸다. 하나는 작은 것, 두 번째는 중간 크기의 것, 세 번째는 큰 건물이었다.

강인애 장로님은 브니엘선교회와 다른 한 가정에서 헌금하는 것으로 모든 건축을 마감하려면 중간 것을 구입하는 것이 좋겠다고 하셨다. 그것은 유치원으로 사용하던 건물이었고 시내에서 다소 떨어져 있었다.

이용실 장로님은 장기적으로 멀리 내다보고 큰 것을 구입하는 것이 좋겠다고 하셨다. 큰 건물은 시내에 가까운 곳으로 주변에 아파트가 많이 있는 지역이었다.

장로님들은 오랫동안 고민하고 기도하시더니 멀리 내다보고 가장 큰 것을 구입하는 것이 좋겠다고 결정하셨다. 결정 후에 장로님들은 가장 새문안교회다운 결정을 한 것 같다며 기뻐하셨다.

그 건물은 러시아 복음주의 침례교 변화교회가 국가로부터 경매로 싸게 구입해 놓고 수리비가 없어서 오랫동안 공사를 못 하고 있던 건물이었다. 이 건물을 구입하는 것은 본격적으로 러시아 복음주의 침례교회와 협력한다는 의미가 포함되어 있었다. 새문안교회가 구입하고 수리 후에 변화교회(변형교회)와 함께 사용하기로 했다. 변화교회는 자신들이 경매로 받았던 가격을 제시했고, 우리는 문화센터 '세상의 빛' 명의로 해당 건물을 매입했다. 브니엘선교회는 이 건물을 구입하여 헌물 하였고 나머지 금액은 선교비로 헌금했다.

건물은 가로 50m, 세로 13m로 뼈대만 세워져 있는 낡은 2층짜리 건물이었다. 규모가 너무 커서 나는 이 건물을 완공하기까지 죽을 고비를 여러 번 넘겼다. 건축하는 동안 왜 이렇게 큰 건물을 선택해서 나를 이토록 고생시키는 것인지 모르겠다며 장로님들을 원망했다. 그러나 건축을 완공하고 사용하면서 이 정도 크기가 얼마나 다행스러운가 하는 생각을 하며 장로님들을 향해 원망했던 것을 회개하고 오히려 감사했다. 장로님들께서 멀리 내다보시고 믿음으로 가장 큰 것을 결정하신 것이 맞았다. 정말 새문안교회다운 결정이었다.

건축을 진행하는 과정에서 건축비가 부족할 때 브니엘선교회 여기락 장로님이 많은 힘을 쏟아부어 주셨다. 여 장로님은 선교사의 차량을 구입할 때도 모든 정성과 힘을 쏟아부어 주셨다. 브니엘선교회는 고려인들을 위한 농경지 60헥타르(약 20만 평)를 구입하고 농경지 경작을 위한 사역에도 동참해 줬다.

브니엘관

문화센터 '세상의 빛' 건축은 우여곡절 끝에 완공되었다. 건축이 거의 끝나갈 무렵에 나는 강인애 장로님께 건축이 마무리되어 가고 있음을 말씀드리고 감사 인사를 드렸다. 나는 강 장로님께 건축 후에 대예배실 이름을 '브니엘관'이라고 하면 어떻겠냐고 여쭈었다. 장로님은 바로 답신을 보내셨다. 장로님의 답신 내용은 놀라웠다.

"목사님이 저희 브니엘선교회를 생각하여 브니엘관이라고 하고자 하는 제안에 감사드립니다. 그러나 목사님, 브니엘선교회는 하나님께 헌금한 것이기 때문에 브니엘선교회가 드러나지 않도록 브니엘관이라고 하지 않는 것이 좋겠습니다."

장로님은 하나님께 드린 헌금에 자신의 선교회 이름을 기록할 수 없다는 것이었다. 그것은 선교회가 드러나고 하나님의 영광을 가릴 수 있는 위험성이 있다는 장로님의 신앙적인 결정이었다. 이 메일을 읽고 나서 나는 답신을 했다.

"장로님 알았습니다. 장로님 말씀이 옳습니다. 오직 하나님께 영광을 드리고자 하는 장로님의 신앙적인 결단을 존중하며, 저는 장로님을 더 존경하게 될 것 같습니다. 고맙습니다."

나는 장로님이 정말 존경스러웠다. 장로님은 이름도 없이 빛도 없이 선교지에 많은 헌금을 하셨다. 그리고 그는 자기 얼굴을 드러내지 않고 하나님의 얼굴만 드러내셨다. 브니엘선교회다운 결정이었다.

선교 후원은 장로님처럼 하는 것이 올바르다. 선교는 하나님의 선교다. 모든 것이 하나님으로부터 온 것이니 모든 것을 아무 이름도 없이 칭찬받고자 하는 동기도 없이 드리는 것이 올바른 선교다.

한국교회의 일부 후원교회는 선교지에 선교헌금을 한 후에 자기 교회 이름을 남기는 경우가 많이 있다. 선교지에 예배당을 짓고 나서 후원교회 이름이나 후원자의 이름을 한국식 발음으로 쓰게 하는 경우도 종종 있다. 이것은 건강한 선교 방법이 아니다. 건강한 선교는 하나님께서 베풀어 주신 은혜에 감사한 마음으로 하는 것이다. 모든 것이 하나님께로 왔음을 고백하는 것이 헌금이다. 헌금은 한번 드리고 나면 하나님의 것이지 사람의 것이 아니다.

선교도 이런 정신으로 해야 한다. 선교지에 아무리 위대한 사역을 했다고 해도 그것은 하나님께 드린 것이다. 그러므로 선교지에 후원한 교회 이름이나 개인의 이름을 남기지 않는 것이 좋다. 하나님의 이름만 남기는 선교를 해야 한다. 오직 주님만 높아져야 한다. 오직 주님만 영광 받으셔야 한다.

상호 신뢰가 건강한 선교를 낳는다

2020년 브니엘선교회를 조직하였던 강인애 장로님이 별세하셨다. 그리고 브니엘선교회에 속해 있는 장로님들은 현역에서 은퇴하셨다. 그 결과 브니엘선교회의 활발했던 선교 사역은 약화되었다.

그러나 브니엘선교회는 지금도 나에게 언제나 든든한 선교단체다. 선교지에서 사역하다 보면 이렇게도 저렇게도 할 수 없는 절박한 순간을 만나게 된다. 브니엘선교회는 절박한 상황에서 기도와 후원을 요청할 수 있는 든든한 후원자. 브니엘선교회는 지금도 변함없이 선교를 위해서 기도한다. 장로님들은 나의 부족함에도 불구하고 끝까지 신뢰해 주신다. 선교사가 선교지에서 사역할 때 끝까지 신뢰해 주는 후원자가 있다는 것은 매우 큰 행복이다.

상호 신뢰는 건강한 선교의 기초다. 상호 신뢰가 있을 때 서로 존중하고 서로 돕고 서로 배우고 기쁨의 잔치를 나눌 수 있다. 나를 끝까지 신뢰하는 분들을 배반할 수 있겠는가? 내가 어찌 이런 분들을 잊을 수 있겠는가? 이런 분들은 선교사가 영원히 잊을 수 없는 후원자다. 하나님도 이런 사람을 기뻐하시고 끝까지 잊지 않으실 것이다.

선교지 자립방안

❖

> 내가 달려갈 길과 주 예수께 받은 사명 곧 하나님의 은혜의 복음을 증언하는 일을 마치려 함에는 나의 생명조차 조금도 귀한 것으로 여기지 아니하노라(행 20:24).

선교지 자립

코로나19로 인해서 많은 선교사가 한국에 들어와서 선교지로 나가지 못하고 있다. 선교지에 건물 유지비와 인건비를 자립할 수 있도록 해 놓은 선교사는 한국에 있어도 마음이 편하다. 그러나 그렇지 못한 선교사는 마음이 편치 않기에 선교지에 있는 건물 유지비용과 인건비를 선교지로 보내고 있다.

많은 선교사는 코로나19로 인해서 선교비가 줄어들거나 단절되었다. 선교지 자립이 안 된 선교사가 선교지 센터 유지비용을 모금하느라 고생하는 모습을 본다. 선교지에 건물 유지비용과 인건비를 보내지 않으면 모든 사역이 중단되기 때문이다.

존 리빙스톤 네비우스(John Livingston Nevius)의 삼자원리는 한국교회 성장에 크게 기여했다. 한국교회 선교사들은 삼자원리를 배웠지만, 실제로 선교지를 자립시키기는 쉽지 않다. 삼자원리가 성공한 지역은 매우 드물다. 우리나라에서는 성령의 역사와 국가가 처한 상황과 신실한 사람들로 인해서 삼자원리가 성공을 거두었다. 삼자원리가 모든 선교지에 다 적용될 수 있는 것은 아니다. 삼자원리는 선교의 성공을 건물과 숫자로 계산하는 위험성이 있다. 그럼에도 삼자원리는 선교사가 힘써서 이루어야 할 과제 중 하나다. 선교지를 자립 구도로 만들어 놓지 않으면 안식년을 제대로 하기 어렵다. 코로나19와 같은 상황에서는 계속해서 모금하여 선교지에 유지비를 보내야 한다. 또한 자립 구도를 만들어 놓지 않으면 선교 이양이 불가능해진다. 은퇴 이후에도 계속해서 선교지에 유지비를 보내야 한다. 선교지 유지비용을 보내지 않으면 현지인들이 선교지에 있는 건물을 매매하여 사역이 중단될 수도 있다. 그러므로 선교지 자립은 한국 선교의 중요한 화두다.

존 리빙스톤 네비우스(John Livingston Nevius)의 삼자원리는 한국교회 성장에 크게 기여했다. 우리나라에서는 성령의 역사와 국가가 처한 상황과 신실한 사람들로 인해서 삼자원리가 성공을 거두었다. 사실 삼자원리가 성공한 지역은 매우 드물다. 또 삼자원리가 모든 선교지에 다 적용될 수 있는 것도 아니다. 이 때문에 한국교회 선교사들은 삼자원리를 배웠지만, 실제로 선교지를 자립시키기는 쉽지 않다.

삼자원리는 선교의 성공을 건물과 숫자로 계산하는 위험성이 있다. 그럼에도 삼자원리는 선교사가 힘써서 이루어야 할 과제 중 하나다. 선교지를 자립 구도로 만들어 놓지 않으면 안식년을 제대로 하기 어렵다. 코로나19와 같은 상황에서는 계속해서 모금하여 선교지에 유지비를 보내야 한다. 또한 자립 구도를 만들어 놓지 않으면 선교 이양이 불가능해진다. 심지어는 은퇴 이후에도 계속해서 선교지에 유지비를 보내야 한다. 선교지 유지비용을 보내지 않으면 현지인들이 선교지에 있는 건물을 매매하여 사역이 중단될 수도 있기 때문이다. 그러므로 선교지 자립은 한국 선교의 중요한 화두다.

문화센터 '세상의 빛' 자립

문화센터 '세상의 빛'은 다음과 같은 과정과 방법을 통해서 자립했다. 나는 볼고그라드 '세상의 빛'을 건축했다. 가로 50m, 세로 13m의 지상 2층 건물이다. 지하실도 일부를 사용하고 있다. 예배당과 식당과 운동실과 서점과 많은 사무실과 숙소가 있다. 전기세, 가스세, 보일러 수리 관리 유지비, 물세, 청소, 다양한 국가 세금을 낸다. 4명이 교대로 돌아가면서 경비를 선다. 청소하는 사람과 회계사와 건물 전체 관리하는 사람이 있다.

센터 유지를 위해서 매월 상당한 경비가 들어간다. 그러나 나는 걱정이 전혀 없다. 매달 들어가는 경비가 건물에서 나오기 때문이다. 문화센터 '세상의 빛'은 다섯 교회가 함께 사용하고 있다. 다섯 교회는 사용료를 조금씩 낸다. 기독교 서점, 태권도실, 사무실, 숙소 등 공간을 사용하는 단체는 일정액을 내도록 했다. 고려인협회와 고려인 행사를 제외하고 공짜는 없다는 원칙을 세워놓았다. 옥상에는 휴대폰 통신사 기지국이 두 개 세워져 있다. 그들은 작은 공간을 사용하지만 매월 옥상 공간 사용료를 낸다. 이렇게 해서 건물 유지비와 인건비가 건물에서 나온다. 그래서 안식년을 나와 있어도 마음이 편하다. 문화센터 '세상의 빛'은 오늘이라도 바로 이양할 수 있는 준비가 되었다. 이 모든 것이 하나님의 은혜다.

황당한 자립 제안

문화센터가 자립하게 된 계기는 채영문 장로님의 강력한 충고 때문이었다. 장로님은 당시 새문안교회 해외선교부 볼고그라드 담당 차장 집사였다. 그분은 볼고그라드를 방문하여 건축 중인 건물을 돌아보면서 이렇게 말씀하셨다.

"목사님, 건축하고 나서 유지비를 건물에서 뽑으셔야 합니다. 건물에 들어오자마자 최고 좋은 공간은 임대를 주어야 합니다. 교회 사무실과 목사님 사무실은 구석에 배치하세요. 건축 후에 건물에서 나오는 재정으로 자립 구도를 만들어야 선교사님이 편할 것입니다. 새문안교회는 건축 후에 유지를 위한 재정을 계속해서 보내는 것을 별로 좋아하지 않을 것입니다. 그러므로 건물 유지를 위한 재정을 건물에서 확보할 방안을 만드셔야 합니다."

나는 집사님의 제안이 황당하게 느껴졌다.
'아니 선교사가 선교센터를 통해서 수익 구조를 만들라고? 선교지에 다 주려고 온 사람이 이들에게서 이익을 남기라고? 나는 비즈니스를 하러 온 사람이 아닌데?'
나는 집사님의 제안을 바로 받아들이지 못했다. 그때는 비즈니스 선교가 논의되던 때가 아니었다. 나는 비즈니스 선교에 대해서 생각조차 해본 적이 없었다. 나는 집사님의 제안을 잘 이해하지 못하고 마음으로 받아들이지 못했다.
그러나 집사님은 진심으로 센터 건축을 위해서 볼고그라드 선교후원회를 조직하고 만원 헌금 운동을 벌여 건축이 진행될 수 있도록 힘써 주셨다. 그 결과 세상의 빛 건축을 위해 많은 분이 헌금해 주셨다. 집사님의 순수한 열정과 많은 분의 헌신으로 센터 건축이 크게 진전을 이루었다.

나는 집사님과 계속해서 교제하면서 집사님의 진심을 알게 되었다. 당시에 집사님은 연세대학교 세브란스병원 보건대학원 원장이셨다. 나는 집사님이 사회에서 큰일을 하는 분이니 그분의 말이 맞겠다는 생각이 들었다. 나는 차츰 집사님의 제안을 마음으로 받아들였다.

나는 사람들이 많이 모이는 곳에 전자파가 나오는 휴대폰 기지국 설치에 대해서 부정적이었으나 집사님의 제안을 받아들여 휴대폰 기지국 설치를 수용했다. 집사님의 제안이 없었다면 휴대폰 기지국을 받아들이지 않았을 것이고 그렇게 했다면 큰일 날 뻔했다. 휴대폰 회사는 기지국 사용료를 매월 일정하게 은행으로 보내온다.

깨끗하고 넓은 건물을 건축하고 나니까 종교 기관들이 공간을 무료로 사용하기를 원했다. 나는 공짜는 없다고 선언했다. 건물을 사용하는 교회나 신학교에도 기본 사용료를 내게 했다. 적은 비용이라도 내야 센터가 운영될 수 있다고 설득했다. 해가 더해가면서 사람들은 내 생각을 이해하였고 수익이 늘어갔다. 3년이 지나면서 문화센터가 자립하게 되었다.

선교지에서 '선교사의 삶을 위한 자립'은 조심스럽게 논의되어야 한다. 그러나 '선교사역에 대한 자립' 논의는 활발하게 진행되어야 한다. 그래야 코로나19와 같은 위기 시에 의도치 않게 선교지에서 갑자기 이탈하게 될 때는 물론, 안식년에도 편하게 쉴 수 있고 깔끔한 이양이 가능해질 수 있다.

그때 집사님의 황당한 제안을 받아들이지 않았다면 나는 지금 안식년을 나와서도 센터 운영비를 마련해서 보내느라 전전긍긍하고 있을 것이다. 그러나 코로나19 상황 중에 한국에 나와 있어도 나는 센터 운영에 대해 걱정하지 않고 평안하게 지낼 수 있었다. 만일 그때 자립 구도를 생각하지 않았다면 은퇴를 앞에 두고 이양을 걱정했을 뻔했다.

선교는 사랑으로 하는 것이다. 사랑은 때로 바른 소리를 하는 것이다. 서로가 진심으로 사랑한다면 쓴소리를 해도 서로 들을 수 있어야 한다. 때로는 사랑의 쓴소리를 통해서 선교를 건강하게 만든다. 집사님의 진심을 담은 쓴소리가 나의 선교사역에 묘약이 되었다.

선교 동반자

채영문 집사님은 2011년에 새문안교회 시무장로가 되었다. 채영문 장로님은 부인 서은경 권사님과 함께 2013년에 몽골 선교사로 헌신하여 사역하고 있다. 장로님은 몽골국립의과대학에서 대학과 협력하여 사이버대학을 설립했고 의학논문집을 발간하고 있다. 이 공로로 몽골 의과대학으로부터 명예박사학위를 받았다.

서은경 권사님 부친은 서정한 장로님이다. 서 장로님의 부친은 서병욱 영수(領袖)다. 영수는 한국교회 초기에 교역자 없는 교회에서 전도하고 성경을 가르치고 설교하고 예배당을 건축하고 관리했던 평신도 지도자를 뜻한다.

1921년에 서병욱 영수는 경북 봉화에 압동교회를 세웠다. 서정한 장로님은 서병욱 영수의 아들이다. 서정한 장로님은 한국합금철회사를 운영하여 사업에 크게 성공했다. 그는 하나님이 주신 복을 해외선교를 위해서 사용했다. 그는 베트남에 많은 교회와 예배당을 세웠다. 1977년에 서정한 장로님과 부인 이수한 권사님은 회갑 기념으로 새문안교회에 '한한 장학금'을 헌금하셨다. 이것이 기초가 되어 '새문안교회장학회'가 결성되었고 해마다 수많은 청년에게 장학금을 수여하고 있다.

이수한 권사님은 장신대 평생대학원 회장을 역임하셨다. 권사님은 장신대 건축과 장학 사업에 힘을 쏟으셨다. 서정한 장로님과 이수한 권사님은 서은경 권사님께 유산으로 선교비를 남기셨다.

서은경 권사님은 부모가 남겨주신 선교비 1억 원을 볼고그라드 선교를 위해 헌금하셨다. 아직도 자손 대대로 하나님의 영광을 위하여 헌신한 가정의 헌금이 러시아 볼고그라드 선교 기초가 되었다.

서정한 장로님 부부와 자손인 채영문 장로님 부부는 말로만 선교에 헌신하는 것이 아니었다. 그들은 가계(家戒)를 이어서 기도와 물질과 몸으로 하나님의 선교에 헌신했다. 최근에 서정한 장로님이 남겨 놓은 선교비 천만 원을 헌금해 주어서 호렙 중독자 갱생원 남자 숙소 공사를 마감할 수 있었다.

"어제 하루 몽골에 코로나 확진자가 620명이었습니다. 울란바토르에만 520명이 넘습니다. 저희는 지금 초비상입니다. 지난 4개월간 하루에 10~20명이었는데 어제는 500명대가 되며 급속하게 퍼지고 있습니다. 5월 1일에 국경을 개방하려고 했는데 모든 것을 다 취소했다고 합니다. 저는 5월에 한국으로 돌아가야 하는데 기도해 주시기 바랍니다."

서은경 권사님의 기도요청이었다. 우리는 간절히 기도했다. 권사님은 무사히 한국에 입국하셨다. 그리고 몽골의 코로나19 상황이 조금 주춤할 때 다시 두 분은 몽골로 출국하셨다. 그러다가 두 분 모두 몽골에서 코로나19에 감염되어 병원에 입원했다. 우리는 장로님 부부가 매우 염려되어 새문안교회 해외선교부 카톡방에 기도를 요청했다. 두 분은 하나님의 은혜로 잘 회복되셨다.

최근에 서은경 권사님이 코로나19 영향과 몽골 겨울에 온 도시를 덮는 진한 갈탄 매연으로 인해 건강상의 고통을 받으셨다. 그러나 두 분은 몽골 선교를 향한 발걸음을 멈추지 않고 있다. 채영문 장로님은 현재 70대 말임에도 불구하고 85세에 "이 산지를 지금 내게 주소서"(수 14:12)라고 고백했던 갈렙과 같이 평생을 몽골의 교육과 의료 선교를 위해서 쉼 없이 달려가고 있다.

장로님과 권사님은 선교헌신자로 서로를 위해서 기도하는 선교 동반자다. 하나님께서 주신 사명 즉 하나님의 은혜의 복음을 증언하는 일을 위해 오늘도 생명을 걸고 달려갈 길을 달려가고 있는 두 분의 모습이 아름답다.

구멍 난 슬리퍼

> 내가 진실로 너희에게 이르노니 너희가 여기 내 형제 중에
> 지극히 작은 자 하나에게 한 것이 곧 내게 한 것이니라 (마 25:40).

70세 단기선교사

"목사님 제가 한 3개월간 그곳에 가서 고려인 아이들에게 영어라도 가르치면 안 될까요?"

"당연히 되지요. 그런데 혼자 3개월이나 이곳에 오셔서 사시는 것은 너무 힘들지 않으실까요?"

"괜찮아요. 제가 이렇게라도 해야 하나님 앞에 갔을 때 조금이라도 덜 부끄러울 것 같아요."

한 장로님이 70세 넘은 연세에 이곳에 오셨다. 그리고 3개월간 한국어 전문인 선교사와 함께 한글학교를 돕고 영어를 가르쳐 주셨다.

구멍 난 슬리퍼

이곳에 3개월간 단기선교를 오신 장로님은 새문안교회 여성 장로

님이시다. 장로님의 남편은 숭실대 총장을 지내신 어윤배 장로님이시다. 어 장로님은 교회에서 존경받는 분이셨다. 어 장로님이 돌아가신 후에 장로님 부인 권사님이 여성 장로로 피택되셨다. 그분은 윤복희 장로님이시다.

윤 장로님은 2008년에 새문안교회 두나미스 단기선교팀과 함께 볼고그라드를 방문하셨다. 볼고그라드는 한국에서부터 약 24시간 만에 도착하는 먼 거리다. 그때 장로님 연세는 69세이셨다. 새벽 2시경에 도착하신 장로님은 매우 힘겨워 보이셨다. 그럼에도 장로님은 청년들에게 피해가 되지 않기 위해서 선교팀과 똑같이 활동하셨다. 나는 그때 존경받는 어른이 되려면 저렇게 행동해야 한다는 것을 보고 배웠다.

그해에 고려인들이 여름에 농사를 지을 때 거주하는 농막에서 고려인 어린이 여름캠프를 진행했다. 캠프를 진행하는 동안 장로님은 청년들을 격려하시고 고려인 아이들을 돌보셨다. 장로님은 가끔 부엌에 들어가서 음식도 준비하고 설거지도 하셨다.

하루는 아이들이 슬리퍼를 벗어놓고 맨발로 '꼬마야 꼬마야 뒤를 돌아라'를 노래하며 줄넘기 놀이를 하고 있었다. 장로님은 아이들의 줄넘기 놀이를 옆에서 지켜보다가 아이들이 한쪽에 뒤죽박죽 벗어놓은 슬리퍼를 보셨다. 슬리퍼는 한결같이 밑창에 구멍이 뻥 뚫려 있었다. 장로님은 내 아내와 함께 아이들 슬리퍼 앞에 쪼그리고 앉아서 모든 슬리퍼의 치수를 쟀다. 그리고 아내와 함께 신발 가게로 가서 재어 간 치수에 맞춰 슬리퍼를 구입하여 아이들에게 선물해 주셨다. 아이들의 구멍 난 슬리퍼는 장로님의 사랑으로 새 슬리퍼로 바뀌었다.

팀장아 미안하다

캠프를 마치고 단기선교팀과 함께 모스크바와 페테르부르크를 탐방했다. 두 도시를 돌아보며 청년들은 러시아를 이해하게 된다. 청년들이 러시아를 바로 이해하고 바로 알아야 미래에 한국과 러시아의 바른 가교역할을 할 수 있다. 그러므로 나는 단기선교가 끝나면 청년들과 함께 모스크바와 페테르부르크를 탐방한다.

문화탐방을 할 때 단기선교팀은 경비를 최대로 절약한다. 청년들은 교회 바닥에서 잠을 자고 저렴한 가격의 식사를 한다. 팀장은 매끼 식사마다 상한가를 정해준다. 한번은 맥도날드에서 점심을 먹었다. 팀장은 햄버거는 한 사람에 하나씩을 주문하고 음료수는 두 사람에 하나씩을 주문했다. 경비를 절약하기 위한 것이었다.

장로님이 그 광경을 보시고 조용히 나에게 다가오셔서 같이 계산대로 가자고 하셨다. 장로님은 남자 청년들 숫자만큼 햄버거와 음료수를 하나씩 더 주문하셨다. 그리고 팀장에게 가셔서 "팀장아 미안하다. 이 늙은이를 이해해 줘라. 남자들은 많이 먹어야 해." 그날 청년들은 장로님이 사주신 햄버거와 음료수를 마시며 장로님의 사랑을 배불리 먹었다.

가죽 샌들 선물

장로님은 시무장로를 은퇴하고 다시 볼고그라드에 오셨다. 그리고 3개월 동안 볼고그라드에서 살면서 선교에 동참하셨다. 나는 장로님께 우리 집에서 함께 사시자고 했다. 장로님은 사모님 힘들어서 안 된다며 끝까지 사양하셨다. 장로님은 선교지에 오시기 전에 한 달간 바닥에서 잠자는 훈련을 했다고 하셨다.

장로님은 한글학교 전문인 선교사로 사역하고 있던 이혜영 집사님 집으로 가셨다. 장로님은 3개월 동안 집사님과 함께 살면서 사역을 하셨다. 집사님은 한글을 가르치고 장로님은 영어를 가르치셨다.

장로님은 고려인 아이들에게 옷을 사주시고 생일을 맞이한 아이들에게는 생일선물을 주셨다. 장로님은 3개월 동안 영어만 가르치신 것이 아니고 아이들의 가슴속에 사랑의 씨앗을 뿌리고 다니셨다. 3개월을 마치고 떠나시기 전에 나를 데리고 신발가게로 가셨다. 장로님은 나에게 가죽으로 된 좋은 샌들을 선물해 주셨다.

집 매매한 돈을 장학금으로

장로님의 딸들은 미국에 거주하고 있었다. 장로님은 연세가 많아지면서 딸들 곁으로 가서 거주하시려고 한국에서 살던 집을 매매하셨다. 장로님은 집을 매매한 경비를 영국에서 유학하고 있던 청년 이영광 군과 모스크바에서 바이올린을 전공하고 있던 우리 딸 정충만 양에게 장학금으로 주셨다. 그 외에 다른 청년들에게도 장학금을 주셨다는 소식을 들었다. 장로님은 그렇게 하시고 나서야 미국에 있는 딸들 곁으로 떠나셨다.

2019년에 딸 충만이가 미국 동부에서 진행되는 음악캠프에 참석했다. 장로님은 서부에 계시지만 딸은 장로님을 꼭 한 번 찾아뵈려고 여러 번 전화를 드렸다. 그러나 장로님은 건강이 좋지 못하니 다음에 만나자고 말씀해서 만나지 못하고 돌아왔다. 딸은 지금도 장로님을 뵙지 못하고 돌아온 것을 아쉬워한다.

선교는 사랑의 씨앗을 뿌리는 것이다

장로님이 이곳을 떠나신 후 나는 매년 여름이 되면 장로님이 선물해 준 가죽 샌들을 신는다. 벌써 15년째 신는 샌들이지만 나는 그 샌들을 신을 때마다 장로님의 사랑이 떠오른다. 그리고 사랑으로 복음을 전하는 아름다운 발이 될 것을 다짐한다.

선교는 사랑으로 하는 것이다. 사랑이 선교를 이루어가는 것이다. 사랑만 남는다. 장로님은 3개월간 고려인 어린이들과 우리 가족과 나에게 사랑의 씨앗을 뿌리고 가셨다. 장로님이 뿌린 사랑의 씨앗이 고려인 아이들과 우리 가족과 내 가슴 속에 남아서 사랑의 꽃을 피우고 있다.

하늘을 바라보며 사는 사람

✜

한국에서 치과 진료

나는 치과 진료를 받기 위해서 러시아에 들어가지 못하고 한국에 일주일을 더 머무르고 있다. 러시아에서 상반기 내내 치아가 시리고 아파서 제대로 씹지를 못했다. 그래서 그동안 아팠던 치아를 대대적으로 치료하고 있다. 하지만 치료 기간이 예상보다 길어져서 한국에 일주일간 더 머물게 되었다. 나는 치과 진료를 위해서 매일 이혁 치과병원으로 출근했다. 나는 장로님께 치과 진료를 받으며 다음과 같은 생각을 했다.

치과 진료를 받으며

첫째, 나는 장로님께 치아 진료를 받을 때 하나님의 사랑의 손길을 느낀다. 나는 선교지에서 한국에 올 때마다 새문안교회 이혁 장로님의 치과병원에서 무료로 치과 치료를 받는다. 선교 30년 동안 장로님은 우리 가족의 치아를 진료해 주셨다. 장로님은 치아를 무료로 치료해 주면서도 상대방이 부담을 느끼지 않도록 세심하게 선교사의 마음을 살펴주셨다. 장로님께 치아 진료받을 때마다 느끼는 것은 '환대

(歡待)'다. 그 속에 따스한 사랑이 있고 진심이 있고 아름다운 예수의 인격이 있다.

한번은 장로님 가정이 새문안교회에서 후원하는 모든 선교사 가족을 초대하여 식사를 대접해 주셨다. 그때 장로님 부인인 김옥향 권사님은 선교사 각 가정에 손수 만든 담요를 선물해 주셨다. 담요를 주면서 러시아에서 추울 때 무릎에 덮으라고 하셨다. 우리 가족에게 그 담요는 무릎을 덮는 도구가 아니라 마음을 덮는 사랑의 담요가 되었다. 우리는 선교지에서 마음이 시릴 때마다 그 담요를 덮었다. 그 담요를 덮으면 시린 마음이 따뜻해졌다. 권사님은 사람들을 따스하게 해주는 따스한 마음을 가진 분이다. 이런 권사님과 장로님을 사랑하고 존경하지 않을 수 없다.

장로님은 지위나 위치가 바뀌어도 변함이 없다. 어떤 장로님은 안수집사였을 때는 겸손하고 좋았는데 장로가 된 후에는 그렇지 않은 경우를 자주 마주한다. 그러나 장로님은 장로가 되고 선임장로가 되어서도 변함이 없다. 장로님은 예수님을 닮은 신실한 크리스천이다. 한국에 이러한 크리스천들이 많이 생겨나기를 기도해 본다.

나는 장로님의 사랑의 손길을 통해서 선교지에서 아팠던 치아를 치료받으며 하나님의 사랑의 손길과 한국교회의 사랑을 경험하곤 했다. 나는 치과 의자에 누워 있는 내내 따스한 하나님의 손길을 느꼈다. 그리고 상했던 마음이 치료되고 이러한 사랑을 전하는 사람이 될 것을 다짐했다. 선교사 생활 내내 치아를 치료해 주신 장로님 가정에 하나님께서 풍성한 복을 베풀어 주시기를 기도한다.

둘째, 치아의 소중함을 깨달았다. 나는 어렸을 때 치아는 생명이 없는 단단한 돌이라고 생각했다. 그러나 치과 의자에 앉아서 치료를 받으며 치아의 신경이 얼마나 예민한지를 알게 되었다. 치아는 단순히 단단한 돌이 아니라 예민한 신경조직이 연결되어 있다.

치아 건강은 매우 소중하다. 치아가 건강할 때는 그 소중함을 잘 모른다. 그러나 치아가 아프기 시작하면서부터 얼마나 소중한지를 깨닫게 된다. 치아를 치료할 때 마취를 하지 않으면 고통이 심해서 진료를 받을 수 없다.

나는 지금 치과 진료를 받기 위해서 진료 의자에 누워 치아의 소중함을 깨달았다. 소중한 것을 소중한 것으로 알고 살아가는 것이 중요하다. 세상의 모든 것이 당연한 것 같았지만, 전혀 당연하지 않다는 생각이 든다. 모든 것이 값없이 주어진 은혜의 선물이다. 하나님의 사랑, 부모의 은혜, 아내와 자녀의 은혜, 공기, 햇볕 등…….

셋째, 치과의사의 소중함을 깨달았다. 과거에 치과의사와 엑스레이를 전문으로 하는 의사를 의사로 취급하느냐 아니냐를 논하는 책을 읽은 적이 있었다. 그러나 치과 의사가 의사냐 아니냐를 논하는 것은 정말 무식한 짓이다. 치과의사는 우리의 몸에서 매우 중요한 역할을 하는 치아를 치료한다. 치아가 망가지면 음식을 씹을 수 없다. 씹지 못하면 소화가 잘되지 않아 위가 망가지고 치매 등 다양한 병의 원인이 된다. 치아가 아프면 진통제를 먹어도 잠시 통증이 멎을 뿐 진통효과가 전혀 먹히지 않을 때가 많다. 치아가 아프면 아무 일도 할 수 없다. 잠을 잘 수도 없다. 나는 철책에서 군 복무를 할 때 치아가 아파서 밤새도록 잠을 이루지 못하고 밤하늘의 달을 바라보며 GOP 작은 마당을 빙빙 돌면서 기도한 적이 있었다. 치아에 문제가 생기면 심각하다. 치아를 치료하는 의사는 없어서는 안 될 참으로 소중한 사람들이다.

넷째, 입으로 좋은 말과 긍정적인 말을 해야 한다는 생각을 했다. 치과 치료를 받으려면 누워서 입을 벌려야만 한다. 입을 벌리면 입속이 다 보인다. 이 사이에 끼어있는 더러운 이물질도 다 보인다. 치과 진료를 받기 전에 양치를 정성껏 해도 막상 입을 벌리면 그것이 다 허사가 된다. 부끄러운 것이 여전히 남아서 의사나 간호사의 손을 통해 제거되는 경우가 많다. 입을 크게 벌리면 입속에 있는 더러운 것들이 다 보인다.

인생을 살아가면서 입을 크게 벌려 말을 많이 하면 내 속에 있는 더러운 것들이 다 보인다. 그러므로 작게 벌리고 적게 말하는 것이 좋겠다. 꼭 해야 할 말만 하고 좋은 말을 해야겠다. 남을 험담하고 부정적이며 원망과 불평의 소리를 그쳐야겠다. 나의 입술의 모든 말과 나의 마음의 생각을 다 아시는 하나님 앞에서 입과 마음 관리를 잘하며 살아가야겠다.

콘비벤츠 정신과 삶

장로님은 6개월간 치과병원을 후배에게 맡기고 태국에 의료선교를 다녀오셨다. 해마다 두 번씩 해외에 무료 의료 진료를 나가신다. 그리고 매월 한 번씩은 외국인 노동자들을 위해서 무료진료를 하신다. 그분은 사람을 사랑한다. 사람들의 고통의 현장에 서서 직접 몸으로 봉사한다. 그분의 별명은 천사 장로다. 삶의 모든 면에서 모범이 되신다. 그분을 보면 예수님의 제자 모습이 무엇인지 알게 된다. 그분의 삶이 곧 선교다.

어느 날 장로님의 치과병원에서 진료를 받는데 창가에 다음과 같은 글귀를 쓴 예술작품 하나가 놓여있었다. '하늘을 바라보며 살아가는 멋진 나의 친구에게!' 예술가인 장로님 친구가 선물해 준 것 같았다. 장로님은 가까운 친구에게 하늘을 바라보며 살아가는 멋진 친구로 인정받고 있는 듯하다. 얼마나 행복한 생인가 하는 생각이 든다.

장로님은 그 친구에게만 하늘을 바라보며 살아가는 멋진 친구가 아니다. 장로님은 많은 사람의 멋진 친구다. 장로님은 나에게도 멋진 친구다. 선교 30년 동안 치아에 이상이 있을 때마다 나는 장로님을 찾아갔다. 장로님은 한 번도 부담감을 준 일이 없다. 하늘을 바라보며 살아가는 멋진 친구 이혁 장로님이 있어서 건강한 치아를 가지고 사역할 수 있었다. 나는 치아가 약했지만, 장로님이 적절하게 잘 치료해 줌으로 인해서 선교지에서 치아로 인해서 크게 고통을 받지 않고 행복한 선교 여정을 보낼 수 있었다.

선교의 목적은 하나님의 나라다. 하나님의 나라는 사랑과 의가 가득한 나라다. 하나님의 나라는 서로 돕고 서로 배우고 서로 잔치를 배설하는 곳에서 이루어진다. 콘비벤츠 정신과 삶은 하나님의 나라를 효율적으로 확장한다.

잊을 수 없는 사랑

❖

　장로교는 장로들이 성도들을 대표하여 교회를 정치하는 대의 정치 구조다. 장로교회는 장로들로 구성된 당회에서 모든 것을 함께 결정하고 시행한다. 그러므로 교회의 모든 사역에서 장로의 역할이 중요하다. 새문안교회는 장로들의 역할이 큰 교회다. 선교도 담임목사의 목회 방침과 아울러 장로들의 역할이 크다.

　새문안교회 해외선교는 누가 해외선교부장이 되느냐에 따라서 크게 영향을 받는다. 해마다 바뀌는 해외선교부장은 선교 정책까지 좌지우지할 때가 많다. 해외선교부장이 교회의 선교적 사명이 분명하고 선교에 대해서 긍정적이면 교회의 해외선교가 발전한다. 그렇지 않으면 해외선교가 퇴보한다. 새문안교회 선교는 발전과 퇴보를 반복하며 건강성을 유지해 간다.

　해외선교부장에 의해서 선교 정책이 해마다 바뀌는 것을 보완하기 위해서 선교위원회가 있다. 그럼에도 새문안교회의 선교 정책은 일관성이 부족하다. 이것은 새문안교회 해외선교가 앞으로 풀어가야 할 과제다.

　선교가 무엇인지 잘 모르는 상태에서 선교를 교회의 본질로 생각하지 않고 선교를 경제적인 논리로만 판단한다면 건강한 선교를 하기는 어렵다. 선교는 성령의 역사다. 선교는 경제 논리로 판단하지 말고 하나님의 뜻을 순종하고자 하는 자세로 임해야 한다. 선교지 문화와 상황을 잘 모르고 선교 정책을 세울 때 선교는 산으로 간다. 선교는 단순한 인간의 역사가 아니고 성령의 역사로 진행되는 것이다. 선교를 이해하기 위해서는 기도하며 하나님의 뜻을 간절히 찾아야 한다. 그리고 열정을 가지고 선교지를 나가보아야 한다. 그래야 선교를 조금 더 깊이 이해하고 더 건강한 선교를 할 수 있다.

이러한 문제를 해결하기 위해서 이수영 목사님은 피택 장로 훈련 프로그램에 선교지 방문을 포함하도록 하셨다. 장로로 안수받기 전에 선교지를 돌아보게 함으로 선교에 대한 기본 이해를 돕기 위함이었다.

새문안교회의 해외선교

새문안교회는 세 나라에 네 곳의 거점 선교를 진행하고 있다. 교회 규모에 비하면 선교를 적게 하는 것 같지만, 실상은 그렇지 않다.

새문안교회 선교방침은 전적인 지원이다. 새문안교회는 선교사를 보내고 선교사 생활비를 주는 것에서 끝나지 않는다. 선교사의 사택은 물론 차량과 자녀교육비까지 책임을 진다. 또한 선교지에서 진행되는 사역비를 지원한다. 필요할 때는 선교지에 선교센터나 신학교를 건축한다.

새문안교회는 현지인 양육에 많은 관심을 쏟는다. 선교 현지에 있는 노회나 총회와 협력하여 현지교회 지도자 양성에 특별히 힘을 쏟는다. 그리고 새문안교회는 선교지에 교단을 세우지 않고 현지교회와 협력하는 에큐메니칼 선교를 지향한다. 새문안교회의 해외선교는 교회 전체 예산의 1/10 정도가 들어갈 정도로 그 규모가 결코 작지 않다.

새문안교회 해외선교부장은 대부분 선임 장로가 맡는다. 그만큼 예산이 많고 중요하기 때문이다. 새문안교회 장로님들은 어떤 역할을 맡아도 열정적으로 사역한다. 새문안교회 30여 분의 장로님은 열정적인 무보수사역자라고 볼 수 있다. 은퇴하기 전에 마지막으로 맡는 해외선교부장은 해외선교에 마지막 열정을 쏟는다.

잊을 수 없는 장로님

새문안교회는 해마다 해외선교부장이 바뀌기 때문에 30년 동안 많은 장로님과 동역을 했다. 그중에 하나님의 선교를 위해서 헌신하셨고 선교사를 인격적으로 대우해 주셨던 잊을 수 없는 장로님들의 사랑을 추억하고자 한다.

선교사에게 차량은 매우 중요한 선교 기기다. 차량은 사역을 돕는 도구이지만 때로는 선교사의 목숨을 앗아가는 무기가 된다. 러시아처럼 추운 나라에서 차량은 목숨과 직결된다. 추운 겨울에 시동이 걸리지 않는 차량은 큰 고철 덩어리다. 겨울에 오지에서 시동이 꺼지면 목숨을 위협받을 수 있다.

몇 년 전 겨울에 러시아 목사 4명과 함께 모스크바에서 진행되는 세미나에 참석한 적이 있다. 볼고그라드에서 모스크바까지의 거리는 약 1,100km다. 그때 기온은 영하 25도였고 우리는 25년 된 미니버스를 타고 이동했다. 한참을 달리던 미니버스가 새벽 세 시쯤 갑자기 길 한복판에서 멈추었다. 우리는 그 이유를 알 수 없었다. 우리는 모두 손을 잡고 기도했다. 온몸이 얼어오기 시작했다. 각자 가지고 있는 옷을 다 꺼내서 껴입었다. 지나가는 차에 도움을 요청해 보았지만 아무도 차를 세워주지 않았다. 러시아에서는 허허벌판에서 위급한 상황을 만난 차를 도와주는 것이 당연시되는 문화다. 그러나 새벽 세 시에 남자들이 도와 달라고 차를 세우니 아무도 세워주지 않았다. 강도일지 모른다는 불안감 때문이다. 다행히 우리는 하나님의 기적적인 도움으로 죽지 않고 살아남았다.

블라디보스토크에서 사역할 때 우수리스크에 목회자가 없는 교회가 생겨서 약 6개월간 매 주일마다 120km를 달려 설교를 하러 다녔다. 우수리스크로 가는 길은 산악지대로 길이 험했다. 눈이 내리고 도로는 빙판으로 변해 있었던 어느 날 차가 미끄러져서 반대편 차선을 넘어 눈 위에 처박혔다. 하나님의 기적적인 도우심으로 살아남았다.

러시아의 겨울은 약 6개월이다. 그중 가장 추운 1, 2월에는 사역을 위해서 눈길과 빙판길을 목숨 걸고 다녀야 한다. 나는 매 주일 오전 예배를 마치고 오후 3시에는 도시에서 60km 떨어져 있는 고려인 마을로 가서 교회를 개척하고 있다. 가장 추운 겨울에 눈길과 빙판길을 다니는 것은 결코 만만한 일이 아니다. 목숨을 걸어야 한다. 만일 차량이 노후 되면 더 위험할 뿐 아니라 사역을 감당하기 어렵다.

이렇듯 러시아에서 차량은 목숨과 사역과 직결된다. 선교사 생활을 하는 동안 새문안교회 장로님들은 차량 구입에 인색하지 않았다.

특별히 서원석 장로님, 여기락 장로님과 조성도 장로님은 선교사에게 좋은 차를 구입해 주기 위해서 각별한 관심을 가져주셨다. 장로님은 "중고차보다는 새 차로 좋은 차를 구입하라"고 하셨다. 이러한 말씀이 얼마나 감사하고 선교사를 격려하는 것인지 모른다. 나는 이 세 분을 잊을 수 없다.

1994년 선교를 출발할 때 컴퓨터를 선물해 주신 장영길 장로님을 잊을 수 없다. 나는 그 컴퓨터를 버리지 않고 아직 기념으로 소장하고 있다. 아내가 아팠을 때 정성껏 한약을 지어주신 노재영 장로님을 잊을 수 없다. 노 장로님의 기도와 정성으로 아내의 건강이 좋아지고 두 아이를 임신할 수 있었다. 우리 가족의 안경을 무료로 만들어 주셨던 김상철 장로님을 잊을 수 없다.

첫 번째 안식년 때 이계희 장로님이 남선교회 회원들에게 성경공부를 인도해 달라고 하셔서 1년간 BEE 로마서를 함께 공부했다. 장로님은 항상 겸손한 자세로 가까이 다가와서 위로해 주시며 서로를 위해서 기도하는 기도 동지다.

해외선교부장을 하면서 당회 소식을 직접 타이핑하여 선교사들에게 보내주셨던 서원석 장로님을 잊을 수 없다. 장로님은 선교사들에게 '당신들은 우리 가족이며 교회가 잊지 않고 기도하고 있다'는 메시지를 그렇게 전한 것이었다.

나는 선교지에서 현지인과 선교사들과 갈등이 일어났을 때 선교사를 믿어주고 선교사 편을 들어주셨던 안종호 장로님을 잊을 수 없다. 선교사가 한국을 방문했을 때 사용할 수 있도록 선교관을 깨끗하게 수리하셨던 안종호 장로님과 심종구 장로님을 잊을 수 없다. 심 장로님은 국내에 있는 베트남 선교사라고 생각한다. 장로님은 베트남 선교에 목숨을 건 분이다. 또한 선교사의 복지에 지대한 관심을 가져주셨던 이낙종 장로님을 잊을 수 없다.

선교사들을 어머니의 마음으로 사랑으로 돌보아 주셨던 남양희 장로님을 잊을 수 없다. 장로님은 여성의 감성으로 선교지를 돌아보며 선교사들의 아픔을 공감해 주고 문제를 해결해 주셨다. 그분이 사역하는 것을 보며 사역을 할 때 부성적인 자세도 필요하지만, 모성적인 자세도 중요하다는 생각을 했다. 그분이 시무하실 때 문화센터 '세상의 빛' 건물 외장공사를 마감할 수 있었다. 장로님은 지금도 일 년에 몇 차례 선교지로 전화해서 우리 가족의 안부를 물어 주신다. 러시아와 우크라이나 전쟁이 발발했을 때 후원교회에서는 유일하게 우리를 걱정하며 전화로 안부를 물어주셨다. 하나님의 선교가 건강해지기 위해서 이처럼 끝까지 품어주는 어머님의 사랑하는 마음을 가진 장로님이 필요하다.

나는 정호영 장로님과 선교관(宣敎觀)의 차이로 오랫동안 갈등을 빚었다. 그러나 장로님이 선교지를 방문한 후 그동안 수고한 것을 인정해 주며 호형호재(呼兄好材)하자고 하셨다. 갑자기 장로 형이 생겼다. 장로님은 내가 한국에 도착하면 가장 먼저 달려오셨다. 직접 차를 몰고 오셔서 근사한 식당으로 가서 식사를 대접해 주셨다. 장로님은 진심으로 우리 자녀들의 앞날을 걱정해 주시며 외교관으로 만들라고 하셨다. 나이를 초월해서 형제가 연합하여 동거하는 아름다운 모습을 하나님께서 기뻐하셨을 것이다.

선교지에 대한 오해가 있으면 선교지를 직접 방문해 보는 것이 좋다. 그러다 보면 선교사와 장로가 사랑하는 형제가 될 수도 있다.

나는 러시아 텔레비전 '러시아 24시'에 나온 사회봉사 사역을 한국 방송에서 소개할 수 있도록 힘을 쓰셨던 이기연 장로님을 잊을 수 없다. 장로님의 기발한 아이디어로 볼고그라드 선교사역이 각 방송과 신문에 나오게 되었고 새문안교회 선교가 소개되었다.

이러한 경험들을 통해서 선교사는 몸은 비록 멀리 떨어진 선교지에 있을지라도 후원교회에 소속된 교역자라는 생각을 마음속 깊이 하게 된다.

감사

한국에 입국하면 언제나 우리를 큰 형님처럼 기쁨으로 맞이해 주시고 밥 사주시고 우리 자녀들에게 맛있는 빵을 한 바구니씩 사주시는 박광호 장로님께 감사드린다. 안식년으로 한국에 입국했을 때 얼굴에 기미를 제거하여 예쁜 얼굴을 만들어 주셨던 강희문 장로님께 감사드린다. 한국에 갈 때마다 같이 식사하자고 하고 북한 선교에 대해서 혜안(慧眼)을 나눠 주었던 김주현 장로님과 원영희 장로님께 감사드린다. 한국에 갈 때마다 친구처럼 허물없이 대해주며 한 번도 빠지지 않고 식사 대접을 해주신 이경준 장로님께 감사드린다. 언제나 변함없는 사랑과 우정으로 지지와 격려를 통해 적극적으로 선교에 협력해 주신 백승현 장로님께 감사드린다. 아내의 아픈 무릎을 치료해 주고 내가 총회선교사 훈련을 진행할 때 운동을 하다가 팔목에 금이 가서 고통받을 때 밝은 미소로 맞이하여 치료해 준 친구 같은 안상천 장로님께 감사드린다. 안 장로님의 제안으로 선교지 대학생들에게 장학금을 주게 된 것도 감사하게 생각한다.

장로로 피택 되었으나 안수를 받기 전에 갑작스레 하나님의 나라로 훌쩍 떠나버린 이현무 피택 장로님을 잊을 수 없다. 그는 두나미스 청년들의 선교를 연대기로 정리해서 나에게 보내주셨다. 한국에 갈 때마다 근사한 고급 레스토랑에서 식사 대접을 해주며 우리를 격려해 주셨다. 그가 정리해서 보내준 새문안교회 제직회 자료와 두나미스 자료와 해외선교자료집은 귀한 역사자료가 되었다. 그는 하나님의 나라로 떠나기 전 마지막까지 낮에는 병원에서 명의(名醫)로 병으로 고통당하는 사람을 치유하고 밤에는 새문안교회의 방대한 숨겨진 역사자료를 정리했다. 특히 새문안교회 선교역사 자료를 정리해서 남겨준 것에 대해서 매우 고맙게 생각한다. 겸손하고 진실하고 충성스러웠던 이현무 피택 장로님의 인자하고 환한 웃음이 그립다.

장로님은 아니었지만 잊을 수 없는 선교동역자 집사님이 있다. 이희만 집사님은 국내 선교사였다. 그는 걸인들과 가장 낮은 자들의 친구였다. 그는 북한 이주민들과 해외노동자들의 친구였다. 그는 내가 한국에 들어가면 숙소에 쌀을 구입하여 들고 왔다. 그는 교회와 선교를 위해서 많이 기도했던 기도의 사람이었다. 작은 자를 향한 그의 열정적인 사랑과 헌신과 기도가 그립다.

30년 동안 하나님의 선교를 섬길 수 있었던 것은 첫째는 하나님의 은혜이며 둘째는 신실한 하나님의 사람들 때문이었다. 선교사와 장로가 하나님 앞에서 형제 의식을 가지고 서로 돕고, 서로 배우고 서로 잔치를 배설하는 콘비벤츠 정신이 선교를 건강하게 만든다. 이름도 없이 빛도 없이 하나님의 선교를 위해서 기도해 주시고 동행해 주신 많은 분에게 감사드린다. 하나님의 선교를 위해서 헌신해 주신 모든 분이 하나님의 선교역사에서 하늘의 별과 같이 빛나게 되기를 기도한다.

*** 선교 현장에서 발견한 한 줄 콘비벤츠 2**
장로들의 헌신으로 선교의 나무는 자라난다.

3장

화향천리행 인덕만년훈
(化香千里行 人德萬年薰)

별 하나에 사랑

첫 번째 안식년을 기다리며

나는 첫 번째 안식년을 7년 반 만에 가졌다. 안식년 들어오기 전 1년 반 동안은 참으로 힘든 시간이었다. 군대 전역을 앞에 두고 후임이 없어서 전역을 못 하는 느낌이었다. 이수영 목사님은 급하신 마음에 총회 선교사 훈련을 안 시키고 후임 선교사를 보내려고 했다. 그러나 나는 좀 더 참고 기다릴 수 있으니 후임 선교사를 총회 선교사 훈련을 마치고 정식으로 보내주면 좋겠다고 했다. 후임 선교사가 선교사 훈련을 마치고 파송되어 선교지로 들어오기를 기다리는 동안 여러 가지 많은 사건이 터졌다.

러시아인 알렉이 빌리 그래함 목사님의 아들 프랭클린 그래함의 지원으로 블라디보스토크에 기독교 카페를 시작했다. 그와 몇 차례 만나며 그 카페에서 주일에 교회를 시작하자고 의견을 모았다. 프랭클린 그래함은 미, 한, 러 협력선교를 매우 기쁘게 생각했다. 그는 나와 알렉을 암스테르담 집회에 초대해 줬다. 나는 그 교회 담임목사로 설교하며 알렉은 행정을 맡기로 했다.

카페 교회는 청년들이 많이 모이는 교회로 성장해 갔다. 그러나 알렉이 교회 공동회의나 나의 허락이 없이 자기 마음대로 헌금을 사용하는 일이 자주 발생했다. 교회 헌금 사용에 대한 질서를 세우려고 하다가 불협화음이 생겨서 교회를 사임하게 되었다. 그 과정에서 알렉이 악감정을 가지고 새문안교회에 투서하여 정신적인 고통을 겪었다. 그러나 선교부장이셨던 안종호 장로님이 나를 지지해 주며 문제가 봉합되었다. 그 후 나는 신학교에서 교회를 개척했다. 신학교에서 시작한 교회는 약 40명의 청년과 젊은 가정이 모이는 교회로 성장했다.

위 사건이 마무리되어 가는 시점에 또 한 가지 사건이 터졌다. 신학교를 졸업한 한 학생이 하나님께서 자기에게 자신이 신학교에 남아서 후배들을 지도하고 내 차를 운전하며 여러 가지 일을 도우라고 말씀하셨다고 했다. 그리고 자신을 보낸 선교사님의 허락도 받았다고 했다. 하지만 내가 판단하기에 그는 신학교에 남아서 후배들을 지도할 만한 사람이 아니었다. 게다가 신학교 졸업생에게 내 차 운전을 시키고 잡다한 일을 시키는 것은 합당하지 않다고 생각했다.

나는 그에게 먼저 세상에 나가서 복음을 전하고 교회를 개척하라고 했다. 그러한 경험을 쌓은 후에 신학교로 돌아와서 후배들을 섬기며 신학교 사역을 하라고 권면했다. 그러나 그는 내 말을 듣지 않고 끝까지 자기주장을 굽히지 않았다. 교수회의를 통해서 그를 신학교에 남길 수 없다는 것을 통보했다. 그때부터 그는 나에게 악감정을 품고 과거 교도소 동료들을 시켜서 목을 날려버리겠다고 전화로 위협을 가했다. 나는 목숨에 대한 위협을 느끼며 고통의 시간을 보냈다.

결국 그 졸업생은 자기를 보낸 교회로 돌아가지도 않고 세상으로 나갔다. 나중에 알고 보니 그는 신학교 다닐 때 신학교 오디오 시스템과 한국에서 가져온 밍크 담요 16장을 훔쳐 간 범인이었다.

블라디보스토크에 신학교 학사가 건축되자 신학교를 나홋카에서 블라디보스토크로 이주했다. 신학교를 시작할 때 블라디보스토크에 학사가 준비되지 않았기 때문에 임시로 2년간만 나홋카에서 신학교를 진행하기로 했다. 2년이 지난 후에 블라디보스토크에 학사가 준비되어 신학교를 이주하며 심한 갈등을 겪었다. 신학교 운영진은 두 파로 갈라져서 신학교 운영회의 때마다 일치를 이루지 못하고 싸움을 계속했다. 그 과정에서 나는 중간에 끼어서 이러지도 저러지도 못하며 선교에 대한 회의감이 늘어갔다. 그리고 설상가상으로 후임으로 새로 들어오는 선교사의 숙소 문제로 새로 임명된 해외선교부장과 심한 갈등을 겪었다. 안식년을 기다리는 1년 반 동안 일어난 다양한 사건으로 인해서 그 시간이 앞서 지난 6년보다 더 길게 느껴졌다.

첫 번째 안식년

이수영 목사님이 서두르셔서 2002년 2월에 안식년으로 한국에 입국했다. 그때 나는 탈진하여 더이상 선교를 할 수 없을 것 같은 상태였다. 우리 가족을 마중 나온 해외선교부장은 후임 선교사 집을 임대하는데 교회 헌금이 연 6천 불이 더 들어가게 된 것은 선임선교사가 잘못했기 때문이라며 나를 강하게 질타했다.

그것은 절대적인 오해였다. 나는 오히려 후임 선교사에게 1년간 서로 집을 바꾸어 살자고 제안했었다. 방 한 칸에 본인의 중요한 짐은 넣어두고 공간을 1년간 사용한 후에 이사하라고 했었다. 그러나 후임 선교사가 동의하지 않음으로 전임 해외선교부장의 말대로 후임 선교사 집을 얻어준 것이었다. 나는 교회 재정을 절약하기 위해서 노력했는데 오히려 모든 것이 나의 잘못이 되어있었다.

장로님은 33인승 교회 차를 가지고 공항에 마중을 나오셨다. 공항에 나온 장로님의 첫 마디가 "목사님 이부자리 안 가지고 왔어요?"였다. 안식년을 나오는 선교사 중 이부자리를 가지고 나오는 사람은 없을 것이다. 장로님도 그것을 알고 있었지만, 일부러 그렇게 말씀하시는 듯했다.

이어서 "목사님 차 못 드리니까 큰 차 타고 다녀요"라고 말했다. 큰 차라고 하면 전철이나 버스를 타고 다니라는 의미였다. 나는 아무런 대꾸를 하지 않고 무조건 "알겠습니다"라고 대답했다.

선교사에게 숙소를 제공해 준 것은 감사했으나 숙소에 도착해 보니 숙소 상황은 엉망이었다. 숙소에는 교회 물품 중 쓰다 남은 것을 모아놓은 중고상 같았다.

안식년을 들어오는 사람은 후원교회의 평가에 민감하다. 7년 반 동안 사역한 것에 대해서 교회가 이렇게 평가하고 대우하는 듯했다. 지치고 탈진한 상태에서 그러한 부당한 평가와 대우는 사람을 죽이는 것이었다. 마음속으로 안식년 기간에 조용히 새문안교회를 떠나야겠다고 생각했다.

그때 다른 교회에서 고려인 사역을 위해서 볼고그라드 선교사로 가면 전적으로 후원하겠다고 적극적으로 초대하는 교회가 생겼다. 그래서 떠나려고 결심했던 것을 실행하려고 생각했다. 그러나 떠날 수 없었다. 새문안교회 권사님들의 사랑과 눈물의 기도를 배신할 수 없었기 때문이었다.

권사님들의 사랑

선교하는 동안 권사님들의 사랑은 특별했다. 아내가 혼자 한국에 나와서 두 아이를 낳을 때 권사님들은 어머니처럼 아내와 아이들을 섬겨주셨다. 아내는 여러 차례 대수술을 했다. 그때마다 권사님들의 보여주셨던 기도와 섬김을 잊을 수가 없다. 나는 선교지에서 사역하면서 권사님들의 특별한 사랑과 기도를 강하게 느꼈다. 그 기도와 헌신적인 사랑을 배신할 수 없었다. 나는 권사님들의 사랑 때문에 지금까지 새문안교회에 남아있다고 해도 과언이 아니다.

선교 30년 동안 권사님들께 가장 많은 사랑의 빚을 졌다. 선교사를 위해서 많은 기도로 하나님의 선교를 동역해 주신 분은 다름 아닌 권사님들이다. 사랑의 마음을 담은 진실한 기도는 선교의 원동력이었다. 권사님들은 어머님의 마음으로 선교에 협력해 줬다. 권사님들의 헌신은 선교를 보내놓고 한 번도 편하게 다리를 뻗지 못하고 편히 주무시지 못했던 나의 어머니 마음과 똑같았다. 이 책에 권사님들의 성함을 다 기록하지는 못하지만, 하나님이 그 이름을 손바닥에 새기시고 축복해 주시기를 기도한다.

무조건적 사랑

권사님들이 선교에 가장 많이 동참하는 것은 기도다. 한국교회 성도들은 선교를 위해서 많이 기도한다. 한국에 나와서 교인들을 만나보면 선교를 위해서 기도하시는 분인지 아닌지를 금방 구별할 수 있다. 선교를 위해서 기도하시는 분들은 선교사를 만나면 매우 반가워한다. 건강은 어떤지 가족은 어떤지를 묻는다. 자녀들의 이름을 대며 아이들 안부를 묻는다. 먼저 같이 식사하자고 시간을 묻고 초대한다. 그리고 선교지의 필요를 찾아서 헌금한다.

그러나 기도하지 않는 분들은 대부분 또 나오셨냐고 묻는다. 그리고 언제 왔고 언제 돌아가느냐고 묻는다. 내가 한국에 나오면 나의 어머니는 또 나왔느냐, 언제 들어가느냐고 묻지 않으셨다. 오히려 왜 이렇게 오래간만에 나왔고 왜 그렇게 빨리 돌아가느냐고 물으셨다. 어떻게든지 한 번이라고 더 시간을 내어서 직접 식탁을 차리고 한 끼라도 더 함께 식사하고 싶어 하셨다. 나의 어머니는 자식과 약한 며느리와 손주들의 건강과 안전에 관심이 많으셨다. 선교사역에 앞서 선교사와 그 가족의 안전과 건강이 더 중요하다.

한국에 입국해서 권사님들을 만나면 어머니를 만나는 것과 같았다. 무조건 대접하고 무조건 선교비를 챙겨줬다. 나는 권사님들의 그 무조건적 사랑을 잊을 수 없다. 어머니와 같은 무조건적 사랑이 하나님의 사랑이다. 사랑이 선교사를 살리고 선교를 가능하게 한다.

잊을 수 없는 분들

나와 함께 하나님의 선교를 이루고 선교사를 격려해 주셨던 별 하나에 사랑을 하늘에 수놓고자 한다. 바로 한국에 나오면 어떻게든지 시간을 마련하여 식사를 대접해 주셨던 한나 여전도회 임원 권사님들이시다.

첫 번째 안식년을 들어왔을 때 밑반찬과 손수 키우고 다듬은 야채와 함께 공부할 때 필요할 거라며 이면지를 준비해서 선교관에 가져다주셨던 박병숙 권사님을 잊을 수 없다. 이종숙 권사님은 언제나 정갈하고 깨끗하고 겸허한 모습으로 기쁘게 우리 가족을 섬겨 주셨다.

　문화센터 건축 후 예배당과 사무실에 필요한 모든 의자 비용을 헌금해 주시고 고려인 대학생들에게 장학금을 주셨던 장정숙 권사님을 잊을 수 없다. 한국에 나갈 때마다 오삼순 권사님과 함께 오장동 냉면집에 갔던 것은 아름다운 추억으로 남아있다. 문경희 권사님과 김명옥 권사님과 이은화 권사님은 안식년 내내 아침 예배를 마친 후에 콩나물국밥을 대접해 주셨다.

　현정숙 권사님은 러시아 목사들을 광화문 교보생명빌딩 1층 파리크로아상에 초대해서 브런치를 대접해 주고 정성껏 준비한 헌금을 한 사람 한 사람에게 나눠주셨다. 러시아 목사들은 권사님 덕분에 자녀들 선물을 구입할 수 있었다며 두고두고 고마움을 표현했다.

　고려인 노인들이 한국을 방문했을 때 식사를 대접해 주시고 정성껏 싸 온 떡과 고구마를 대접하며 고려인들에게 예수 믿으라고 권면하셨던 김수연 권사님을 잊을 수 없다. 김 권사님의 진실한 사랑과 정성스런 대접으로 고려인들 두 분이 러시아로 돌아온 후에 교회에 나와 세례를 받고 신실한 일꾼이 되었다. 김수연 권사님은 우리 아이들이 어렸을 때 한국을 방문할 때마다 여러 차례 63빌딩에서 식사를 대접해 주시고 아이맥스 영화를 보여주셨다. 아이들은 권사님의 사랑 덕분에 교회를 사랑하는 사람들로 성장했다.

　우리 아이들이 잊지 못하는 권사님 중 빼놓을 수 없는 권사님은 조현주 권사님이다. 조 권사님은 아이들이 한국을 방문할 때마다 아이들의 이모가 되어 롯데월드와 에버랜드를 여러 차례 데리고 다녔다. 김수연 권사님과 조현주 권사님의 사랑으로 인해서 우리 아이들이 졸업 후에 한국에서 거주하며 새문안교회에 정착하고 찬양대와 청년부 임원으로 사역하는 밑거름이 되었다.

한국을 방문하고 러시아에 들어갈 때마다 고려인들에게 줄 옷과 가방을 챙겨 주셨던 설경애 권사님과 고광희 권사님을 잊을 수 없다. 김명숙 권사님과 윤순례 권사님은 우리 가족이 한국에 갈 때 석모도로 초청하여 식사를 대접해 줬다. 윤순례 권사님이 선물해 준 미술 작품은 문화센터 '세상의 빛'에 걸려있다.

러시아가 춥다며 아내에게 밍크코트를 선물해 주신 윤복희 장로님, 남양희 장로님, 박명숙 권사님, 이정임 권사님의 사랑을 잊을 수 없다. 아내는 자신을 위해서 하나만 남기고 나머지는 고려인 교인들에게 다 나누어 줬다. 권사님들의 사랑이 아내를 통해서 고려인들에게 전달되었다. 아내는 러시아에서 주일에 교복처럼 입고 다니는 옷이 있다. 패션 디자이너 문경희 권사님이 직접 만들어 주신 옷이다. 아내는 그 옷을 입을 때마다 권사님의 사랑을 기억하고 감사해 한다.

우리 가족이 선교관에 들어갈 때마다 김치와 밑반찬을 챙겨 주었던 조은경 권사님과 전현자 권사님을 잊을 수 없다. 권사님들의 기도와 사랑이 교회 사랑의 온도를 높인다. 교회는 사랑의 온도가 높아야 좋은 교회다. 교회의 사랑의 온도는 어머니의 가슴과 품이다. 선교는 사랑을 먹고 태어나고 자라고 성숙해진다.

한국을 방문할 때마다 이른 아침 예배를 마치고 모이는 정마당 기도용사 권사님들을 잊을 수 없다. 문경희 권사님, 장정숙 권사님, 김명옥 권사님, 이은화 권사님, 이길자 권사님, 남옥자 권사님, 최문기 권사님, 고규옥 권사님, 손정은 권사님, 이옥례 권사님, 조향란 권사님, 계국자 집사님, 현영숙 권사님, 오창련 권사님, 이영순 권사님, 성숙자 집사님, 오수자 권사님. 이 분들은 하나님의 선교에 사랑으로 동참해 준 밤하늘에 빛나는 별들이다.

콘비벤츠 정신이 선교를 살린다

30년 동안 새문안교회 후원선교사로 사는 것이 영광인 동시에 쉽지는 않았다. 내가 새문안교회를 떠나고 싶었을 때 손을 내밀어 잡아준 새문안교회에게 감사한 마음이 있다. 사랑을 배신할 수 없을 정도로 많은 사랑을 베풀어 주신 권사님들께 특별히 감사드린다.

선교는 하나님이 하신다. 하나님은 사랑을 통해서 역사하신다. 사랑만 오래 남는다. 사역한 것도 지나간다. 사랑만 남는다. 서로 사랑하고 서로 존중하며 서로 돕고 서로 배우며 함께 잔치하는 콘비벤츠 정신이 선교를 살린다.

빈대떡이 예배당으로

❖

칼미키야 자치공화국

러시아는 84개 지역으로 구성되어 있으며 22개의 자치공화국이 있다. 자치공화국 중 우리에게 익숙한 공화국은 체첸 공화국과 크림 공화국이다. 22개의 자치공화국 중에 우리와 얼굴이 비슷한 사람들이 거주하고 있는 자치공화국이 있다. 그 공화국은 고려인 자치공화국이 아니다. 러시아에 고려인 자치공화국은 없다. 우리와 비슷한 얼굴을 한 몽골인 후손들의 자치공화국이 칼미키야다.

칼미키야 자치공화국에는 징기스칸의 후예들이 살고 있다. 몽골의 징기스칸은 러시아를 침략하여 볼가강 유역에 킵차크 칸국을 세우고 200년 동안 러시아를 지배했다. 그러나 그들은 모스크바 공국에 패했다. 지금은 칼미키야 자치공화국을 세워서 살아가고 있다.

이 공화국은 러시아 다른 지역과 달리 정교회 사원 대신 남방 불교 사원이 있다. 특수경찰 분야만 러시아 사람이 담당하고 나머지 모든 정치 경제 사회 문화 교육과 종교는 칼미키야인들이 담당한다.

칼미키야는 볼고그라드와 접경하고 있다. 칼미키야의 수도는 엘리스타다. 볼고그라드에서 엘리스타까지는 약 600km 거리다. 그러나 칼미키야 자치공화국의 볼쇼이 짜린이라는 지역은 볼고그라드에서 300km밖에 되지 않는다. 이 지역은 과거에 고려인들이 벼농사를 짓고 거주했던 곳이며, 현재는 약 200가구의 고려인들이 살고 있다.

빈대떡이 변하여 예배당이 되었다

나는 볼고그라드로 선교지를 이동한 후에 고려인들이 많이 거주하고 있던 지역을 찾아다니며 선교 현지조사를 했다. 그때 칼미키야 공화국 볼쇼이 짜린에 고려인들이 많이 거주하고 있다는 소식을 듣고 그 지역을 방문했다. 그때 그곳에 고려인들이 모이는 교회가 있다는 것을 알게 되었다.

그 교회는 한국 은혜교회에서 파송한 선교사가 현지인을 통해 개척한 교회였다. 교인은 약 30~40명 정도였다. 교인은 대부분 고려인이고 칼미키야 민족도 조금 섞여있었다. 나는 그분들과 함께 예배를 드리며 말씀을 전했다. 그런데 찬양할 때마다 옆집에서 벽을 두드리며 찬양을 방해했다. 그 집은 공산주의 시절에 건축 자재를 절약하기 위해서 벽 하나를 중앙에 세우고 양쪽으로 두 집을 연결하여 지은 집이었다. 옆집에 거주하고 있는 사람은 하나님을 믿지 않는 분이었다. 그 사람은 매 주일 벽 하나를 사이에 두고 들려오는 찬송 소리가 견디기 어려웠던 모양이었다.

나는 설교를 마치고 이 마을에 예배당을 하나 세워주시도록 하나님께 기도하자고 제안했다. 우리는 이웃에 해가 되지 않고 자유롭게 예배드릴 수 있는 공간을 주시도록 조용히 그러나 간절히 기도했다. 예배를 드리고 나서 나는 교인들에게 예배당으로 사용할만한 집을 구입하려면 얼마나 주어야 하느냐고 물었다. 그들은 약 5,000불 정도면 예배를 드릴 수 있는 큰 집을 구입할 수 있다고 했다. 나는 집으로 돌아와서 새문안교회에 선교 보고를 하면서 이 내용을 써 보냈다. 이 지역에 예배당을 할 만한 건물 매입을 위한 기도요청을 했다.

며칠 지나지 않아서 새문안교회 우제은 권사님이 예배당 건물 매입을 위한 선교비를 보내주셨다. 권사님은 종로 교보문고 뒤 피맛골에서 평생 빈대떡 장사를 하셨던 분이다. 2005년 9월에 권사님께서 보내주신 선교비로 넓은 땅이 있는 단독주택을 매입하고 그 집 주소로 교회를 국가에 등록했다. 교회 이름은 '세상의 빛'이라고 했다. 권사님이 평생 만들었던 빈대떡이 변하여 예배당이 되었다. 볼쇼이 짜린에 있는 '세상의 빛' 교회 성도들은 이제 마음 놓고 찬양하며 예배를 드릴 수 있게 되었다.

세상의 빛 교회 등록

2007년 9월에 국가에 등록한 '세상의 빛' 교회 서류가 나왔다. 나는 나타샤 전도사에게 건물소유주를 국가에 등록된 교회 이름으로 명의를 이전시키도록 했다. 건물과 땅을 교회 명의로 이전함으로 개인소유로 할 수 없도록 해 놓았다. 사역자 이름으로 소유권을 해 놓으면 행정적인 일은 단순해질지 몰라도 선교사가 떠나면 건물이 사역자나 그 자녀들 소유가 될 가능성이 있기 때문이다. 실제로 러시아에서 사역했던 선교사가 행정적인 편의를 위해서 건물과 땅의 소유권을 옆에서 돕는 고려인이나 현지 사역자의 이름으로 해놓아서 선교사가 떠난 후에 선교지 재산이 개인소유로 넘어가는 경우가 많았다.

성도들의 피 같은 선교헌금이 개인소유가 되지 않고 하나님 나라 복음 전파를 위하여 사용되어야 한다. 이를 위해서 선교사가 선교지를 떠난 후에도 선교지 재산이 개인의 소유로 넘어가지 못하도록 서류를 바르게 하는 것도 선교사의 책무 중 하나다.

콘비벤츠 정신과 실천이 찬양을 울려 퍼지게 하다

칼미키야 '세상의 빛' 교회는 나타샤 전도사가 사역을 계속하고 있다. 해마다 1월 말경이 되면 나타샤는 나에게 전화를 걸어 '세상의 빛' 교회 창립일에 참석해서 설교해 달라고 요청한다. 그러나 그 시기는 공교롭게도 장신대 글로컬 현장교육원에서 보낸 신학생들이 나에게 와서 한 달간 선교 훈련을 받는 기간과 겹친다. '세상의 빛' 교회 창립일이 내가 신학생들과 함께 모스크바와 페테르부르크를 방문하는 기간과 겹쳐있는 것이다. 이러한 연유로 나는 약 10년간 그 교회를 방문하지 못했었다. 하지만 2023년에 러시아와 우크라이나 전쟁으로 장신대 학생들이 오지 못했고 나는 교회 창립기념일에 맞춰 칼미키야 '세상의 빛' 교회를 방문했다.

약 13년 만에 찾아간 교회는 감회가 새로웠다. 나타샤 전도사가 어려운 중에도 열심히 사역하고 있었다. 이날 나는 약 50명의 교인과 함께 마음껏 찬송하며 예배를 드리며 설교를 했다. 권사님이 평생 뜨거운 기름에 손을 데어가며 만든 빈대떡이 칼미키야 공화국 한구석에 예배당으로 변했다. 상호도움과 상호배움의 콘비벤츠 정신과 실천이 이 땅 위에 하나님 나라를 세운다.

눈물로 씨를 뿌리다

눈물을 흘리며 씨를 뿌리는 자는
기쁨으로 거두리로다(시 126:5).

한국어 전문인 선교사

2003년 가을에 비자 연장을 위해서 한국에 갔을 때 새문안교회 수요예배 설교를 했다. 설교 도중에 고려인들에게 한글을 가르칠 교사가 필요하다고 했다. 한글 교사는 러시아어를 몰라도 된다고 했다. 언어를 잃은 고려인들에게 한글을 가르칠 전문인 선교사로 헌신할 것을 도전했다.

설교를 마치고 이혜영 집사님이 내게 다가왔다. 집사님은 5년 전에 암을 수술했다고 했다. 하나님께서 살려 주신 은혜에 감사를 표현하고 싶다고 했다. 목숨을 다시 살려 주셨으니 몸으로 헌신하고 싶다고 했다. 한국어 교사로 헌신하기 위해서 무엇을 준비해야 하느냐고 묻기에 연세대학교나 이화여자대학교에서 외국인에게 한글을 가르칠 수 있는 자격증을 취득하라고 안내했다. 집사님은 몇 개월 후에 한국어 교원자격증을 받았다.

집사님은 그때를 다음과 같이 고백했다.

"나는 2003년 수요예배 때 정균오 선교사님의 설교를 들었다. 그곳에 한국어 교사가 필요하다고 말씀을 했다. 그 말씀이 내 가슴에 큰 울림으로 다가왔다. 그것은 내게 큰 감동과 감사로 이어졌다. 그것은 내가 할 수 있는 것을 통해 하나님의 선교를 섬길 수 있겠다는 가능성에 대한 감사였다. 그때 나는 한국에서 호스피스 사역을 하고 있었다.

그런데 주님께서 나를 생소한 땅인 러시아 볼고그라드로 가라고 부르셨다. 하나님은 나에게 '갈 바를 알지 못하며 고향을 떠난 아브라함처럼' 떠날 수 있는 용기와 힘을 부어주셨다. 나는 하나님의 일은 하나님께서 하신다는 믿음을 가지고 선교에 헌신하게 되었다. 그렇게 선교지로의 첫걸음이 시작되었다."

선교는 고통이다

집사님은 2004년 겨울에 한국어 전문인 선교사로 볼고그라드에 입국했다. 그때 나는 볼고그라드 선교사역의 기초를 놓는 기간이었다. 비자를 받는 것이 어려워 3개월짜리 비자를 받았다. 한번은 비자를 받지 못해서 러시아 주변 국가에 나갔다 와야 했다. 우리 가족과 집사님은 함께 터키로 갔다. 추운 겨울이었다. 마침 강영섭 장로님의 아들이 터키에서 사업을 하고 있었다. 우리는 강 장로님 아들 집에서 3박 4일을 묵었다.

집사님은 선교 초기에 우리와 함께 고통을 겪었다. 그런 상황 중에도 집사님은 성실하게 세상의 빛 한글학교를 운영했다. 문화센터가 건축되기 전에는 책가방을 들고 고려인들을 찾아다녔다. 한국어를 배울 고려인이 있으면 어디든지 갔다. 몇 사람이 모이느냐는 중요하지 않았다. 거리도 중요하지 않았다. 날씨가 춥거나 더우나 가리지 않았다. 집사님은 고통스러운 환경 속에서 사역을 중단하지 않고 말과 글을 잊어버린 고려인들에게 열심히 한글을 가르쳤다.

집사님은 그때를 다음과 같이 회상했다.

"나는 주님이 주시는 힘으로 발을 내디뎠다. 러시아에서 살아가고 사역하는 것은 녹록하지 않았다. 언어의 장벽이 매우 높았다. 가족과 믿음의 친구들과 떨어져 산다는 것도 힘들었다. 그러나 그것 때문에 오히려 주님과 대화하는 시간이 길어졌다. 하나님과 대화하며 하나님을 더 의지하게 되었다.

러시아 상황은 참으로 견디기 힘들었다. 그러나 주님은 참고 견딜 수 있는 힘과 은혜를 부어주셨다. 광야와 같은 삶 속에서 주님을 더 경험하게 되었다. 나에게 광야는 감사와 은혜의 강물이 흐르는 영적 오아시스가 되었다.

처음에 한글을 가르칠 때 나는 한글만 말할 줄 알고 학생들은 러시아어만 말할 줄 알았다. 학생들과 소통이 되지 않아서 문법을 어떻게 설명할 줄 몰랐다. 고려인과 러시아 사람들에게 어떻게 한글을 가르쳐야 할지 잘 몰라서 시행착오를 많이 겪었다. 나는 주님께 지혜를 구했다. 나는 한국어와 문법을 다시 공부했다. 러시아어도 열심히 공부했다. 시간이 지나면서 차츰 학생들과 소통을 할 수 있게 되었다."

선교는 사랑이다

　집사님은 문화센터 '세상의 빛'이 건축된 이후에는 센터에서 한글을 가르쳤다. 마리노프카 고려인 마을에 가서도 한글을 가르쳤다. 나는 집사님께 한글을 가르칠 때 한글 교재로 주기도문이나 사도신경을 사용하지 말라고 주문했다. 복음 전파의 의도를 너무 드러내지 말라고 부탁했다. 시간이 지나면 하나님께서 일하실 것이라고 했다. 서두르지도 말고 진실한 사랑을 가지고 한글을 잘 가르치라고 요구했다. 우리는 뿌리는 자일 뿐 자라게 하시고 거두시는 분은 하나님이라고 했다.

　집사님은 학생들을 사랑으로 가르치며 섬겼다. 집사님은 수업 시간마다 최선을 다해서 철저하게 강의 준비를 했다. 한글 전문가는 아니었지만, 최대한 전문성을 가지고 가르치려고 노력했다. 모든 학생의 생일을 기억하여 선물을 나누어 주기도 했다. 학생 한 사람 한 사람을 귀하게 여겼다. 집사님과 학생들은 서로 사랑하는 사이로 발전했다. 이렇게 집사님은 전문인 선교사가 가야 할 길을 발견했다.

　집사님은 그때를 다음과 같이 고백했다.

"학생들에게 한글을 가르치면서 사랑의 소중함을 깨달았다. 사람과의 관계에서 가장 중요한 것은 언어가 아니라 사랑이었다. 사랑하니까 학생들의 말을 알아들을 수 있었다. 사랑하니까 학생들도 내 말을 알아들었다."

　선교는 사랑이다. 언어를 몰라도 사랑은 통한다. 사랑만이 선교의 열매를 맺게 한다.

집사님은 나의 요구를 성실하게 받아들였다. 서두르지 않고 오래 기다리며 한글을 성실하게 가르쳤다. 시간이 지나면서 제자들이 생겨났다. 그리고 한글을 배우는 제자 중에서 선생님이 믿는 예수를 자기도 믿겠다며 교회에 나오는 제자가 생기기 시작했다.

집사님은 그때의 심정을 이렇게 고백했다.

"나는 한글을 가르치러 갔다. 나의 근본 목적은 한글이 아니라 복음 전파였다. 한글을 가르치는 것이 오랫동안 복음으로 연결되지 않았다. 그 기간을 참고 기다리는 것이 매우 힘들었다. 한글을 가르치기 시작한 후 9년이 지나서야 두 명의 학생이 교회에 나오게 되었다."

선교는 기다림이다

나는 한글학교에 나오는 학생들을 고려인 어린이 여름캠프 교사로 봉사하게 했다. 한국어를 배우는 학생들이 여름캠프 교사로 참여했다. 이 기간에 한국에서 청년들이 단기선교로 러시아에 와서 여름캠프 교사로 참여했다. 캠프 기간에 한글을 배우는 학생들은 한국에서 온 청년들과 한국말로 교제하며 친구가 되었다.

이러한 과정을 통해서 학생들은 복음에 관심을 가지기 시작했다. 복음에 관심을 보이는 학생들은 아내 연성숙 선교사가 일대일 제자

양육 성경공부를 시켰다. 차츰 복음의 열매가 맺혀지기 시작했다. 집사님은 그 당시를 이렇게 고백했다.

"나는 9년 동안 한글을 가르치면서 구원의 열매를 간절히 기다렸다. 열매를 맺게 하시는 분은 주님이심을 알면서도 조급함이 마음 한구석에 늘 자리 잡고 있었다. 고려인 어린이 캠프에서 봉사한 러시아 자매 두 명이 드디어 교회에 나오게 되었다. 눈물로 씨를 뿌리고 오래 참고 기다리니까 주님께서 주님의 때에 열매를 맺게 하신 것이었다. 이것을 시작으로 지난 마지막 5년 동안 한글학교 학생 9명이 교회에 나왔다. 교회에 나오는 학생들을 정균오 선교사와 연성숙 사모가 일대일 성경공부를 통해서 신앙 교육을 했다. 그 결과 교회에 나오는 9명의 학생 중에 5명이 세례를 받았다."

비의도성과 진실성과 지속성

한글은 이 시대를 사는 한국 선교사들에게 주어진 좋은 선교 도구다. K-Pop과 K-Culture가 퍼지며 세계 곳곳에서 한글에 대한 요구가 높다. 덕분에 세계 어디서든지 한글 전문인 선교사로 사역할 수 있다.

비의도성과 진실성과 지속성을 가지고 사랑하는 마음으로 한글을 가르치며 복음의 씨를 뿌리면 하나님께서 자라게 하시고 열매를 맺게 하신다. 집사님은 15년 동안 성실하게 '세상의 빛 한글학교'를 세웠다. 집사님은 하나님께서 자라게 하시고 열매를 맺게 하시는 것을 바라보며 하나님의 역사를 체험했다. 하나님은 한 사람을 찾고 계신다. 선교는 잃은 한 사람 찾기다. 집사님은 우리와 협력 사역을 성실하게 해주셨다. 집사님은 우리와 한팀이 되어 서로 돕고 서로 배우며 콘비벤츠 선교를 이루었다.

전문인 선교 시대다

이혜영 집사님은 60세가 되면서 전문인 선교사를 은퇴했다. 지금은 한국에서 새벽마다 러시아 선교를 위해서 기도하고 있다. 최근에 새문안교회 권사로 임명되었다. 권사님이 가르쳤던 두 제자가 한글을 가르치는 교사가 되었다. 권사님이 눈물을 흘리며 뿌린 씨앗이 뿌리를 내리고 싹을 내며 성장하고 있다. 하나님께서 열매 맺게 하시고 기쁨으로 단을 거두게 하실 것이다. 현대는 이 권사님과 같은 전문인 선교사가 필요한 시대다. 하나님은 전문인 선교사를 찾고 부르신다.

화향천리행 인덕만년훈

✥

> 우리는 구원받는 자들에게나 망하는 자들에게나
> 하나님 앞에서 그리스도의 향기니(고후 2:15)

특별한 선교헌금

2015년 늦가을에 한국어 전문인 선교사 이혜영 집사님을 통해서 특별한 선교헌금을 받았다. 새문안교회 송은영 집사님 부모님으로부터 보내온 헌금이었다.

송 집사님은 이혜영 집사님과 함께 새온찬양대에서 봉사했다. 송 집사님은 갑자기 암으로 인생의 순례길을 마치고 먼저 하늘나라로 떠났다. 송 집사님의 부모님은 딸이 살아있을 때 보육원을 돕기 위해 모아둔 돈을 선교비로 사용하라고 나에게 보내셨다. 나는 하나님께 이 특별한 선교헌금을 정말 필요한 곳에 아주 잘 사용하게 해달라고 기도했다. 이 헌금은 송 집사님이 고아들을 위해서 모아놓은 헌금이기 때문에 그들을 위해서 사용하는 것이 좋겠다는 마음이 들었다.

나는 볼고그라드 고려인협회 대표 박 안드레이를 만났다. 나는 그에게 자초지종을 설명하고 이 돈이 송은영 집사님의 아름다운 마음이 향기를 발할 수 있도록 잘 사용되었으면 좋겠다고 했다. 안드레이는 나를 데리고 칼라치나도누 군수 표트르 니꼴라이비치 하리토넨코에게 갔다. 안드레이가 그에게 자초지종을 설명했다. 표트르 군수는 보육원 두 곳을 소개해 주며 그곳을 도와주면 좋겠다고 제안했다.

한 곳은 발달장애아를 위한 보육원이었다. 다른 한 곳은 초중고 학생들이 거주하고 있는 보육원이었다. 보육원을 방문하여 가장 필요한 것을 물었다. 첫 번째 보육원은 발달장애아를 위한 놀이기구를 요청했다. 두 번째 보육원은 목욕탕에 보일러 시설 설비가 필요하다고 했다. 목욕탕에 온수가 나오지 않아서 겨울에 아이들이 잘 씻을 수가 없다고 했다. 우리는 집사님의 부모님이 보내준 선교비로 첫 번째 보육원을 돕기로 했다. 두 번째 보육원은 새문안교회 해외선교부에서 보내준 사회봉사비로 돕기로 했다.

러시아 보육원 섬김

2015년 겨울이 오기 전에 두 보육원이 요청한 것을 이루기 위해서 서둘렀다. 나는 그해 겨울에 3개월간 한국에서 안식년을 보내기로 계획했기 때문에 마음이 급했다. 다행스럽게 내가 러시아를 떠나기 전에 두 보육원이 필요로 한 것을 다 채워줄 수 있었다.

나는 겨울에 3개월간 안식년으로 한국에 입국했다. 한국에서 보육원의 장애 어린이들이 놀이기구로 행복하게 노는 모습을 생각하며 행복감을 느꼈다. 또한 아이들이 겨울에 따뜻한 물로 마음껏 목욕할 것을 생각하니 온 마음과 몸이 따스해지는 듯했다. 나는 3개월간 한국에서 두 보육원을 생각하며 행복하고 따스한 겨울을 보냈다.

2016년 2월 말에 3개월간의 안식년을 마치고 러시아로 돌아왔다.

박 안드레이와 표트르 군수는 텔레비전과 신문사를 불러서 지난해 가을에 두 보육원 도운 것을 러시아 전역에 알리는 공식적인 행사를 하겠다고 했다. 예수님은 구제할 때 오른손이 하는 것을 왼손이 모르게 하라고 하셨는데 너무 떠벌리는 것 같았다. 그러나 한편으로 송 집사님의 아름다운 마음을 소개할 좋은 기회라는 생각이 들었다. 또한 러시아 사회를 위해서 봉사하는 모습을 통해서 선교사의 이미지를 좋게 할 수 있겠다는 생각이 들었다. 동양인 선교사에 대한 좋은 이미지는 복음 전파에 유리하겠다는 데까지 생각이 미쳤다.

나는 두 사람에게 행사를 조금 축소해서 텔레비전 방송은 부르지 말고 신문사만 부르자고 했다. 표트르 군수는 자기가 하자는 대로 따라 달라고 부탁하며 이렇게 말했다.

"이 행사는 그 누구를 자랑하거나 높이려는 것이 아니다. 러시아 보육원을 섬겨준 한국인의 아름다운 마음과 새문안교회에 감사 인사를 표현하고자 하는 것이다. 또한 지난 10년간 당신의 선행을 보여줌으로 더 많은 사람에게 도전을 주고자 하는 것이다. 당신이 문화센터 '세상의 빛'이라는 이름으로 러시아에 사랑의 씨앗을 뿌린 것을 러시아 전역에 드러내어 더 많은 사람이 선행에 동참할 수 있는 마음을 일으키고 싶다."

러시아 24시 텔레비전 방송국

2016년 3월 10일 칼라치나도누 지역 표트르 군수와 고려인 안드레이는 행사를 준비하고 나를 불렀다. 나는 아내와 한국어 전문인 선교사 이혜영 집사님과 메이크업 아티스트 김 빌립 집사님과 함께 보육원으로 갔다. 표트르 군수는 '러시아 24시' 텔레비전 방송국과 지역신문 기자들을 불러 놓았다. 우리는 군수와 고려인 대표와 함께 지난가을에 도왔던 두 곳의 보육원을 방문했다. 군수의 요청으로 '러시아 24시' 텔레비전 방송국과 칼라치나도누 지역 신문사에서 나와서 우리의 움직이는 모습을 취재했다. 텔레비전 방송국은 나를 인터뷰했다.

3월 16일 '러시아 24시' 텔레비전 방송국 볼고그라드 지역 뉴스 채널에서 '사회봉사선교'라는 주제로 우리를 3분 정도 방송했다. 한국 서울에서 러시아로 와서 선교사역을 하는 빠벨 목사(나의 러시아 이름이다)가 10년 이상 꾸준하게 사회봉사를 하고 있다고 소개했다. 또한 송 집사님이 러시아 고아들을 위해서 헌금한 아름다운 사랑의 마음에 감사하다는 내용으로 방송을 했다. 텔레비전 방송은 나와 인터뷰 한 것과 보육원 원장과 부원장, 표트르 군수의 인터뷰를 내보냈다. 방송은 연성숙 선교사가 어린이와 다음에 다시 만나자고 인사하는 장면으로 마무리되었다. 나를 인터뷰 할 때 자막에 한국의 새문안교회 선교사이며 문화센터 '세상의 빛' 대표로 소개했다.

사회봉사의 중요성

두 곳의 보육원을 도운 것이 러시아 방송과 신문을 통해서 러시아 전역에 알려졌다. 이때 소개된 것은 그동안 나를 통해서 한국교회가 러시아를 섬긴 것에 비하면 빙산의 일각에 불과했다. 나는 이미 선교 초기부터 사회봉사의 중요성을 인식하고 계속해서 러시아 사회를 섬겼다. 또한 고려인들과 러시아 교회를 꾸준히 섬겼다. 이것은 한국교회 성도들이 보내준 선교비로 한 것이었다. 사실상 한국교회가 러시아 사회와 고려인과 러시아 교회를 섬긴 것이었다. 특히 새문안교회는 내가 볼고그라드에서 사역하는 동안 물심양면으로 지원을 아끼지 않았다. 새문안교회가 세운 기독교 문화센터 '세상의 빛'을 중심으로 복음주의 선교사역과 사회봉사 선교사역을 꾸준히 전개해 왔다.

문화센터 '세상의 빛'에서 러시아 다섯 교회가 예배를 드리고 있다. 또한 러시아 개신교회와 협력하여 공동목회 사역과 신학교 사역을 하고 있다. 문화센터에서는 각종 기독교 세미나를 열어서 교회 지도자들의 수준을 향상해 나가고 있으며, 센터 내에 기독교 서점을 열어서 성도들이 언제든 신앙 서적을 구할 수 있도록 하고 있다. 이 서점은 볼고그라드에 있는 유일한 기독교 서점이기도 하다. 그 외에 태권도 교실, 한글학교, 영어학교를 운영하고 있다. 이 모든 것을 통해서 직, 간접적으로 복음의 길을 열어가고 있다.

새문안교회 두나미스 단기선교팀이 센터 주변의 믿지 않는 어린이들을 불러서 캠프를 진행하며 복음의 씨앗을 뿌렸다. 새문안교회와 정의교회가 함께 아버지학교팀을 이루어 센터에서 러시아 가정을 건강하게 세우는 사역을 진행했다.

서초신동교회는 고려인 노인들을 위한 실버캠프 사역과 어린이캠프 사역을 함께 진행했으며 호렙 중독자 갱생원에 예배당을 건축했다. 미국 새크라맨토교회와 모두회와 이름도 없이 헌금해 주신 많은 분의 동역으로 나는 해마다 두 차례 고려인 학생들에게 장학금을 지급하고 있다. 고려인 영농자금과 고려인 한국초청, 고려인 어린이 여름캠프를 통해서 복음의 밭을 일구고 있다.

이외에도 러시아 미자립 교회 지원, 러시아 교회 사역자들 지원, 러시아 교회 예배당 구입, 예배당 건축을 위한 땅 구입, 중독자 갱생원 지원 등을 통해서 이 땅에 하나님 나라 복음을 전하고 있다.

화향천리행 인덕만년훈

두 곳의 보육원을 도운 것이 러시아 공영 방송을 통해 알려지면서 그동안 한국교회가 러시아 사회를 섬긴 것을 러시아 사회가 공식적으로 인정하는 분위기가 만들어졌다. 이 소식은 러시아에서 끝나지 않았다. 당시 해외선교부장은 이기연 장로님이었다. 장로님은 이 소식을 한국 방송국 YTN에 알렸다. 그리고 한국기독공보를 포함한 다양한 방송 매체에서 소개되었다.

나는 그때 러시아에 있었다. 여러 방송국과 신문사에서 나에게 전화로 인터뷰를 요청했다. 나는 모든 인터뷰를 거절했다. 내가 이곳에서 선교할 수 있는 것은 새문안교회의 신실한 동역 때문이었다. 내가 드러나지 않고 하나님과 새문안교회가 드러나는 것이 마땅하다고 생각했다. 그래서 나는 인터뷰를 요청하는 분들에게 새문안교회 선교를 소개해 달라고 부탁했다.

그 결과 2016년 3월 29일에 CBS에서 '새문안교회, 130년 전 받은 사랑 선교지에 나눠'라는 제목으로 볼고그라드 소식과 함께 새문안교회 선교가 소개되었다. 하나님은 이름도 없이 빛도 없이 조용하게 섬겨도 하나님의 때에 그 모든 것을 반드시 드러내신다.

러시아 사회를 섬기는 선교는 선교사역은 물론 한-러 관계를 발전시키는 계기가 되었다. 또한 정교회로부터 이단시되어 있는 러시아 개신교회의 이미지를 바꾸어 교회 성장에 중요한 역할을 했다. 그리고 고려인들에게는 자긍심을 심어주는 계기가 되었다. 한국교회의 사랑을 받은 러시아 교회가 북한 선교로 빛을 갚는 계기가 되었다. 무엇보다도 동양 선교사가 활동하기 어려운 상황에서 선교사역이 공적으로 인정을 받고 하나님의 영광을 드러내는 계기가 되었다.

공자는 《논어》에서 '화향천리행 인덕만년훈(花香千里行 人德萬年薰)'이라고 했다. 이 말은 '꽃향기는 천 리를 가지만 사람의 어진 덕과 가치는 만 년 동안 향기로운 법이다'라는 뜻이다.

그동안 한국교회는 주님의 명령에 따라서 이름도 없이 빛도 없이 러시아에 하나님의 사랑의 씨앗을 뿌리고 복음을 전했다. 송 집사님의 선교비를 계기로 그동안 한국 새문안교회가 러시아 땅에 뿌린 그리스도의 향기를 하나님께서 러시아 방송과 신문을 통해 민들레 홀씨처럼 러시아와 한국에 퍼뜨리셨다. 봄이 되면 노란 민들레가 러시아 들판을 노랗게 수놓듯, 러시아 땅에 뿌려진 주님의 사랑과 복음의 진리는 꽃향기보다 더 진하게 만 년 동안 러시아와 한국 땅을 향기롭게 할 것이다. 이 향기가 러시아와 한국을 넘어 북한과 세계를 복음화시킬 수 있길 바란다. 또한 전쟁과 테러에 휩싸여 있는 지구촌 온 누리를 예수님의 향기로 가득 채울 수 있게 되기를 기도한다. 서로 돕고 서로 배우는 콘비벤츠 정신의 선교는 선교 현장을 건강하게 만든다.

눈물이 변하여 춤이 되다

❖

아이들이 전화기를 놓지 않아요

"선교사님, 집에 전화만 하면 아이들이 울면서 전화기를 놓지 않아요. 엄마 보고 싶다며 계속 울어요."

2020년 105-1기(66기) 훈련을 하던 어느 날 아침에 총회 선교사 훈련을 받고 있던 여성 선교사 후보생이 나에게 하소연을 했다. 원래 선교사 훈련을 준비하며 준비팀과 함께 "이번부터는 선교사 훈련 때 반드시 자녀들을 데리고 올 수 있도록 하자"고 약속했었다. 그러나 코로나19로 인해서 아이들을 맡아 줄 장소와 사람을 찾지 못했다. 결국, 선교사 훈련에 아이들을 데리고 오지 못하게 되었다.

부모나 형제가 있는 선교사 후보생들은 부모나 형제들에게 아이들을 맡기고 훈련에 들어왔다. 그러나 상황이 허락되지 않은 사람은 아이들만 집에 남겨 놓고 훈련에 들어왔다. 아이들만 집에 남겨 놓고 온 여성 선교사 후보생들은 속이 편하지 않은 눈치다. 선교사 후보생들은 총회 선교사 훈련 과정을 통과하지 못하면 총회 선교사로 파송되지 못한다. 그러므로 어떤 일이 있어도 참고 견디며 훈련에 임한다.

아이들만 집에 두고 온 여성 선교사 후보생들은 아이들과 통화를 하고 나면 눈에 눈물이 고인 상태로 강의실에 들어왔다. 그들은 몸은 강의실에 앉아있지만 모든 생각과 마음은 아이들에게 가 있는 듯했다. 그들은 강의를 듣긴 하지만 강의 내용이 귀에 들어올 리가 만무하다. 이번 선교사 훈련에서 아이들 문제를 해결해 보려고 했으나 해결하지 못했다. 마음이 아팠다.

일부 선교사 후보생들은 아이들과 떨어져 있어서 오히려 좋은 것 같다고 했다. 오랜만에 부부만 함께 지내는 것을 즐기는 사람도 있었다. 아이들이 많이 자랐거나 믿을만한 사람들에게 맡기고 온 후보생들은 여유가 있었다. 그러나 아이들만 집에 두고 온 여성 선교사 후보생들은 그렇지 않았다.

선교사 후보생들은 선교 훈련 시간에 휴대폰을 강의실에 가지고 오는 것이 금지된다. 아이들만 남기고 온 여성 선교사 후보생들은 쉬는 시간만 되면 방으로 달려가서 아이들과 전화 통화를 하는 듯했다. 아이들과 통화를 한 후에 한 여성 후보생이 나를 찾아와서 눈물을 흘리며 자기의 아픈 마음을 내어놓았다. "선교사님, 집에 전화만 하면 아이들이 울며 전화기를 놓지 않아요." 그 후에 내 머릿속에서는 그녀의 눈에서 흘렀던 눈물이 줄곧 떠나지 않았다.

선교사 자녀(MK) 수련회

나는 30년 전 선교사 훈련을 받을 당시 아내가 아파서 아이가 없었다. 아내는 건강이 매우 좋지 않았지만, 훈련을 시키는 분들의 배려와 동료 선교사 후보생들의 기도로 선교사 훈련을 무사히 마칠 수 있었다. 그때 자녀가 있는 분들은 지금 여성 선교사 후보생들과 같이 마음 고생을 많이 했다. 심지어 출산 후에 젖먹이를 떼어놓고 온 훈련생도 있었다. 그때는 총회 선교사 훈련에 자녀를 아예 데리고 오지 못하도록 했기 때문이다.

임신해서 들어온 여성 선교사 훈련생은 아이가 유산된 사람도 있었다. 나는 선교사 훈련을 진행하면서 임신한 자매들을 위해서 푹신한 의자를 준비해 줬다. 그리고 힘들면 여성 교수 선교사에게 말하고 쉬라고 했다. 나는 교수 선교사로 총회 선교사 훈련에 참여하며 자녀 문제를 해결하려고 몇 차례 시도해 보았지만 역부족이었다. 이제는 총회 선교사 훈련원 부원장이 되었으니 자녀 문제를 반드시 해결하리라고 마음먹었는데 그것도 잘 진행되지 않았다.

선교사 퇴진 이유 중 첫 번째가 자녀 문제다. 선교사에게 자녀 문제는 매우 중요한 주제다. 그럼에도 우리 총회는 선교사 훈련을 할 때 자녀 문제를 30년 이상 해결하지 못하고 있다. 자녀교육이 중요하다고 말을 하면서도 실제로는 자녀를 내팽개치고 선교사 훈련을 하고 있다. 이로 인해서 어린아이들은 정신적인 문제가 발생하기도 한다. 어린아이를 집에 두고 온 여성 선교사 후보생은 제대로 훈련에 임하지 못하고 있다. 이제는 반드시 해결해야 한다.

나는 선교사 훈련에 동참한 교수 선교사들에게 긴급 제안을 했다. "1박 2일간 MK수련회를 합시다. 코로나19로 인해서 자녀들을 데리고 오지 못했는데 프로그램을 좀 변경해서 부모와 아이들이 함께할 수 있는 시간을 만들면 좋겠습니다." 모든 교수 선교사님들(이교성, 김종우, 차훈, 연성숙, 조정희)이 기쁘게 동의해 줬다. 그 후 모든 일이 일사천리로 진행되었다.

선교사 훈련 프로그램에 총회를 방문하는 날이 하루 있었다. 이날은 금요일이었다. 토요일은 쉬는 날이니까 금요일과 토요일에 하면 되겠다고 생각했다. 훈련생 중에 프로그램을 잘 진행할만한 유능한 인재들이 있었다. 그들에게 프로그램을 세워보라고 부탁했다. 몇 사람이 모여서 순식간에 프로그램을 만들었다.

금요일에는 선교사 훈련 장소에서 선교사 자녀 대상의 프로그램을, 토요일에는 아이들이 평생 잊을 수 없는 프로그램을 진행하는 것으로 방향을 잡았다. 최종적으로 금요일에는 훈련 장소에서 아이들끼리 친해질 수 있는 레크레이션과 그림으로 심리 파악하고 선배 MK의 간증을 듣는 시간을 마련하기로 했다. 토요일에는 롯데월드타워 120층에 있는 전망대에 올라갔다가 31층에 있는 스카이31 푸드 에비뉴에서 식사를 하고 오후에는 롯데월드에 가기로 했다.

MK수련회를 위해서 총회 선교부에 마련된 예산이 전혀 없었음에도 화려한 프로그램을 세웠다. 나는 하나님이 기뻐하시는 일을 할 때마다 한 번도 돈이 없어서 일을 못 한 적이 없었다. 비전과 구체적인 계획이 없어서 일을 못 하는 것이지 돈이 없어서 일을 못 하는 것이 아니다. 하나님을 신뢰하고 예산에 대해서 전혀 걱정하지 않고 일을 시작했다.

교수 선교사들이 모금을 위해서 몇 교회에 전화를 걸었다. 놀랍게도 예산으로 세운 500만 원이 순식간에 모금되었다. 하나님께서 신실한 사람들을 통해서 선교사 후보생 21명과 아이들 19명이 2일간 함께 하며 기억에 남는 프로그램을 진행하기에 넉넉한 예산을 보내주셨다. 그것을 보면서 이 일을 하나님께서 참으로 기뻐하신다는 확신이 들었다.

하나님께서 기뻐하시는 일을 하면 하나님은 한 번도 나를 실망하게 하신 적이 없으셨다. 물론 하나님의 시간은 나의 시간과 달라서 기다리느라 고생한 적은 많았다. 그러나 하나님은 하나님의 때에 하나님의 일을 이루셨다. 이번에도 역시 하나님은 멋지게 일을 이루실 것이다.

롯데월드타워 전망대

나는 선교사 훈련을 쉬는 토요일에 식사 초대를 받았다. 새문안교회 러시아 볼고그라드 차장 이범우 집사님 부부와 북한 선교에 헌신하고 있는 우경섭 집사님 부부와의 식사 자리였다. 나는 총회 선교사 훈련 기간 중 2일간 MK수련회를 진행하기로 했다는 이야기를 꺼냈다. 하나님께서 풍성하게 예산을 채워주셨다는 것을 말하며 신실하신 하나님의 역사하심을 간증했다.

이 간증을 듣고 있던 우 집사님 부부가 "제 아내 이은주 권사는 롯데월드타워 10층에 근무합니다. 저희가 롯데월드타워 전망대 표를 사 드리겠습니다"라고 했다. 나는 우리에게 예산이 있으므로 그들이 표 구입만 대리해 주고 우리가 돈을 지불하는 것으로 이해했다.

식사를 마치고 헤어졌다. 집에 돌아와 아내가 집사님과 권사님 내외가 롯데타워에 올라가는 사람들 표를 헌금하겠다는 의도로 말한 것이라고 했다. 아내에게 그분들 의사를 정확히 확인해 보라고 했다.

집사님 부부는 자신들의 돈으로 표를 구입해 주겠다고 했다. 나는

"우리에게 이미 예산이 있으니까 표 구입만 대리해 주시면 돈을 드리겠다"고 했다. 그런데 우 집사님 부부는 "이렇게라도 선교에 동참하고 싶은데 왜 말리세요. 인원만 정확하게 말씀해 주세요. 저희가 표를 구입해 드리겠습니다."라고 재차 말했다.

나는 후원해 달라고 말한 것이 아니고 그저 하나님께서 일하심을 간증했을 뿐인데 상당한 액수의 후원이 생겼다. 하나님께서 더 좋은 것을 계획하고 계실 것 같은 생각이 들어서 기쁨으로 후원을 받기로 했다. 그리고 나는 총 38명이 전망대에 올라갈 것이라고 대답했다.

토요일에 선교사 후보생들과 자녀(MK)들과 선교사 훈련 교수들까지 총 38명이 롯데월드타워 입구에 도착했다. 우 집사님은 38명의 표를 손에 들고 타워 입구에서 우리를 기다리고 있었다. 38명이 롯데월드타워 전망대에 올라가는 액수는 적지 않았다. 집사님은 기쁜 얼굴로 표를 전달해 주고 일이 바쁘다며 총총걸음으로 자리를 떠났다.

38명 중에 단 한 사람도 전망대에 올라가 본 적이 없었다. 우리는 비행기를 타듯이 보안 검사를 통과했다. 그리고 초고속 엘리베이터를 타고 120층까지 순식간에 올라갔다. 모든 선교사 후보생들과 자녀들의 눈물이 기쁨과 춤으로 변하는 순간이었다. 저들이 저렇게 기뻐하고 감사하는 것과 똑같은 복을 우 집사님 가정에 내려주시라고 하나님께 기도했다.

훈련을 마치면 곧 베트남으로 떠날 선교사 후보생은 서울 시내를 내려다보면서 나에게 이렇게 말했다. "선교사님, 이제 한국을 떠날 마음의 준비가 된 것 같아요." 나는 그가 왜 그렇게 말했는지 잘 모른다. 그에게 그것이 무엇을 의미하냐고 묻지도 않았다. 그러나 아마도 그는 전망대에서 서울 시내를 내려다보며 하나님과 교감하며 그 무엇인가 큰 결심을 한 듯했다.

그는 지금 베트남에 가서 사역을 잘 감당하고 있다. 나는 롯데월드타워 전망대를 다녀온 후에 그 주변을 지날 때마다 집사님 부부의 멋있는 헌신이 생각난다.

또 한 번의 은혜

2021년 5월 31일부터 6월 8일까지 진새골온누리교회 수양관에서 신입 선교사 훈련을 진행했다. 선교사 훈련을 받으러 오는 훈련생들에게 자녀들을 다 데려오라고 했다.

선교사 자녀들이 훈련에 함께 참석하니까 훈련 장소가 시끌벅적했다. 나는 훈련생들에게 아이들이 있는 가정은 소란한 것이 당연하니 아이들이 소란하게 한다고 해서 아이들을 꾸짖거나 밀어내지 말고 언제나 아이들을 환대해 주라고 부탁했다. 또 모든 자녀를 자신의 자녀라고 생각하고 친절하게 대해줄 것을 주문했다. 선교사 후보생들이 아이들을 자기 자녀처럼 대해주니 아이들에게는 삼촌과 이모가 늘어갔다.

장신대에 아이들을 돌보아 줄 수 있는 아르바이트 학생을 의뢰했다. 그러나 코로나19 기간이고 학기 중이어서 아이들을 위해 봉사할 수 있는 사람을 찾을 수 없었다. 선교사 훈련 강의를 하러 왔다가 그 소식을 들은 장신대 박보경 교수님이 아들 장준호 선생을 봉사자로 보내줬다. 장준호 선생은 미국에서 대학을 마치고 한국에 들어와 있는 인재였다. 그는 6주간 교수 선교사 자녀들과 함께 정성을 다해 책임감 있게 아이들을 돌보아 줬다. 선교사 훈련을 마칠 때 장준호 선생에게 사례비를 주었으나 그것을 다시 아이들 간식비로 헌금했다. 장 선생은 결국 6주간을 사례비 한 푼 받지 않고 아이들을 위해 온전히 헌신했다.

장 선생은 미국 리치몬드 대학(University of Richmond)에서 화학을 전공하고 한국에 들어와서 무엇을 해야 할까를 기도하고 있었는데 아이들을 돌보면서 자신에게 교사의 자질이 있다는 것을 깨달았다. 하나님은 그를 순천에 있는 '국제학교' 교사로 인도하셨고, 후에 문경에 있는 '글로벌 선진학교'에서 교사로 사역하는 길을 열어주셨다. 하나님께서 장 선생의 인생길을 멋지게 인도하시는 것이 놀랍고 감사할 따름이다.

진새골에서 진행된 선교사 훈련은 선교사 후보생들과 자녀들이 모두 한 가족처럼 사랑으로 하나가 되어 프로그램이 진행되었다. 이번 훈련에도 우 집사님 가정의 섬김으로 선교사 훈련을 받는 모든 가족과 자녀들이 롯데월드타워와 롯데월드를 다녀왔다. 선교사 후보생의 모든 가족이 함께 롯데 타워를 다녀오자 선교사 훈련 분위기는 더 좋아졌다.

선교사 훈련 중 수요예배 때 김동호 목사님이 경건회 설교자로 오셨다. 김 목사님은 동안교회에서 전도사로 사역할 때 담임목사로 모셨던 분이다. 예배를 드리기 전에 목사님과 함께 먼저 저녁 식사를 했다. 나는 선교사 훈련을 진행하며 선교사 자녀 문제를 해결하기 위해서 노력했던 이야기를 했다. 지난주에 집사님 가정의 후원으로 모든 선교사 훈련생과 자녀들이 롯데월드타워와 롯데월드에 다녀온 이야기도 했다.

목사님은 그 이야기를 진지하게 들으시고 "참 잘했다. 아이들이 참 좋아했겠다"라고 말씀하셨다. 그리고 "그거 진행하는데 얼마 들었어?"라고 물으셨다. 나는 약 200만 원 정도라고 답했다. 그러자 목사님은 "내가 경비를 줄 테니까 그거 한번 더하지"라고 말씀하셨다. 목사님은 에스겔 선교회에서 경비를 후원하겠다고 하셨다. 나는 선교훈련원 원장과 선교부 총무와 교수 선교사들과 회의 후에 결과보고를 드리겠다고 했다.

회의 결과는 매우 긍정적이었다. 대부분 롯데월드는 한번 다녀왔으니 이번에는 에버랜드로 가는 것이 좋겠다고 제안했다. 에버랜드는 선교사 훈련을 시키고 있는 진새골과 가까워서 가기도 좋았다.

나는 목사님께 에버랜드로 가기로 했다고 전달했다. 목사님은 잘했다고 하시며 은행 계좌번호를 보내라고 하셨다. 계좌번호를 보내자 목사님은 즉시 300만 원을 보내셨다. 잘못 보내신 것이 아닌가 하는 생각이 들었다. 나는 목사님께 200만 원을 보내시기로 했는데 300만 원이 입금되었다고 했다. 목사님은 "에버랜드는 좀 더 비싸! 그래서 좀 더 보냈어"라고 대답하셨다. 나는 영수증을 처리해 드려야 하는지 물었다. 목사님은 영수증 처리할 필요 없다고 하셨다. 나는 사진으로 결과보고를 드리기로 약속했다.

선교사 후보생 가족과 교수 선교사 가족을 조사하니 총 48명이 되었다. 나는 교수선교사 회의를 통해서 300만 원을 48명으로 나누어 계산해서 각자에게 경비를 지원하기로 했다. 1살짜리 어린아이도 똑

같은 액수를 지원했다. 모든 가족은 가족별로 표를 구입하게 했다. 가족별로 표를 구입하니까 할인 혜택을 더 많이 받을 수 있었다.

에버랜드에 들어가기 전 입구에서 단체 사진을 찍고 다음과 같이 과제를 줬다. 첫째, 아이들을 위해서 경비를 다 사용하고 경비를 남기지 말자. 경비가 남으면 반납해야 한다. 둘째, 영수증을 사진으로 찍어서 발송해야 한다. 영수증은 회계 보고를 위한 것이 아니고 아이들을 위해서 경비를 남기지 말고 사용하라는 의미다. 셋째, 영수증을 찍어 보낼 때 포스트잇에 김동호 목사님께 간단한 감사 편지를 쓰는 것이다. 넷째 가족사진 중 잘 나온 것을 카톡방에 올리면 베스트 포토상을 주겠다.

선교사 후보생 가족들은 함께 에버랜드에 갔다. 청소년 아이들이 있는 가정은 아이들끼리 뭉쳐서 과격한 놀이기구를 타며 놀았다. 어린아이들이 있는 가정은 어린이 중심으로 동물원과 어린이용 놀이기구를 타고 놀았다. 우리 가족도 에버랜드에 함께 갔다. 아이들이 다 성장했기 때문에 굳이 갈 이유는 없었으나 한국에 와 있으며 아이들하고 함께 할 시간이 없었다. 결국 아이들이 시간을 내어서 우리가 사역하는 현장으로 와서 함께 시간을 보낸 것이다.

우리 가족은 함께 식사하고 카페에 편하게 앉아서 커피를 마시며 훈련생 가족들이 신나고 행복하게 노는 것을 바라봤다. 오후가 되면서 비가 내리기 시작했다. 팀원들은 비를 맞지 않을 만한 놀이기구를 타거나 커피숍에 모이기 시작했다. 청소년들은 비가 내려도 신나게 놀이기구를 타며 즐겼다. 저들이 이제 한국을 떠나면 언제 다시 이곳에 와서 이 놀이기구를 탈 수 있을까? 하나님께서 이 아이들을 위해서 이렇게 또 한 번의 기회를 주셨음에 감사드리며 집으로 돌아왔다.

로또 맞은 것보다 더 기쁘다

저녁이 되자 팀원들은 영수증과 함께 포스트잇에 감사 편지를 써서 나에게 보내왔다. 나는 전체 사진을 정리하고 감사 편지를 모아서 김동호 목사님께 보냈다. 김 목사님은 사진과 감사 편지를 보내주어서 고맙다고 하셨다. 목사님은 나에게 질문하셨다.

"정 목사, 선교사 훈련할 때마다 에스겔 선교회에서 이 프로그램을 후원해도 될까?"
"후원해 주시면 감사하죠."
"정 목사가 보내준 사진과 감사 편지를 페이스북에 올려도 될까?"
"이번에 훈련받은 사람 중에는 보안 지역으로 가는 사람이 없으므로 올리셔도 됩니다."

잠시 후에 목사님은 선교훈련팀이 에버랜드에서 자녀들과 함께 찍은 사진을 페이스북에 올리며 "선교사 자녀들을 섬길 수 있는 기회를 얻게 되어서 로또 맞은 것보다 더 기쁘다"라고 감사 편지를 쓰셨다. 주는 것은 받는 것보다 기쁘고 행복한 일이다. 그 후 이 프로그램은 목사님과 에스겔 선교회의 후원으로 계속해서 진행되고 있다.

MK와 함께 하는 선교사 훈련

약 30년 동안 우리 교단은 선교사 훈련을 할 때 자녀들을 데리고 들어오지 못하게 했다. 그 때문에 선교사 훈련을 할 때마다 훈련을 받는 선교사 후보생과 자녀들은 마음고생을 많이 했다. 선교사 훈련을 할 때 자녀들과 함께 훈련하는 것은 매우 바람직한 것임에도 불구하고 오랫동안 이 문제를 해결하지 못하고 있었다.

하나님께서 총회선교부 총무 홍경환 목사와 필자의 간절한 기도를 들으시고 이 문제를 해결해 주셨다. 이제는 선교사 훈련을 받는 부모와 자녀들이 원한다면 훈련할 때 가족이 함께 들어와서 훈련을 받게 되었다.

선교사 훈련이 진행되는 동안에 MK 사역위원회 실장 강지연 목사가 선교사 자녀들을 위해서 아이들의 눈높이에 맞는 프로그램을 따로 세운다. 영어나 수학 공부가 필요한 자녀들이 있으면 자원 교사가 훈련장소에 와서 아이들을 교육한다. 아이들은 주변에 있는 박물관이나 자연에 나가서 마음껏 뛰어놀게 한다.

이는 선교사 자녀들 역시 하나님 앞에서 작은 선교사의 정체성을 가지고 선교지로 갈 수 있도록 돕는다. 선교사 자녀들은 부모가 선교지로 신고가는 신발 같은 존재가 아니라 복음을 위해서 선교지로 가는 작은 선교사의 정체성을 가지고 선교지로 간다.

매일 아침 강의를 시작하기 5분 전에 자녀들을 앞으로 불러서 부모들이 자녀들의 머리에 손을 얹고 기도한다. 기도 후에 부모들이 자녀들을 안아주고 아이들 프로그램에 참여할 수 있도록 보낸다. 아직 어려서 부모와 떨어지기를 싫어하는 아이들이 있으면 억지로 보내지 않고 부모 옆에 앉아있게 한다.

나는 선교사 훈련을 시킬 때마다 모든 선교사와 강사에게 자녀들을 밀어내는 분위기를 만들지 않도록 요청한다. 자녀들은 밀어내면

밀어낼수록 부모에게 더 집착한다. 그러나 아이들을 공감해 주고 환대할수록 아이들은 부모들과 자연스럽게 떨어진다.

대부분 자녀는 담당 교사와 함께 자녀들을 위해 준비된 프로그램에 참여한다. 점심때는 부모들과 함께 식사하며 오전에 있었던 이야기를 나눈다. 오후 프로그램을 마치고 4시 30분 경건회 시간에 자녀들과 함께 찬송하고 기도한다. 각 가정을 위해서 기도하는 시간에 자녀들을 위해서 함께 기도한다.

해마다 기쁨으로 후원해 주시는 분들이 있어 훈련 기간에 전 가족이 함께 롯데 타워와 롯데 월드, 에버랜드를 간다. 이렇게 6주를 함께 지내면 선교사 자녀들은 학년과 남녀를 떠나서 형제자매가 된다.

나는 선교사 훈련을 시킬 때마다 선교사 훈련생들에게 모든 자녀를 자신의 자녀라고 생각하고 아이들을 함께 돌볼 것을 요청한다. 선교사 후보생들은 모든 아이의 큰아버지, 큰어머니, 삼촌, 이모가 된다. 우리 부부는 아이들의 할아버지 할머니가 된다. 훈련을 마칠 때는 모두 한가족이 된다.

훈련을 마칠 때는 아이들도 선교사의 정체성을 확실하게 갖는다. 약 30년간 선교사 훈련을 할 때 자녀들을 데리고 들어오지 못했던 문제를 해결하고 자녀들과 함께 훈련하게 되어 매우 감사하고 행복하다.

눈물이 기쁨으로 바뀌다

한국교회는 세계에서 두 번째로 많은 선교사를 해외에 보낸 선교

강국이다. 숫자로 볼 때는 선교 강국이지만 선교전략과 선교방법은 후진성을 면하지 못하고 있다. 특히 문제가 되는 것은 선교사 멤버케어이다. 선교사 멤버케어 중에서도 선교사 자녀 문제와 선교사 은퇴 이후에 대해서 준비가 안 되어있다.

김동호 목사님은 선교사 자녀 문제에 대해서 늘 안타깝게 생각했다. 목사님은 러시아 볼고그라드를 방문하셨을 때 아직 어렸던 우리 아이들 각자에게 100불씩을 주셨다. 그리고 "너희들이 고생이 많다"라고 말씀하시며 아이들의 어려움을 공감해 주며 위로해 주셨다. 그런 공감과 사랑으로 인해서 아이들이 건강하게 성장했다고 생각하며 감사하게 생각한다.

김 목사님은 선교사 자녀들에 대해서 특별한 사랑의 마음을 갖고 계신다. 그러한 사랑이 총회 선교사 훈련 때마다 선교사 자녀를 위해 지원해 주시는 것을 로또 맞은 것보다 더 기쁘게 생각하는 것으로 나타나는 것이다. 목사님의 사랑 때문에 총회 선교사 훈련을 받는 선교사 후보생들과 모든 자녀는 로또를 맞은 것보다 더 큰 기쁨을 경험하고 있다. 사람의 눈에서 흐르는 눈물을 기쁨으로 바꾸는 것은 사랑과 헌신이다.

사랑은 계속되고 있다

2024년에 나는 총회선교사 훈련원 원장이 되었다. 우경섭 집사님 가정은 선교사 훈련 때마다 선교사 후보생 가정이 롯데타워와 롯데월드에 들어가는 경비를 후원하고 있다. 선교사 훈련생과 선교사 자녀(MK)들을 향한 집사님 가정의 사랑은 지속되고 있다.

지속적으로 떨어지는 한 방울의 물이 바위를 뚫듯이 지속적으로 선교할 때 하나님의 선교가 이루어진다. 선교는 지속해야 하나님께서 일하시는 것을 눈으로 보고 체험할 수 있다. 지속적인 후원은 하나님을 향한 사랑과 열정이 없이는 할 수 없는 헌신과 섬김이다. 사랑은 자기의 유익을 구하지 않고 희생하고 섬기는 것이다. 아무 대가를 기대하지 않고 섬기는 것은 예수님의 삶을 뒤따라 사는 것이다.

집사님 가정의 사랑과 섬김이 선교사 훈련을 받고 세계 곳곳으로 흩어지는 선교사들의 가슴속에 계속 살아있을 것이다. 이렇게 받은 섬김과 하나님의 사랑은 선교사들을 통해 땅끝까지 전달될 것이다.

남이섬에서 사랑을 먹다

고구마 캐러가요

"사모님, 고구마 캐러가요."

박춘필 권사님은 다일공동체에서 고구마를 캐는 고구마 축제가 있다며 아내를 초대했다. 우리는 안식년 기간에 장신대에서 총회 선교사 훈련을 진행하고 있었다. 선배 선교사로서 후배 선교사를 잘 세워주는 것은 매우 의미 있는 사역이라고 생각하여 안식년을 반납하고 장신대에서 선교사 훈련생들과 합숙하며 지내고 있었다. 한국에 와서도 장신대에 갇혀만 있는 아내에게 권사님과 함께 바람을 쐬고 오라고 했다.

권사님은 아침에 자동차를 운전하여 장신대로 오셨다. 아내는 신이 나서 권사님과 고구마를 캐러 갔다. 나도 쫓아가고 싶었다. 그러나 나는 선교사 훈련을 책임지고 있었기 때문에 함께 갈 수가 없었다. 오후에 늦게 아내는 고구마 한 박스를 가지고 돌아왔다. 권사님이 아내를 장신대까지 데려다줬다. 권사님은 한번 장신대에 오게 하신 하나님께서 또 오게 하실 것 같다며 손을 흔들며 돌아갔다.

권사님 자녀들의 봉사

　2020년 가을 제66회 총회 선교사 훈련은 코로나19로 인하여 여러 모로 불안한 가운데 장신대에서 진행했다. 선교사 훈련생들은 장신대 교수 식당이 열지 않아 학생 식당에서 식사했다. 선교사 훈련을 받는 훈련생들의 식사가 열악했다. 훈련 책임자인 나는 훈련생들에게 저녁마다 간식을 제공하려고 애를 썼다. 권사님이 이 소식을 듣고 샌드위치를 만들어 오겠다고 했다. 나는 섬길 수 있는 날짜를 정해 드렸다.
　권사님이 저녁 간식을 해주기로 한 날 권사님은 두 아들 부부와 손녀를 데리고 왔다. 권사님이 간식을 만들려고 했는데 아들 부부가 자원하여 섬기겠다고 하여 자녀들에게 기회를 뺏겼다고 했다. 권사님 자녀 부부가 손수 샌드위치 두 종류와 음료수를 준비해 왔다. 권사님 자녀들이 자원하여 간식을 만들어 온 것이 매우 고마웠다. 권사님 자녀들은 청년 때 러시아 볼고그라드에 단기선교를 다녀갔었다. 그때 그 대학생들이 학교를 졸업하고 결혼하여 자녀를 낳아서 기르고 있었다. 직장을 다니며 자녀를 키우기도 바쁠 텐데 자비로 자원하여 선교사 후보생들을 위해 샌드위치를 만들어 온 것이었다. 나는 권사님과 자녀들과 손녀에게 고마움을 표하고 복음 전하는 자가 받을 복을 똑같이 주시도록 마음을 다해서 하나님께 기도했다.

권사님 부부 봉사

　권사님은 자신이 해야 할 몫은 자신이 해야 한다며 다시 날짜를 잡아 달라고 하셨다. 그때 나는 원래 계획에 없던 MK수련회를 준비하고 있었다. MK수련회 기간 중 아침 식사를 준비해 주시면 좋겠다고 했다. 권사님은 선교사 자녀들 19명과 선교사 훈련생 21명과 교수팀 10명분의 아침 식사를 준비해 주셨다. 남편 김정래 집사님과 함께 직접 샌드위치 두 종류와 호박 스프를 끓여오셨다. 김정래 집사님과 늘 가까이 지내는 김석겸 집사님도 같이 오셨다. 약 50명이 둘러앉아서 만찬을 나누었다. 식사를 마치고 오랫동안 두 분 집사님과 권사님은 교수 선교사들과 대화를 나누고 돌아가셨다.

교수 선교사들과 선교 훈련을 받는 훈련생들은 나에게 감사 인사를 했다. 두 분이 받아야 할 인사를 내가 받았다. 사람들은 나에게 이렇게 말했다. "새문안교회는 차가운 교회인 줄 알았는데 어쩜 그리도 따스하고 헌신적인 분들이 많습니까?", "선교사님은 너무 좋겠다."

새문안교회는 겉으로 보기에 차가운 것 같아도 속으로 들어가 보면 따뜻한 어머니의 품이 있는 교회다. 교회의 본질은 사랑이다. 하나님의 사랑이 나타나는 교회가 좋은 교회다. 사랑으로 섬겨주시는 분들이 있어서 행복하게 선교사역을 할 수 있었다.

남이섬에서 사랑을 먹다

선교사 훈련을 마친 후에 MK 후속 프로그램을 남이섬에서 진행했다. 원래는 후속 프로그램을 새문안교회에서 진행할까 생각했다. 그러나 코로나19 때문에 할 수가 없었다. 우리는 남이섬으로 장소를 변경했다. 남이섬 입구는 행정구역상 경기도이기 때문에 사회적 거리두기 2.5단계였지만 남이섬 안쪽은 강원도이기 때문에 사회적 거리두기 1.5단계여서 프로그램 진행이 가능했다.

　새문안교회 친교봉사부 김계주 장로님과 주방 봉사팀이 기쁜 마음으로 도시락과 국물을 준비해 줬다. 식재료 경비는 박춘필 권사님 가정에서 섬겼다. 12월 초의 남이섬은 다소 추웠다. 선교사 후보생과 자녀들은 권사님들이 사랑과 정성을 다해서 싸 주신 김밥과 어묵국과 떡이 담긴 도시락을 펼쳐놓고 함께 점심을 먹었다. 권사님들이 싸 주신 도시락은 단순한 밥이 아니고 사랑이었다.

　비록 그날 날씨는 차가웠지만, 선교사 후보생과 자녀들은 사랑의 도시락으로 인해서 몸과 마음이 따스해졌다. 아마도 훈련생들과 자녀들은 선교지에 나가서도 그날의 샌드위치와 도시락을 기억하며 마음이 차가운 날에도 하나님의 사랑의 온기를 느끼게 될 것이다.

　우리는 점심을 먹은 후에 각자 타고 싶은 것을 골라서 타고 남이섬 주변을 돌았다. 아이들은 주로 전동차를 타고 어른들은 자전거를 탔다. 우리 부부는 두 사람이 함께 타는 자전거를 타고 남이섬을 한 바퀴 돌았다. 선교사 자녀들을 기쁘게 해주려고 했는데 우리가 더 큰 기쁨과 행복을 느꼈다. 선교사 후보생들과 자녀들의 울던 얼굴에서 웃음이 함박꽃처럼 피어나는 것을 볼 수 있었다. 나는 선교사 후보생들이 선교지에 가서 우는 사람의 눈물을 닦아주는 사람들이 되기를 기도했다. 우는 사람의 눈물을 닦아주는 일은 사랑의 마음과 행동으로 하는 것이다. 우는 자의 얼굴에서 흐르는 눈물을 닦아주려고 하면 하나님께서 책임져 주신다.

　이번 선교사 훈련기간 동안 가장 잘한 것은 MK수련회를 한 것이다. 김정래 집사님과 박춘필 권사님과 새문안교회 주방에서 수고하시던 분들의 사랑과 헌신에 감사드린다. 마음을 열고 사랑으로 섬겨주시는 분들이 있어서 선교의 여정은 언제나 기쁘고 행복하다.

사랑은 계속되고 있다

　김정래 집사님과 박춘필 권사님 부부는 내가 총회 선교사 훈련을 시킬 때마다 사랑의 섬김을 계속하고 있다. 한번 봉사하기도 쉽지 않지만 계속해서 봉사하기는 무척 어렵다. 그리스도의 사랑이 아니고서는 할 수 없는 진정한 섬김이다. 이러한 아름다운 섬김이 내가 총회 선교사 훈련원 원장으로 사역하는 동안에도 계속될 것이다. 하나님께서 두 분에게 충만한 은혜와 복을 넘치게 내려주시길 기도한다.

선교 잘하세요

❖

초등 1, 2부 어린이들의 크리스마스카드

새문안교회 초등 1, 2부 어린이들이 보내준 크리스마스카드를 받았다. 카드가 크리스마스 전에 도착할 수 있도록 보내려고 하면 얼마나 일찍 서둘러야 하는지 나는 잘 안다. 내 손까지 카드가 도달하는 데는 적어도 약 한 달이 걸리기 때문이다.

아직 선교사가 누구인지, 무엇을 하는 사람인지, 카드를 어떻게 쓰는 것인지 잘 모름에도 불구하고 선교사를 위로하고 격려하기 위해서 정성을 담아 카드를 써 준 어린이들에게 감사드린다. 선교사를 위로하고자 일찍부터 서둘러서 어린이들에게 카드를 쓰게 하신 전도사님과 선생님들의 정성과 사랑에 감사드린다.

2005년 크리스마스카드

2005년 12월 16일에 초등부 어린이들이 보내준 크리스마스카드 중 몇 개를 그들이 쓴 대로 내용을 수정하지 않고 소개해 본다.

> ♣ 강태우: 선교사님 전도 잘하시고 착하게 살으세요. 파이팅!
> ♣ 소연: 추우신데 건강하고 전도를 많이 하시고 항상 행복하게 사세요.
> ♣ 희찬, 혜령, 다은: 거기 러시아는 추우시겠어요. 아프지 마세요. 춥지 않은 하나님을 잘 선교해 주세요.
> ♣ 해성: 선교사님 예수님을 모르는 나라에다 예수님을 전도하다가 감기 조심하세요. 그리고 하나님을 모르는 사람에 복을 많이 주시고 하나님에 대한 이야기도 많이 해 주세요.
> ♣ 동운: 선교사님 아프리카에도 전도해 주세요.
> ♣ 가영: 선교사님 힘내시고 잘 전하세요. 파이팅!
> ♣ 영광, 윤구, 진영: 선교사님이 전도를 하니까 힘들을 것 같아서 편지를 보냈어요. 잘 일으세요. 전도를 잘하세요. 그리고 빨리 돌아오세요.
> ♣ 태윤: 힘내세요! 잘 성경 잘하세요!
> ♣ 선님 날씨도 추운데 감기 조심하세요.

우리 가족은 아이들의 카드를 읽으며 한참 배꼽을 잡고 웃고 그들의 사랑에 감동하여 코끝이 찡해지며 눈물이 쏟아졌다. 아이들이 하고자 하는 말들의 중심은 '건강하고 힘내어 선교 잘하라'는 것이었다. 열심히 전도 잘하고 착하게 잘 살아야겠다. 그리고 건강해야겠다. 담대하게 살아야겠다고 마음을 다졌다.

어린이들이 쓴 글은 매우 단순하고 우습게 보였지만 하나님은 그들의 순수한 마음을 통해서 선교를 잘하는 것이 무엇인지 생각하게 하셨다. 나는 아이들이 정성을 다해서 쓴 카드를 하나하나 읽으면서 하나님께서 작은 영혼들을 통해서 말씀하시는 음성을 들었다. 그때 썼던 일기를 옮겨본다.

나는 요즘 문화센터 '세상의 빛'을 건축하다가 건축비가 다 떨어져 건축이 중단되었다. 문화센터 건축을 처음 시작하면서 이것이 마치 무덤으로 들어가는 길목이 아닐까 하는 불안감이 있었는데 요즘 그 불안감이 현실이 되는 듯한 느낌을 받고 있었다. 그래서 신경이 날카로워지고 착하게 잘 살지 못했다. 하나님께서 어린이들이 보내준 크리스마스카드를 통해서 말씀하시는 음성을 들었다. 나는 오늘 착하게 잘 살고 열심히 전도하며 살아갈 것을 다짐해 본다.

2006년 크리스마스카드

2006년 12월 21일, 초등부 어린이들에게 크리스마스카드를 또 받았다. 받은 내용 중 몇 개를 그들이 쓴 그대로 소개해 본다.

> ✿ 적민, 준하, 준경, 희주: 선교사님 거기에서 선교하시느라 힘드시죠? 건강하세요. 선교하시느라 힘을 시죠?(힘드시죠?) 이 편지 봤으시고 힘내새요! 오래 사새요.
> ✿ 현서, 예림, 윤아: 선교사님 무슨 일을 하세요? 저는 선교사님이 보고 싶어요. 선교사님은 어떤 교회에서 일하고 있으세요? 저도 선생님이 다니는 교회를 다니고 싶어요. 선교사님 힘내세요! 파이팅!
> ✿ 재은, 지원, 근오, 우인: 선교사님 안녕하세요? 러시아 춥지 않으세요? 그리고 감기 걸리지 마시고 또 옷 따뜻하게 입으세요. 편지 좀 보내 주세요.
> ✿ 개은, 지영, 우인, 나리: 선교사님 맨 날 선교하시냐고 힘드시죠? 힘 많이 내세요. 성탄절 잘 보내고 오세요. 축우니간 감기 조심하세요. 고생 많으신데 제가 도와 드리지 못해서 좀금 아쉽고 죄송하네요.

> ✤ 준현, 준영, 예은, 유진, 주원, 우태, 인준: 선교사님 감기 조심하세요. 그리고 옷도 따듯하게 입으세요. 교회 안 다니는 사람들 전도도 잘 해 주세요. 사람 전도하시느라 힘드시죠? 우리는 기도 잘하고 있어요. 하난님과 여순님 어대에서 잘 베우고 있어요. 선교산님도 잘 기도 하세요.
> ✤ 재식, 상이, 혁진, 지수, 대원, 수인: 선생님께, 정균오 선생님 설탄절 잘 지내고 있으세요? 조금만 있으면 크리스마스에요. 그런데 저는 정균오 선생님이 아프지 않고 건강하면 좋겠어요. 아프지 않고 기도를 열심히 하시면 좋겠어요.

어린이들이 쓴 글을 자세히 살펴보면 그 속에 아이들의 마음이 담겨있음을 보게 된다. 그들이 많이 쓴 내용은 "건강하세요, 힘내세요, 오래 사세요, 감기 조심하세요, 옷 따뜻하게 입으세요, 기도할게요, 기도하세요."이다. 그들이 쓴 말속에는 선교사를 향한 격려와 축복과 질책이 담겨있다. 작년에 이어서 올해 크리스마스에도 하나님께서 어린 아이들을 통해서 말씀하시는 음성을 들었다.

선교를 잘하려면 건강해야 한다. 어려운 상황에서 포기하지 말고 힘을 내어 앞을 향해 열정을 가지고 달려가야 한다. 살아남기가 어려운 선교지에서 죽지 말고 살아남아야 한다. 추운 겨울에 옷 잘 입고 감기 걸리지 말아야 힘차게 사역할 수 있다. 이곳에서 삶과 사역이 내 힘만으로는 안 된다. 그러므로 기도가 절실히 필요하다. 어린이들의 기도가 힘이 되고 능력이 된다. 나 역시 더욱 힘써서 무릎을 꿇어 기도하며 선교를 진행해야겠다. 올해 다시 초등 1, 2부 어린이들을 통해서 큰 위로와 격려를 받았다.

2006년 감사 편지

나는 몇몇 어린이들이 "편지 좀 보내주세요"라고 요청한 것에 응답하여 다음과 같이 감사 편지를 썼다.

러시아에서 초등 1, 2부 어린이들에게

해마다 멀리 있는 선교사를 기억하시고 정성이 담긴 크리스마스카드를 보내주심에 감사드립니다. 이곳 러시아는 정교회의 구력 달력을 기준으로 하여 1월 7일에 크리스마스를 지킨답니다. 1월 1일 새해 명절에 가려서 크리스마스는 거의 드러나지 않는 명절이 되었답니다.

이곳 러시아에서는 생나무를 꺾어다 추리를 한답니다. 지금 거리에서는 생나무 추리를 많이 팔고 있답니다. 그러나 이 추리들은 아쉽게도 크리스마스를 기념하는 추리가 아니라 새해를 기념하는 추리랍니다. 이곳에서는 성탄을 축하하고 선물을 주는 산타클로스 할아버지를 제트 마로즈라고 한답니다.

기독교 문화가 오랜 세월을 거치면서 많은 것이 원래의 정신이 변색되어 주님 오심을 찬양하지 않고 새해 명절로 바뀌어 새해맞이를 축하할 뿐이랍니다. 새해 역시 사람이 가지고 오는 것이 아니고 하나님께서 주시는 것이기 때문에 새해를 기념하는 명절에도 하나님을 찬양해야 하는데 하나님 찬양 대신 사람들끼리 술 마시고 즐기는 명절로 바뀐 것이 안타깝습니다.

그러나 소수의 신앙인은 진심으로 주님 오심을 기뻐하며 주님께 감사와 찬양을 드린답니다. 여러분은 어떠신지요? 성탄의 계절에 우리에게 구원을 주신 주님을 찬양하시는지요? 아니면 성탄 추리나 선물 받는 것만 기뻐하여 산타클로스를 기다리시나요? 여러분은 믿음이 좋은 분들이니 외적인 것에 치중하기보다는 내적인 것에 치중하여 진정으로 주님을 찬양하고 주님께 감사드리는 성탄을 보낼 수 있게 되시기를 간절히 바랍니다.

해마다 크리스마스카드를 보내주시는 초등1, 2부 어린이들과 선생님들, 전도

> 사님, 부장님께 감사를 드립니다. 초등 1, 2부 위에 성탄의 기쁨과 축복이 가득 넘치시기를 축복합니다.
> 샬롬!!!
>
> 2006년 12월 24일, 러시아 볼고그라드에서,
> 선교사 정균오 올림

선교사를 감동시키는 것

선교사를 감동하게 하는 것은 어떤 큰 것이 아니라 사랑과 정성이 담겨있는 작은 선물이다. 특별히 어린이들이 보내준 사랑의 편지는 선교지에서 선교사의 마음을 따뜻하게 했으며, 지치거나 포기하지 않고 끝까지 달려갈 수 있는 힘과 용기를 북돋워 줬다. 어린이들이 보내준 사랑과 정성이 선교사를 위로하고 일으켜 세웠다. 이런 선교가 콘비벤츠 선교다. 콘비벤츠 선교는 작은 정성과 사랑의 편지로도 충분히 이루어진다.

---

* 선교 현장에서 발견한 한 줄 콘비벤츠 3
성도 한 사람 한 사람의 사랑과 헌신이 모여서 선교가 세워져 간다.

4장

。

시월의
어느 멋진 날에

두 달간 여름캠프

두 달짜리 여름캠프

2013년 러시아 볼고그라드의 여름은 매우 더웠다. 영상 40도 이상의 폭염이 계속되었다. 고려인 어린이 32명과 교사 12명이 두 달간 여름 캠프를 진행했다. 러시아의 여름은 캠프를 진행하는 문화가 있다. 러시아 사람들은 추운 겨울을 지내기 위해서 여름을 충분히 즐긴다. 특히 아이들은 '라게리'(캠프)에 참가하는 것을 좋아한다.

러시아에서 캠프를 이용하여 복음의 다리를 놓는 것은 효과적인 선교 방법이다. 그러나 선교사가 캠프를 열면 많은 제약을 받는다. 현지인들은 외국인들에게 아이들을 잘 맡기지 않는다. 또한 국가에서는 법적으로 제약을 가하고 있다.

그러나 고려인협회와 함께하면 캠프가 가능해진다. 고려인협회와 함께 사역하면 주청에서는 물론 군청에서도 나와서 축사를 해준다. 주청 민족성 대표, 군청장, 경찰 서장 등이 캠프에 기꺼이 방문해서 축사를 해주곤 했다. 2013년에는 주러시아 대한민국 대사관 교육관이 참석하여 축사를 해주기도 했다.

두 달간 여름캠프

2013년 여름을 난 후 나는 팔에 햇볕 알레르기가 생겨 평생 고생을 하고 있다. 그해 여름은 특히 무더웠다.

2012년 봄에 볼고그라드 고려인협회 회장이 찾아왔다. 그는 여름에 고려인 아이들을 위한 캠프를 해달라고 했다. 고려인들은 여름에 농사를 짓는다. 그들은 여름 한 철을 벌어서 1년 동안 먹고 산다. 러시아 학교는 여름에 3개월간 방학을 하는데 고려인 부모들은 여름 농사를 지으니 고려인 아이들은 방학 동안 부모의 돌봄을 받을 수 없다.

고려인협회 회장은 아침부터 저녁까지 아이들과 함께 놀아주며 한글과 영어를 가르치며 3개월간 캠프를 해달라고 했다. 3개월은 너무 기니까 두 달간만 캠프를 진행하기로 했다. 부모들이 아이들 식사를 책임지고, 나는 교사들을 모집하여 아이들과 놀아주며 한글과 영어를 가르치는 것을 책임지기로 했다. 나는 이 여름캠프가 고려인을 섬기며 복음을 전할 수 있는 기회가 될 것으로 기대했다.

어린이·청소년 여름캠프에는 약 50명이 함께했다. 캠프기간은 2013년 6월 24일 월요일부터 8월 24일 토요일까지였다. 나는 러시아와 한국에서 교사를 모집했다. 마침 장신대에서 방충만 학생과 정신혜 학생이 견습선교사로 와서 사역하고 있었다. 이 신학생들이 아이들에게 한글을 가르쳐 주기로 했다. 나는 미국 워싱턴에 있는 평화나눔공동체(APPA)에 영어를 가르쳐 줄 수 있는 사람을 요청했다. APPA는 워싱턴에서 홈리스(homeless)를 섬기는 선교단체다. 이 단체의 대표는 최상진 목사로 나의 오래된 친구다. 미국 APPA에서 김의재 청년과 이예린 청년이 자원하여 볼고그라드에 도착했다. 그리고 한국에서 국윤지 청년과 모스크바에서 공부하고 있던 김예슬 학생, 우즈베키스탄에서 한 자매가 자원봉사자로 이곳에 도착했다. 한글학교에서 한글을 배우고 있는 러시아 대학생 5명은 봉사자로 자원했다.

여름 캠프 프로그램

고려인 어린이-청소년 여름캠프는 매일 아침 8시에 시작되어 오후 6시에 마쳤다. 아침, 점심, 저녁 식사를 같이했다. 매일 오전에 한국어, 영어, 러시아어를 가르쳤다. 오후에는 놀이와 수영 등을 했다. 평일에는 성경을 가르치지 않고 주일에만 가르치기로 했다.

하루는 볼고그라드 관광을 했다. 대형버스를 빌려서 어린이와 학부모 52명이 참석했다. 이 캠프를 마친 후에 고려인 어린이 가무단이 만들어졌다. 여러 명의 어린이가 예수를 믿기로 결단했다. 여름캠프 후에 어린이 예배가 시작되었다.

한 달, 10일간 여름캠프

2013년에 두 달간 진행한 여름캠프는 너무나 힘들었다. 그래서 2014년에는 기간을 한 달로 줄였고 어린이 28명과 교사 12명이 참석하여 총 40명이 한 달간 캠프를 진행했다. 견습선교사 1명(김지환)과 한국과 모스크바에서 온 한국 학생 3명(이경자, 김예슬, 임덕진)이 함께 했다. 미국 APPA에서 3명이 자원교사로 왔고 한글학교에서 한글을 공부하는 러시아 학생 5명이 자원했다.

그런데 전년보다 기간과 인원을 줄였는데도 2014년 캠프는 매우 힘들었다. 나는 심리 정신과 의사 장로님을 만났다. 장로님은 내 이야기를 듣더니 심리학적으로 아무리 좋은 캠프도 2주 이상하면 좋지 않다며 캠프 기간을 최대 14일만 하는 것을 권하셨다. 장로님의 조언을 받아들여 2015년부터는 여름캠프를 10일간 진행하고 있다.

나는 학부모 회의에서 평일에는 성경을 가르치지 않고 주일에만 성경을 가르친다고 광고했다. 나는 부모들과 약속을 지켰다. 하나님을 믿지 않는 부모들과 무슬림 부모들은 안심했다. 그러나 교사들이 사랑으로 지도하자 아이들은 주일에도 캠프에 참석했다.

어린이 여름캠프를 진행하면서 어린이 교회학교가 생겨났다. 매주 고려인 아이들이 꾸준하게 교회에 나오고 있다. 공공 선교를 할 때 주의할 것은 진실성과 지속성이다. 또한 복음을 전하고자 하는 의도를 너무 강하게 표현하지 않는 것이 좋다. 가장 중요한 것은 사랑이다. 공공 선교는 진정한 사랑과 전문성과 비의도성을 가지고 지속적으로 하면 하나님께서 열매를 맺게 하신다.

첫 번째 캠프 때 APPA에서 자원 교사로 왔던 김의재 청년과 이예린 청년은 결혼하여 세 자녀를 낳고 행복하게 살고 있다. 국윤지 양은 장신대를 졸업하고 전도사로 사역하다가 결혼하여 자녀를 낳았다. 두 번째 캠프 때 교사로 봉사했던 김지환 전도사와 이경자 청년은 결혼하여 두 자녀를 낳았다. 이 두 사람은 현재 러시아 선교사로 헌신하여 볼고그라드에서 사역하고 있다. 아이들을 위해 봉사하는 사람들에게 주시는 복을 눈으로 목격하며 하나님께 감사와 찬양을 올려드린다.

한 아이를 소중히 여기라

> 예수께서 이르시되 어린 아이들을 용납하고 내게 오는 것을 금하지 말라 천국이 이런 사람의 것이니라(마 19:14).

캡을 쓴 고려인 아이

머리에 하얀색 캡을 쓴 고려인 아이 하나가 유난히 눈에 들어왔다. 캡을 쓴 아래로 머리카락이 별로 남아있지 않았고 아이의 표정은 어두웠다. 그 아이의 이름은 정 아르투르이고 나이는 10살이다. 아르투르는 3년 전부터 머리에 탈모가 시작되었다. 머리카락은 물론 눈썹까지 거의 다 빠져서 얼마 남아있지 않았다.

아르투르는 볼고그라드와 모스크바에 있는 모든 병원에 다녀보았지만 원인을 발견하지 못했다. 아르투르는 항상 캡을 쓰고 있었다. 아르투르는 대머리 같은 자기 모습이 부끄러워서 그 어디에도 가길 원하지 않고 그 누구를 만나는 것도 싫어했다.

아르투르의 외할머니가 문화센터 '세상의 빛'에서 진행되는 러시아 볼고그라드 어린이 페스티벌에 아르투르를 반강제적으로 데리고 왔다. 할머니는 아르투르를 우선 끌고는 왔지만, 그가 어떻게 반응할지 걱정이 태산이었다.

그러나 아르투르는 두나미스 청년들의 사랑과 재미있는 프로그램에 감동되어 서서히 어린이 페스티벌에 빠져 들어갔다. 아르투르는 마지막 발표회 때 연극에서 주인공 역할을 맡아서 열연했다. 아르투르의 표정과 할머니의 표정이 차차 밝아지기 시작했다.

새문안교회 두나미스

2017년 새문안교회 두나미스 러시아팀은 8월 14일부터 16일까지 문화센터 '세상의 빛'에서 볼고그라드 어린이 페스티벌을 진행했다. 러시아 법 규정상 '캠프'라는 명칭을 사용하지 못하기 때문에 페스티벌이라고 명했다.

그해 진행된 페스티벌은 고려인과 러시아 어린이 35명, 두나미스팀 14명, 러시아 자원교사 6명, 주방 봉사자 5명이 함께 어우러져 천국 찬치를 열었다.

당시 미국과 유럽의 러시아 경제제재 조치로 인해서 러시아 사람들과 고려인들은 매우 어려운 시절을 지내고 있다. 어려운 시대의 희생양은 대부분 어린아이와 노인과 여인들이다. 이러한 시기에 어린아이들을 위한 페스티벌 진행하는 것은 어린아이들을 격려하고 위로하는 것이며 부모들과 사회를 격려하고 위로하는 효과를 낳는다.

어린이 페스티벌

어린이 페스티벌은 4일간 진행되었다. 두나미스팀이 오기 전에 고려인협회를 통해서 미리 신청서를 받았다. 45명이 접수를 했으나 독감 바이러스가 돌아 아이들이 병원에 대거 입원하는 바람에 35명만 참여했다. 참석자들에게 100루블씩 회비를 받았다. 공짜면 적극적으로 참여하지 않을 수도 있다는 생각 때문에 상징적으로 회비를 받은 것이다. 프로그램은 매일 10시에 시작해서 오후 4시에 끝나는 일정이었고, 페스티벌의 전체 주제는 '다 함께 기쁨으로 나아가자'였다.

프로그램을 시작하기 전날 두나미스팀과 러시아 자원교사들이 함께 모여서 전제 프로그램을 점검하고 역할을 분담했다. 원활한 의사소통을 위해 프로그램마다 두나미스팀 2명당 러시아 자원교사 1명이 한팀이 되어 준비했다. 프로그램은 두나미스팀이 준비를 해 왔지만 두나미스팀은 인사와 프로그램의 목적만 설명한 후 실제 프로그램 진행은 러시아 자원교사들이 담당했다. 러시아 자원 교사와 단기선교팀이 아름다운 협력 선교를 했다.

두나미스 팀과 러시아 자원교사들은 페스티벌을 진행하기 전날 프로그램을 면밀하게 준비했다. 주일 늦은 시간까지 페스티벌을 진행할 문화센터 '세상의 빛' 공간을 꾸미고 자리를 배정했다.

주일이 지나고 14일 월요일 아침이 밝았다. 교사들은 9시부터 어린이들을 맞이했다. 두나미스 청년들은 한국에서 배워 온 러시아말로 "쁘리벳(안녕)!"을 외치며 인사를 했다. 등록한 아이들에게 한국에서 제작한 티셔츠를 사이즈에 맞게 나누어 줬다.

첫째 날의 주제는 '용서'였다. 용서의 주제에 맞추어서 다양한 놀이와 만들기를 진행했다. 두나미스팀이 치밀하고 재미있게 준비해 온 덕분에 어린이들은 시간 가는 줄 몰랐다. 아이들과 선생님들은 언어 장벽을 뛰어넘어 하나가 되었다. 아르투르는 자기를 이곳에 강제로 끌고 온 외할머니를 향한 불만이 사라져 갔다. 오히려 안 왔으면 큰일 날 뻔했다고 말했다. 아르투르는 내일도 반드시 올 것이라고 말하며 집으로 돌아갔다.

둘째 날의 주제는 '사랑'이었다. 둘째 날에는 다리에 깁스한 아이가 왔다. 아르투르가 사촌 미샤를 데리고 온 것이었다. 미샤는 몸은 불편하지만, 꼭 참여하고 싶다고 하여 받아들였다. 첫째 날과 같이 주제에 맞추어 다양한 놀이와 만들기를 진행했다. 두나미스팀은 사랑의 몸짓 언어로 러시아 선생님들과 함께 아이들의 가슴속으로 파고들어 갔다. 선교의 동기와 방법은 사랑이다. 두나미스팀과 러시아 자원교사팀은 서로를 존중하고 사랑하며 아이들을 섬겼다.

셋째 날의 주제는 '감사'였다. 이날에는 병원에 입원해 있던 아이들이 페스티벌에 참여하기 위해 의사에게 사정하여 외출을 허락받은 4명이 새로 참석했다. 아팠던 아이들은 페스티벌에서 시간을 보내며 다 나은 듯했다. 기쁨이 병을 낫게 한다는 말이 증명되는 듯했다.

어느새 마지막 날이 다가왔다. 시간이 눈 깜짝할 사이에 지나갔다. 마지막 날의 주제는 '찬양'이었다. 용서와 사랑과 감사에 대한 찬양을 드리는 날이다. 달란트 잔치는 지나치게 아이들의 경쟁심을 유발하는 형식을 배제했다. 모든 아이들에게 100달란트씩을 똑같이 지급해 줬다. 모든 아이들이 동일한 달란트를 가지고 자기가 원하는 선물을 구입하게 했다. 아이들은 한국에서 온 신기한 선물에 기뻐했다.

마지막으로는 학부모를 초대해서 4일간 배운 것을 발표하는 프로그램을 진행했다. 직장에서 일하는 시간이었음에도 불구하고 거의 모든 부모가 참석해서 문화센터의 큰 홀을 가득 채웠다. 아이들은 부모들 앞에서 그동안 배운 찬양과 율동과 연극 2개를 보여줬다. 부모들은 한순간도 빠뜨리지 않으려고 열심히 사진과 동영상을 찍었다.

아이들의 발표 후 지난 4일간 프로그램을 진행하며 찍은 사진으로 만든 영상을 선보였다. 이어서 두나미스팀과 자원교사팀의 발표회가 진행되었다. 발표회 마지막에 〈당신은 사랑받기 위해 태어난 사람〉을 모든 교사와 어린이들이 함께 찬양했다.

우리는 이 페스티벌을 통해서 말이 아닌 마음과 몸과 찬양으로 복음을 선포했다. 여기에 참석한 아이들은 거의 믿지 않는 아이들이며 믿지 않는 부모들이다. 복음 전파를 목적으로 일부러 믿지 않는 어린이들을 초대한 것이다.

모든 순서의 끝에 참가비 100루블로 미리 준비해 둔 러시아 기념품을 학부모들이 두나미스팀과 러시아 자원교사팀에게 선물하도록 했다. 학부모들은 자기들이 낸 100루블 회비로 교사들에게 선물하게 됨을 매우 기뻐했다.

선교는 상호적인 것이 좋다

선교는 상호적인 것이 좋다. 주기만 하거나 가르치기만 하는 것은 바람직하지 않다. 주고받고 가르치고 배우는 상호적일 때 상하 계급 관계가 형성되지 않고 친구가 된다. 선교는 친구가 되고 우정을 쌓아가는 과정을 통해서 이루어져 간다. 이러한 사랑의 관계를 통해서 진정한 복음이 전해질 수 있는 것이다.

모든 순서가 다 끝났다. 우리는 한 사람도 빠지지 않게 단체 사진을 찍었다. 4일간 프로그램을 진행하며 만든 작품들을 가방에 넣어 아이들에게 선물로 주었다. 교사들은 아이들 하나하나를 껴안고 사진을 찍었다. 교사들과 아이들 모두가 눈물의 작별 인사를 나누었다.

감사와 기쁨의 눈물

자원교사로 참여한 아냐는 문화센터 '세상의 빛'에서 한국어를 배우고 있다. 이 자매는 아직 믿지 않는 자매다. 이 자매는 초등학교 선생님이다. 이 자매는 자기 학교 반 아이 네 명을 어린이 페스티벌에 참여시켰다. 최종평가회 시간에 아냐는 학부모들이 자기에게 매일 전화를 걸어왔다고 했다. 학부모들로부터 "아이들이 집에 와서 너무 좋아 어쩔 줄 몰라 한다"며 감사의 말을 전해줬다.

니나는 고려인협회 임원이며 2년 전 한국에 다녀온 후 교회에 나오기 시작했다. 그녀는 감사와 기쁨의 눈물을 흘렸다. 니나는 자신은 험한 세월을 지나온 사람이라 눈물을 잘 보이지 않는 사람이라고 했다. 그런데 오늘은 너무 감사하고 기뻐서 눈물이 난다고 했다. 니나는 하나님과 두나미스팀에게 감사 인사를 했다.

선교는 한 사람을 소중히 여기는 것

2017년 어린이 페스티벌 끝난 후에 정 아르투르와 그의 외할머니와 다리에 깁스를 하고 목발을 짚고 왔던 미샤가 교회에 나오기 시작했다. 아르투르 외할머니 발랴는 교회에 처음 나온 날 아르투르 머리카락과 눈썹이 나면 하나님을 믿겠다고 했다. 나는 아르투르 머리에 손을 얹고 안수기도를 했다. 하나님께서 머리카락과 눈썹을 자라게 하시기를 기도했다.

올해로 아르투르와 미샤는 16살과 15살이 되었다. 아르투르와 미샤는 여전히 '세상의 빛' 한글학교는 물론 교회도 열심히 나오고 있다. 아르투르는 키가 180cm로 성장했다. 그는 이제 머리에 캡을 쓰고 다니지 않는다. 검은 머리카락이 머리를 덮고 그려놓은 듯 검은 눈썹이 진하게 자랐기 때문이다. 최근에 아르투르 외할머니 발랴가 우리 부부를 좋은 식당에 초대해 줬다. 그녀는 아르투르의 눈썹과 머리카락이 자라는 것이 너무 기뻐서 감사의 인사로 식사 대접을 한다고 했다. 하나님이 역사하시고 우리가 대접을 받았다. 발랴는 성경을 읽고 필사하면서 복음에 한 걸음 한 걸음 다가가고 있다.

그 후 얼마 지나지 않아 아르투르 엄마 아냐가 교회에 나오기 시작했다. 그리고 아르투르의 사촌 소냐와 다샤가 교회와 한글학교에 나오기 시작했다. 발랴는 사촌 동생 마리아를 전도했다. 두나미스 단기선교팀의 선교는 이처럼 세월이 지나며 계속해서 열매가 맺히고 있다.

또한 두나미스 단기선교팀의 어린이 사역을 통해서 마리노프카에 고려인 교회가 개척되었다. 문화센터 '세상의 빛'에서 시작된 어린이 페스티벌을 통해서 고려인 어린이들과 부모들이 전도되어 교회에 나오고 있다. 이렇게 전도된 고려인들은 러시아 교회의 일원이 되었다. 예배 후에 고려인들은 소그룹으로 모여서 성경을 공부하고 기도하며 교제하고 있다.

어린이 여름캠프는 복음의 씨를 뿌리는 과정이다. 뿌리지 않으면 거둘 수 없다. 캠프를 통해서 복음의 씨를 뿌리고 사랑으로 물을 주면 하나님께서 자라게 하시고 열매 맺게 하신다. 눈물을 흘리며 뿌리는 자는 반드시 거두게 된다. 선교는 한 어린아이를 소중히 여기는 것에서 시작된다.

단기선교는 자기 변화다

1998년에 새문안교회 청년들이 러시아 블라디보스토크에 단기선교를 시작했다. 선교팀의 이름은 두나미스였다. 두나미스(δυναμιζ)는 권능, 능력을 뜻하는 헬라어다. 사도행전 1장 8절에서 성령이 너희에게 임하시면 권능(δυναμιν)을 받는다는 말씀에서 나온 단어다. 청년들은 성령의 권능을 받고 땅끝까지 복음을 전하고자 하는 열망으로 팀의 이름을 두나미스라고 명했다고 한다.

두나미스 팀은 블라디보스토크에 왔을 때 우리가 거주하고 있던 마을 어린이 공원을 청소했다. 그들이 청소하는 광경을 러시아 할머니들이 신문과 방송에 알려서 방송에 나오기도 했다. 그때 그 팀은 다양한 사역을 했지만, 그중에 개인적으로 가장 오래 기억되는 프로그램은 우리 부부에게 식사비를 주고 데이트를 하고 오라고 하며 아이들을 돌보아 주었던 일이다.

러시아 볼고그라드 두나미스 단기선교는 2004년부터 시작되었다. 2019년까지 한 번도 빠지지 않고 진행되었다. 2020년부터 코로나 팬

데믹으로 인해서 잠시 멈추었다. 그러나 단기선교를 아주 멈춘 것이 아니었다. 그들은 손편지를 써서 아이들에게 보냈다. 그들은 나에게 얼마간을 보내어 아이들에게 크리스마스 선물을 나누어 줄 수 있도록 했다.

러시아와 우크라이나 전쟁 기간에는 경기도 안산에 가서 그곳에 거주하고 있는 고려인 아이들을 섬겼다. 전쟁으로 인해 이곳에 직접 올 수 없었지만 매년 크리스마스에는 고려인 어린이들과 청소년과 노인들을 위한 선물을, 여름에는 고려인 어린이 캠프 때 달란트 시장에서 사용할 선물을 보내줬다. 청년들이 한국에서 보내준 선물은 아이들에게 매우 인기가 높다.

두나미스 단기선교팀은 새문안교회 청년들로 구성되어 이곳에 왔다. 그들에게는 식사를 준비해 주지 않았다. 한국에서 미리 식단표를 짜고 한국에서 준비해 와야 할 음식 재료를 미리 준비해 오게 했다. 나머지는 이곳에 도착해서 구입하도록 안내해 줬다. 이를 통해 단기선교팀은 식사를 스스로 준비해 먹으며 자기 훈련을 하도록 했다. 단기선교팀은 자기들이 식사를 준비해서 오히려 선교사와 현지인 팀에게 식사를 대접했다.

사역을 마치고 나면 모스크바와 페테르부르크를 탐방할 수 있도록 안내했다. 선교를 오기 전에 러시아 역사와 문화에 대해서 미리 공부하고 오도록 했다. 이 과정을 통해서 청년들은 러시아를 이해하고 세계를 정확하게 보는 눈을 뜨도록 안내했다.

볼고그라드 두나미스 사역은 욕심을 부리지 않았다. 15년 동안 한 해에 한 사람만 구원해 달라고 기도하며 진행했다. 그런데도 사역은 매우 진지하고 힘들게 진행되었다. 단기선교사역은 청년들의 큰 희생과 헌신으로 진행되었다. 때로는 단기선교를 마치고 돌아간 청년들이 병원으로 직행하는 해도 있었다.

그동안 하나님은 두나미스를 통해서 선교지에 많은 일을 하셨다. 하나님은 두나미스로 참석한 청년들 속에서도 많은 일을 하셨다. 청년들은 단기선교를 하면서 스스로 변화하고 성장했다. 그 청년들이 결혼하여 가정을 이루고 교회를 섬기고 있으며 지금도 다양한 방법으로 볼고그라드 선교에 동참하고 있다.

청년들의 단기선교는 아직도 현재형이다. 두나미스 단기선교에 동참했던 청년들이 지금도 자기 삶의 자리에서 한 사람을 향한 사랑의 마음을 가지고 선교적인 삶을 살아가고 있다. 두나미스 단기선교에 참여했던 청년들은 새문안교회 중추적인 사역자로 헌신하고 있다. 그들은 한국교회의 미래 주역이 될 것이다.

지속해야 열매를 볼 수 있다

중등부 선생님들

1993년에 새문안교회 교육1부 행정 전임전도사로 사역하며 중등부를 담임했다. 중등부 교사들은 매우 유능하고 열심이었다. 교사들은 자신들이 나보다 더 경험이 많고 유능함에도 나를 교역자로 인정하고 존경해 줬다. 교사들이 유능하고 자신이 맡은 분야를 책임지고 사역했기 때문에 전도사가 할 일은 별로 없었다. 나는 그저 설교하고 교사들에게 학생들을 가르칠 교재의 요점을 미리 말해줄 뿐이었다.

교사들은 중등부 아이들의 영혼을 깊이 사랑했다. 아이들이 중학생 때 예수님을 인격적으로 만날 수 있도록 많은 기도와 열정을 쏟았다. 중등부는 모이면 기도하는 부서로 유명했다. 나는 교사들과 함께 매주 수요예배를 마치고 로마서 성경공부를 진행했다. 그리고 중등부를 위해서 기도하는 시간을 가졌다. 교사들은 약 11시경에 집으로 돌아갔다. 이렇게 공부한 로마서를 가지고 수련회 때 아이들의 눈높이에 맞추어 성경공부 교재를 만들어 로마서를 가르쳤다.

여름 수련회에는 신약성경 통독 수련회를 진행했다. 중등부 학생들과 함께 2박 3일간 신약성경 전체를 통독했다. 교사들과 임원들 27명을 뽑아서 자기가 맡은 성경을 10번 이상 읽도록 했다. 모든 학생들에게 읽기 쉬운 표준새번역 성경을 선물해 줬다. 그리고 새문안교회수양관 미루나무 아래에서 신약성경 전체를 통독했다.

겨울에는 중등부 교사들과 함께 교사 수련회를 떠나서 교사들 간의 교제 시간을 가졌다. 그때 겨울 스키장에서 선생님들과 함께 눈썰매를 탔던 기억이 선명하게 남아있다. 이러한 특별 행사를 할 때마다 중등부 부장 김광수 안수집사님과 부감 박형옥 권사님의 섬김이 특별했다. 나는 1년 동안 중등부를 담임한 후 선교사로 헌신하여 러시아로 떠났다. 중등부 선생님들은 스스로를 러시아 선교 후원자로 생각하며 열심히 기도하고 후원했다.

모두회의 단기선교

중등부 교사 중에는 열심이 특심인 분이 많이 있었다. 교사 중에서 송순옥 권사님을 중심으로 모이는 모두회 회원들이 있었다. 모두회는 송 권사님이 27명의 성도와 함께 1981년 12월 25일에 송 권사님의 남편 박두영 장로님을 기리는 뜻을 모아서 설립한 선교단체다. 모두회 설립 목적은 하나님 사랑을 실천하는 것을 통하여 하나님 나라를 확장하는 것이었다.

2006년 1월 겨울에 모두회와 중등부 교사들이 함께 볼고그라드로 단기선교를 왔다. 단기선교 팀 14명이 새벽 1시에 볼고그라드에 무사히 도착했다. 그들은 많은 이민 가방에 가득 사랑의 선물을 가져왔다. 그들은 약 23시간의 긴 여정을 달려왔기 때문에 모두가 매우 피곤해 보였다. 우리 집에 도착했을 때는 이미 무척 늦은 시간이었지만 감사예배를 드렸다. 역시 중등부 교사들답게 기도가 끝나지 않았다.

함께 온 자녀들은 힘들어했다. 그러나 은혜가 충만했다. 우리 가족 4명과 팀원 14명이 우리 집 여기저기에 자리를 잡고 휴식을 취했다.

마리노프카 고려인 선교

　1월 5일부터 7일까지는 마리노프카에서 고려인들과 함께하는 프로그램을 진행했다. 오전에 미하일 목사가 짜르찐 호텔에서 거주신고를 무사히 마쳤다. 러시아를 방문하는 모든 외국인은 법에 따라 어디에 체류하는지 정부에 신고해야 한다. 모두회 단기선교팀은 호텔 대신 우리 집에 체류하는 것이기 때문에 약간의 수수료를 지불하고 체류신고를 했다.

　오후 2시에 볼고그라드에서 출발하여 3시경에 마리노프카에 도착했다. 마리노프카의 빅토르 아저씨 집에서 프로그램을 진행했다. 당초 우리는 고려인들이 약 20~30명 정도 참석할 것으로 예상했다. 그러나 예상과는 다르게 무려 150명의 고려인들이 참석했다.

　행사는 성황리에 진행됐다. 다양한 한국 놀이와 요리 강습회를 열었다. 윤옥균 권사님과 김영자 권사님은 탈춤을 비롯한 다양한 한국 놀이를 통해 고려인들과 하나가 되었다. 이주미 권사님은 김치 만들기와 시루떡 만들기 세미나를 진행했다. 예상보다 참석 인원이 너무 많아서 고생은 했지만, 인원이 적은 것보다는 좋았다.

　모두회가 오기 전에 두나미스 단기선교팀이 이곳에 와서 고려인 자녀들을 섬긴 것이 신뢰로 쌓인 듯했다. 그리고 나는 이곳에 교회를 시작하기 위해서 믿지 않는 고려인들을 다양한 방법으로 만나서 교제하며 신뢰를 쌓아가고 있었다.

모두회 팀은 한 집에서 숙박할 수가 없었다. 이 바실리와 나타샤의 집으로 각각 여성 5명이 가고, 남성 5명은 스베타 집으로 갔다. 우리는 각 집에 약간의 숙박비를 지불했다. 마지막 날 모든 행사를 마치며 모두회는 고려인 대학생 싸샤와 황 알렉세이에게 장학금으로 각각 350불씩 지급했다. 고려인들은 매우 감사해 했다. 고려인들은 마리노프카에 이러한 행사를 할 수 있는 공간을 만들어 달라고 요청했다. 나는 차차 공간을 만들어 고려인들을 위한 다양한 행사를 하며 주일에는 예배공간으로 사용할 계획을 세웠다. 몇 년이 지난 현재 그때 세운 계획이 다 이루어졌다. 현재는 준비된 공간에서 해마다 고려인 어린이 여름캠프를 하고 주일에는 고려인들이 모여 예배를 드리고 있다.

주일예배 때 발표

주일예배 때 모두회 단기선교팀은 동역하고 있는 러시아 복음주의 침례교회에서 준비해 온 다양한 프로그램을 발표했다. 선교팀과 함께 온 자녀들은 핸드벨로 찬양을 했다. 어른들이 찬양 2곡을 불렀다. 최홍락 집사님이 독창을 불렀다. 한국의 탈춤도 선보였다. 예배를 마치고 고려인들과 교제를 나누었다.

오후에는 러시아 가정에 홈스테이로 갔다. 서로 의사가 통하지 않아서 약간 고생했지만, 반응은 매우 좋았다. 러시아 교인과 한국인이 서로를 존중하며 서로를 배우는 콘비벤츠 선교를 이루었다. 러시아 교인과 한국 교인 다 즐거운 시간이었다고 했다.

다음 날은 미하일 목사 집에서 개혁교회 교인들이 모였다. 약 80명이 참석하여 모두회 단기선교팀과 러시아 교인들이 함께 어우러져 즐겁고 행복한 시간을 보냈다. 이날은 연날리기와 비즈 만들기를 했다. 한국 전통 악기와 국악 장단을 배우는 시간을 가졌다. 러시아 교인들은 한국문화를 만나며 무척 신기해했고 한국인에 대한 이해를 높였다.

만남을 통한 상호이해

한국인과 고려인들 간의 만남은 고려인들에게 복음에 대한 관심을 증폭시켰다. 러시아 교회와 한국교회와의 만남은 서로를 이해하는 중요한 계기가 되었다. 우리는 만남을 통해서 서로를 이해하게 된다. 서로를 이해할 때 담을 헐고 서로 사랑할 수 있다.

모두회 단기선교를 통해서 러시아 교인들에게 가장 크게 충격을 준 것은 '크리스천이 이렇게 기뻐하며 살아도 되는 것이구나!'하는 점이었다. 러시아는 오랫동안 공산주의를 겪으며 기쁨을 상실했다. 러시아 교인들은 한국 교인들을 통해서 기쁨에 대한 도전을 크게 받았다고 했다. 중등부 선생님들과 모두회가 협력하여 프로그램을 진행한 것도 참 잘한 일이다. 두 팀이었으나 서로 사랑하고 서로 이해하고 서로 배우며 한 팀을 이루었다. 그 결과 좋은 결실을 이룰 수 있었다.

단기선교는 지속해야 열매를 볼 수 있다

　모두회는 단기선교를 마친 후에도 해마다 고려인 학생을 위해서 장학금을 보내주고 있다. 모두회의 장학금을 받았던 황 알렉세이는 현재 한국 자매와 결혼하여 한국에서 살고 있다. 그는 성실하게 교회를 다니고 있다.

　러시아에 '물이 바위를 뚫는다(Вода камень точит)'는 속담이 있다. 물방울이 바위를 뚫는 힘은 지속성에 달려있다. 단기선교는 지속해야 하나님께서 일하시는 것을 눈으로 목격할 수 있다. 우리는 뿌리고 물을 줄 뿐 자라게 하시고 열매 맺게 하시는 분은 하나님이시기 때문에 시간이 지나면 열매가 맺혀지는 것을 보게 된다.

　모두회 장학금을 받는 학생 중에는 교회를 나오는 사람도 있고 그렇지 않은 사람도 있다. 그러나 그들은 한국 크리스천들의 사랑을 받았음을 가슴으로 알고 있다. 나는 학생들에게 장학금을 줄 때마다 학교를 졸업하고 돈을 벌면 한국 크리스천들에게 받은 사랑을 타인들에게 갚을 것을 약속하게 한다. 한 사람이라도 그 약속을 실천한다면 세상은 더 아름다워질 것이다. 그들이 어디를 가든지 타인들에게 사랑을 주는 사람들로 성장하기를 기도한다.

　내가 한국을 방문하면 모두회와 과거 새문안교회 중등부 선생님들이 한자리에 모인다. 우리는 함께 식사하고 서로의 안부를 묻고 선교 이야기를 나누고 기도한다. 과거에 맺어진 관계를 계속 이어가는 지속성을 통해서 우리들의 우정과 하나님의 선교가 성장한다. 중등부 주보에 들어가는 삽화를 그리셨던 화가 심재영 집사님과 부인 오수자 권사님, 중등부 총무였던 서충관 집사님, 윤옥균 권사님, 조순자 권사님, 송순자 권사님, 심정희 집사님, 안한주 선생님 등은 선교 초기부터 지금까지 콘비벤츠 선교를 진행하고 있는 선교동역자들이다.

하나님의 걸작품

❖

메이크업 아티스트

어느 날 모스크바에서 공부하고 있는 딸에게서 연락이 왔다.

"아빠 메이크업 아티스트가 3개월간 러시아에 단기선교로 오고 싶대요."

"메이크업 아티스트가 뭔데?"

"메이크업 아티스트는 배우나 모델을 아름답게 화장해 주는 사람이에요."

"그런데 그런 사람이 선교지에 와서 무엇을 할 수 있지?"

"아빠, 할 수 있는 일이 너무 많아요. 여자 화장법과 피부 관리 방법을 지도할 수 있고 남자들 피부 관리법도 가르쳐 줄 수 있어요."

"그 사람이 누군데? 새문안교회 교인이야?"

"네, 새문안교회 교인이고요, 남자예요."

"뭐 남자? 어떻게 남자가 여성에게 화장을 해줄 수 있지?"

"아빠 메이크업 아티스트는 남자들이 많아요."

"그 사람을 어떻게 아니?"

"제가 한국에 갔을 때 언니들하고 명동에 나갔다가 우연히 화장품 가게에서 만난 사람인데요. 아주 잘해요. 한번 오라고 하세요."

'남자가 화장을 한다? 메이크업 아티스트가 단기선교사로 온다? 그것도 3개월이나? 오면 뭘 하지?'

나는 이해가 잘 안 되었지만, 딸의 요청을 듣고 그 메이크업 아티스트에게 3개월간 단기선교로 오라고 했다.

김 빌립 집사의 단기선교

2018년 3월에 메이크업 아티스트가 볼고그라드에 도착했다. 메이크업 아티스트 이름은 김 빌립이었다. 새문안교회 청년 집사였고, 아가페봉사부 총무를 맡고 있었다. 문화센터 '세상의 빛' 숙소에 묵으며 식사는 스스로 해 먹는 것으로 했다.

만나서 대화를 해보니 착한 사람 같았다. 무엇보다도 장애인 부서인 아가페봉사부를 섬기고 있다는 것이 대견했다. 내가 무엇을 도와주면 좋겠냐고 물었다. 그는 청년들을 한번 모아주면 된다고 했다. 러시아 교회 청년부 담당교역자와 상의를 했다. 그는 메이크업 아티스트가 무엇인지 금방 알아차렸다. 토요일에 집회가 있는데 그때 교회 청년들과 친구들을 부르겠다고 했다.

토요일에 약 40명의 러시아 청년들이 모였다. 빌립 집사는 청년 중 한 사람을 앞으로 불러냈다. 여자 청년을 모델로 해서 화장을 해주며 화장법과 피부 관리법을 강의했다. 여러 청년에게 화장을 직접 해주며 다양한 얼굴색과 다양한 상황에서 화장하는 방법을 강의했다. 빌립 집사는 화장법을 가르쳐 주면서 하나님이 만들어 주신 얼굴을 더 잘 드러나도록 하는 것을 강조했다. 화장은 새로운 것을 창조하는 것이 아니고 하나님의 걸작품을 더 아름답게 드러나도록 하는 것이 그의 철학이었다. 청년들의 반응은 폭발적이었다. 러시아 청년들의 반응이 아주 좋아서 나는 매우 놀랐다.

다음날 주일 아침에 교회에 갔다. 전날 빌립 집사가 모델로 해서 화장을 해준 여자 청년이 인사를 했다. 전날 화장을 해준 그대로의 모습이었다. 그 청년의 엄마는 찬양을 인도하는 자매였다. 엄마가 내 곁으로 다가와 딸을 가리키며 말했다.

"목사님, 제 딸이 어젯밤에 화장을 지우지 않고 그대로 누웠다가 일어나서 온 겁니다. 너무 예뻐서 지울 수가 없대요. 그런데 목사님, 왜 청년들만 메이크업 강의를 해주세요? 목사님, 청년들은 화장을 안 해도 예뻐요. 저희를 위해서 메이크업 강의를 해주세요."

나는 웃으며 말했다.

"아주머니들에게 무슨 화장법을 강의해요?"
"아니에요, 목사님. 저희에게도 해주세요."
"그렇게 원하면 예배 마치고 합시다."

이렇게 해서 예배 후에 엄마들을 위한 화장법과 피부 관리법을 강의했다. 또 반응이 폭발적이었다. 러시아 여성은 이미 그 자체로 아름다운데 더 아름답고 싶어 하는 것을 보면 아마 그게 여성의 본능인가 보다. 나는 이 시대의 단기선교는 이러한 방식이 훨씬 더 효과적이라는 것을 느끼기 시작했다. 그리고 나의 무식함도 느끼고 깨달았다.

필립 집사의 헌신

필립 집사는 헌신적이었다. 세미나를 무료로 해줄 뿐 아니라 세미나를 할 때마다 개인적으로 준비한 선물도 나누어 줬다. "빌립 집사 거덜 나겠다. 무료로 강의만 해줘. 선물은 안 줘도 돼." 그러나 그는 자기가 일하며 모은 월급을 다 나누어 주고 돌아가겠다고 했다. 아무도 그의 열정과 헌신을 말릴 수 없었다.

그가 이곳에서 사역하는 기간에 복음주의 침례교 가라지쉬 교회에서 여성 모임이 있었다. 가라지쉬 교회를 담임하고 있던 니콜라이 목사가 빌립 집사를 여성 모임에 메이크업 강사로 초청했다. 그 여성 모임은 대부분 연세가 많은 분이었다. 빌립 집사는 할머니 한 분을 앞으로 불렀다. 그 할머니를 모델로 하여 화장을 해주며 화장법과 피부 관리법을 강의했다.

강의를 마친 후 화장 모델이었던 할머니가 화장실 쪽으로 가서 거울을 보고 "꺄악!" 소리를 질렀다. 나는 깜짝 놀랐다. 뭐가 잘못됐나 생각했다. 할머니가 방으로 돌아왔다. 왜 소리를 질렀느냐고 물었다. 자기가 이렇게 예쁜 줄을 처음 알았다는 것이다. 할머니는 보수적인 침례교회에서 성장하여 지금까지 화장을 한 번도 해본 적이 없었다고 했다. 심지어 결혼식 날에도 화장을 하지 않았다고 했다. 오늘 일생 처음으로 화장을 했는데 자신이 이렇게 예쁜 줄을 처음 알았다며 매우 기뻐했다. 할머니는 빌립 집사에게 거듭해서 감사 인사를 했다. 메이크업 아티스트의 단기선교는 어디까지일까?

빌립 집사는 우리 아내와 선교사 부인들에게 개인적으로 화장법과 피부 관리법을 상담해 줬다. 심지어 나에게까지 피부 관리법을 강의했다. "목사님 이것 발라야 합니다. 클렌징은 이렇게 하시고요. 선크림은 반드시 발라야 합니다." "됐어, 나는 필요 없어!" 그러나 그는 막무가내로 남성 화장품을 나에게 선물해 줬다. 그의 사랑에 감사해서 생전 안 하던 방법으로 클렌징을 바르고 선크림도 바르기 시작했다. 빌립은 여성 선교사는 물론 남성 선교사들에게도 인기가 높았다.

러시아 여성 공무원 사역

어느 날 칼라치나 지역에 있는 보육원을 방문했을 때 그 지역 군수를 만났다. 빌립 집사를 메이크업 아티스트라고 소개했다. 그는 자기 군(郡)에서 근무하는 여성 공무원들을 상대로 강의해 줄 수 있겠느냐고 물었다. 빌립은 무료로 해줄 수 있다고 했다. 군수는 몇 명까지 가능하냐고 물었다. 100명은 안 되겠느냐고 했다. 나는 숫자가 너무 많으면 강의를 진행하기 어려우니 40명 정도만 모이면 좋겠다고 했다.

빌립은 약속된 날짜에 군청 회의장에 도착했다. 군청장은 지시사항이 있다고 여성 공무원들만 소집했다. 여성 공무원들은 손에 노트와 필기도구를 들고 회의장에 들어왔다.

군청장은 여성 공무원들에게 서프라이즈를 해주려고 미리 광고를 하지 않았다고 했다. 군청장이 우리를 소개했다. 오늘은 한국에서 온 메이크업 아티스트가 여러분에게 화장법과 피부 관리법을 강의하겠다고 소개했다. 여성 공무원들은 "우라(만세)!"를 외쳤다.

빌립 집사는 이날 40명의 군청 직원에게 선물을 나누어 주고 강의를 했다. 그의 인기는 가히 상상을 초월할 정도였다. 메이크업 전문인 선교사의 가치를 보는 듯했다.

선교는 상호도움을 통해서 성장한다

빌립 집사는 3개월간 러시아에 살면서 다양한 모임에서 메이크업을 강의했다. 그는 자신의 재능을 선교를 위해서 헌신적으로 사용했다. 그는 경제적으로 넉넉한 사람이 아니었으나 많은 것을 베풀었다. 그리고 많은 것을 받았다.

그는 러시아 사람들을 사랑했다. 러시아 사람들로부터 많은 사랑을 받았다. 그는 자기를 인정해 주고 격려해 주는 러시아인들과 고려인들로 인해 깊이 감동했다.

선교는 서로 돕고 서로 사랑하며 서로 인정해 주는 것을 통해서 하나님의 나라가 이 땅에 임하게 하는 것이다. 빌립 집사의 마음속에 하나님의 나라가 견고하게 세워지기를 소망한다. 그가 기대하고 기도하며 준비하고 있는 전문인 선교사로 살아가는 길이 열리길 기도한다.

나는 빌립 집사 덕분에 메이크업 아티스트에 대해서 알게 되었다. K-Pop과 함께 메이크업을 통한 선교의 새로운 분야를 배우게 되었다. 빌립 집사는 나에게 시대에 맞는 새로운 선교모델을 제시해 줬다. 나는 그에게 많은 것을 배웠다. 그 사람 때문에 그때부터 지금까지 나는 얼굴에 선크림을 바르는 사람이 되었다. 선교는 상호도움과 상호 배움을 통해서 하나님의 나라가 이루어진다.

남자들의 눈물

❖

마게도냐의 환상

러시아의 이혼율은 세계적이다. 러시아 청년들은 조기 결혼을 많이 한다. 아직 경제적 독립이나 정신적 독립이 되기 전에 결혼함으로 남자는 남자대로 여자는 여자대로 힘들다. 그래서 20대에 한 번 이혼하고 다시 30대에 한 번 결혼과 이혼, 40대와 50대에 각각 또 한 번씩의 결혼과 이혼을 반복하는 경우가 허다하다.

소련이 무너진 외적 이유는 경제 문제였으나 내적 이유는 가정파괴 때문이었다. 러시아를 건강하게 세우기 위해서 러시아에서 해야 할 중요한 사역은 가정회복 사역이다.

나는 문화센터 건축이 끝날 무렵에 한국에 러시아 볼고그라드에 아버지학교를 열어달라고 도움을 청했다. 새문안교회와 높은뜻정의교회 형제들은 나의 요청을 마게도냐의 환상으로 듣고 볼고그라드 아버지학교를 열기로 했다. 2011년 1월에 제1기 볼고그라드 아버지학교가 열리게 되었다. 그리고 5년 후 2016년 9월에 제2기 아버지학교가 진행되었다.

아버지학교 준비

나는 볼고그라드 아버지학교를 개최하기 위해 각 교단장 준비모임을 가졌다. 남성들을 위한 프로그램이라는 것에 각 교단장은 많은 관심을 가졌다. 우리는 각 교단에서 파송한 사람들로 준비위원회를 구성했다.

위원들은 한국 프로그램인데 과연 러시아문화에 적합할까 하는 의구심들을 표현했다. 마지막 날 프로그램인 세족식이 러시아문화에 적합하지 않다는 의견을 내놓았다. 러시아 형제들의 의견을 받아들여서 세족식을 '결혼 갱신 서약'으로 바꾸었다. 우리는 아내들이 직장에 출근하는 날이기 때문에 많이 참석하기 어려울 것이라고 예상했다. 그러나 염려와는 달리 마지막 날 거의 모든 아내가 참석했다. 그날 프로그램은 감격적으로 진행되었다. 한 형제는 병원에 아파 누워있는 아내에게 전화로 결혼 서약을 했다. 많은 부부의 문제가 해결되고 회복하는 아름다운 밤이었다.

아버지학교는 많은 기대와 걱정과 염려 속에서 시작되었지만, 진행자와 참석자 모두 하나님의 큰 은혜를 체험했다. 우리가 준비한 그 이상으로 모든 프로그램이 더 완벽하게 진행되었다. 그리고 아버지들이 살아났다. 가정이 회복되었다.

인간을 변화시키는 것은 하나님이시다. 아버지학교를 통해서 하나님은 하나님의 일을 하시는 것을 몸소 체험했다. 영광과 찬양을 하나님께 올려 드린다.

아버지학교는 연합운동이었다

　러시아 볼고그라드 아버지학교는 연합과 협력으로 이루어진 사역이었다. 아버지학교는 이 지역에서 사역하고 있는 한국 선교사들과 러시아 7개 개신교 교단 간의 협력으로 이루어졌다. 또한 한국의 새문안교회와 높은뜻정의교회, 사랑의교회 등 여러 교회에서 헌신한 12명의 사역자의 협력으로 이루어졌다. 또한 러시아 볼고그라드와 페테르부르크 지역 교회 간에 협력으로 이루어진 사역이었다.

　볼고그라드 아버지학교는 교단과 교파를 초월해서 진행되었다. 우리는 처음부터 한국 선교사들과 각 개신교단에서 파송한 사람들로 준비위원회를 구성했다. 준비위원들이 힘을 합하여 준비함으로 인해 많은 일이 수월하게 준비되었다. 한 교회에서 영상 더빙을 맡아서 한국어 영상을 러시아어 영상으로 만들어 줬다. 그 교회는 전체 프로그램을 영상으로 담고 사진을 찍는 일을 담당해 줬다. 다른 교회에서는 교통편을 책임져 줬다. 다른 교회에서는 식사 준비를 담당했다. 페테르부르크에서는 아버지학교를 경험한 4명의 러시아 형제들이 도와주러 왔다. 그들이 테이블 리더로 섬겨줌으로 인해 통역이 필요 없었다. 러시아어로 러시아인의 공감대를 가지고 나눔을 가질 수 있었다.

　분열하고 싸우는 것은 아름답지 않다. 분열은 교회를 파괴한다. 그러나 연합과 일치는 교회를 교회 되게 한다. 개신교회의 치명적인 약점 중의 하나는 연합과 일치를 잘 못 이루는 것이다. 연합은 쉽지 않다. 연합과 일치를 이루기 위해서는 서로의 다름을 인정하고 상호존중하는 자세가 필요하다. 형제가 연합할 때 하나님이 기뻐하신다. 연합과 일치를 이루어 사역할 때 아름다운 선교 열매가 맺힌다.

볼고그라드 아버지학교는 서로 다양성을 인정하고 서로 존중하며 연합과 일치를 이루어낸 아름다운 성령의 역사였다. 그 결과 우리 모두 '거룩한 공교회'를 경험했다.

아버지학교는 회복 운동이었다

볼고그라드 아버지학교에 참석한 아버지들은 깨어진 마음들이 치유되고 회복되는 역사를 경험했다. 이것은 성령의 역사하심이었다. 인간의 회복과 변화는 하나님께서 역사하신 결과다.

아버지학교에 참석한 한 형제는 아내를 죽이려는 마음이 있었다. 그는 아내가 너무 밉고 싫어서 죽이려고 계획했다. 그는 아버지학교를 진행하며 자신의 잘못을 회개하고 자신의 약함을 공개적으로 고백했다. 모든 사람이 함께 그의 어깨에 손을 올리고 그를 위해서 기도했다. 그때 성령께서 그를 회복시키시고 치유해 주시는 것을 목격할 수 있었다.

또 다른 형제는 아내와 이혼하려는 마음을 가지고 아버지학교에 참석했다. 그는 자신은 물론 주변의 모든 사람이 이혼하라고 권면했다고 했다. 그는 아버지학교에 참석하면서 이혼의 결심과 주변의 권유가 잘못되었음을 깨달았다. 그는 다시 새롭게 아내를 사랑하며 살아갈 것을 결심했다. 프로그램 마지막 날 그는 아내를 동반하고 와서 결혼 갱신 서약을 맺었다. 그와 그의 아내는 물론 모든 참석자가 기쁨과 감동의 눈물을 흘렸다.

나는 아버지학교를 진행하면서 '남자들도 이렇게 눈물을 흘릴 수 있구나'하는 생각을 했다. 볼고그라드 아버지학교에서 남자들이 감동의 눈물을 폭포수처럼 쏟아내는 모습을 볼 수 있었다. 나와 함께 성경공부를 하고 있던 한 고려인 형제는 늘 묵묵하고 별 표정이 없는 사람이었다. 그는 행복과 기쁨을 몰랐었다고 했다. 그런데 아버지학교를 진행하면서 하나님께서 주시는 기쁨을 얻고 얼굴에 웃음이 가득해졌다. 그는 이렇게 좋은 프로그램을 열어주어서 고맙다고 몇 번이나 감사 인사를 했다.

러시아에 오는 사람들은 공통적으로 러시아 사람들의 얼굴에 웃음이 없다는 것을 지적한다. 실제로 러시아에 살다 보면 웃을 날이 많지 않다. 어디를 가든지 인격적으로 존중받기가 쉽지 않다. 그래서 얼굴에 웃음을 띠고 살아간다는 것은 쉽지 않은 일이다. 또한 러시아 사람들은 문화적으로 모르는 사람 앞에서는 웃지 않는다.

아버지학교 진행자들은 한 사람 한 사람을 소중히 여기며 정성을 다해서 섬겼다. 신실한 섬김이 사람들의 마음을 감동하게 했다. 사랑이 사람들의 마음과 얼굴에 웃음을 회복하게 했다. 아버지학교를 통해 깨어지고 상한 마음들이 회복되는 것을 목격했다. 성령의 역사하심이 없이 어찌 이러한 일들이 일어날 수 있겠는가!

아버지학교는 헌신 운동이었다

러시아 볼고그라드 아버지학교는 사랑과 헌신으로 이루어진 사역이었다. 이곳 아버지학교 개설을 위해 한국에서 12명의 형제, 자매들이 구정 명절의 행복을 하나님께 헌납했다. 한 형제는 아버지학교를 준비하다 과로로 병이 나서 병원에 입원하여 참석을 못 했다. 한 형제는 장모님의 암 수술을 앞두고 있음에도 불구하고 이곳에 와서 아버지학교 강사로 섬겨줬다. 한 형제는 아내가 수술해야 하는 상황임에도 수술을 미루고 이곳에 와서 아버지학교 전체 진행을 했다. 페테르부르크에서 온 형제는 복수가 차서 배가 남산만 한 상태에서 아버지학교 봉사자로 참석했다. 그는 의사들의 만류에도 불구하고 목숨을 걸고 마지막까지 테이블 리더로 섬겼다.

헌신자들의 마음은 부드럽고 따뜻했다. 헌신자들은 사랑으로 사역했다. 이러한 헌신자들로 구성된 아버지학교는 감동과 눈물의 연속이었다. 부드럽고 따스한 마음과 사랑의 마음을 동반한 감동과 눈물은 성령께서 주시는 것이었다. 어찌 이러한 모임을 사람의 헌신만으로 진행된 것이었다고 말할 수 있겠는가?

어느 러시아 형제는 "이렇게 단순한 프로그램을 왜 우리는 진작 진행하지 못했는가?"라고 거듭 자문했다. 그렇다. 아버지학교는 단순한 프로그램이다. 단순하지만 그 속에는 그리스도의 헌신과 사랑이 담겨있다. 프로그램을 진행하면서 부엌에서 일하는 러시아 자매들이 가장 감동한 장면이 있었다. 그것은 바로 한국의 형제들이 직접 부엌에 들어가 소매를 걷어붙이고 설거지를 하는 모습이었다. 프로그램을 진행하는 한국 형제들은 과거에 그들이 받았던 사랑을 몸소 실천했다. 그러므로 이렇게 단순해 보이는 프로그램을 통해서 남자들이 감동의 눈물을 흘리는 것 같았다. 이것이 어찌 사람의 힘만으로 이루어진 것이라고 말할 수 있겠는가?

아버지학교를 마치고

아버지학교를 마치고 현지 준비 위원들과 새로 구성된 제1기 훈련 동기생 대표들이 모여 평가회를 진행했다. 하나같이 아버지학교를 위해 헌신해 준 한국교회 형제들에게 감사한다고 했다. 기우(杞憂)와는 다르게 이 프로그램이 러시아에 적합하다고 했다. 다음 아버지학교를 올해 안에 다시 열 수 있도록 하자며 흥분을 감추지 못하는 분위기였다. 이렇게 러시아 상황에 적합한 가정회복 사역 프로그램을 주신 하나님께 감사드린다.

'러시아 볼고그라드 제1기 아버지학교'를 주님의 은혜 가운데 마쳤다. 하나님께 감사와 찬양을 올려 드린다. 새문안교회와 높은뜻정의교회, 두란노 아버지학교 운동본부에도 감사를 드린다. 이곳에 아버지학교가 개설될 수 있도록 기도와 물심양면으로 지원해 주심에 감사드린다.

러시아 볼고그라드 제1기 아버지학교는 러시아 볼고그라드에 아버지학교의 초석을 놓는 역사적인 사건이었다. 이 프로그램을 통해서 러시아의 남성들이 회복되고 가정과 교회와 국가가 회복되는 역사가 일어나기를 소원한다. 형제들이 모일 때마다 외쳤던 구호가 나의 귀와 가슴에 맴돌고 있다. "주님, 제가 아버지입니다!", "아버지가 살아야 가정이 산다!"

단기선교의 핵심 정신

2011년 1월 29부터 31일까지 3일 동안 제1기 아버지학교가 진행되었다. 제1기 아버지학교가 끝난 후에 계속해서 진행해 달라는 요청이 있었다. 2016년에 제2기 아버지학교가 열렸다.

제1기 아버지학교에서 은혜를 받았던 사람들이 섬기는 사람들로 참석했다. 그러나 시간이 5년이나 지나서였을까, 1기 때 진행된 것을 대부분 잊어버렸다. 나는 이 땅에 아버지학교가 정착할 수 있도록 계속해서 한 번 더 와 달라고 요청했다. 그러나 아버지학교는 더이상 열리지 못했다. 안타깝게도 아버지학교는 러시아 볼고그라드에 뿌리를 내리지 못했다.

단기선교의 핵심 정신은 지속성이다. 같은 지역과 같은 사역을 반복해서 지속적으로 섬겨야 그 땅에 뿌리를 내린다. 그럼에도 1기와 2기 러시아 볼고그라드 아버지학교가 진행될 수 있도록 힘써 준 백승현 장로님과 서현석 장로님과 같이 동참했던 많은 집사님께 감사드린다. 백승현 장로님의 열심과 헌신이 없었다면 두 번의 볼고그라드 아버지학교는 열리지 못했을 것이다.

나는 한국에 나가서 2기 아버지학교를 섬겨주신 서현석 장로님 부부를 만났다. 부인 권사님은 시인이다. 류인채 권사님은 나에게 시집을 선물해 주셨다. 권사님은 러시아에 왔을 때 〈겨울 자작나무〉라는 시를 썼다며 읽어주셨다.

"지난겨울 페테르부르크 교외 길 위에서 만난 자작나무 숲이 떠오른다. 눈이 내리는 속에서 더욱 하얗게 빛나던 자작나무들. 가지마다 상처 입은 바람을 앉히고 그 위에 눈은 덮이고. 눈발 속에서 마른 잎 몇 장 매달려 고요했다…."

시월의 어느 멋진 날에

✦

시월의 어느 멋진 날에

2012년 10월에 나는 〈시월의 어느 멋진 날에〉라는 노래를 처음 알았다. 소망교회 청년들이 추석에 단기선교를 왔다. 청년들은 브이코바 지역에서 추석 문화축제를 열기로 했다.

볼고그라드에서 브이코바까지 160km 거리다. 그 지역 고려인 대표 김 알렉세이가 적극적으로 브이코바에 와서 행사를 해달라고 요청했다. 그는 약 150명 정도 모일 것이라고 했다. 우리는 그의 요청을 받아들여서 그곳을 멀다 하지 않고 달려갔다.

우리는 공연 시간보다 약 2시간 정도 빨리 문화회관에 도착했다. 추석 문화축제 현수막을 걸었다. 현수막은 단풍나무와 코스모스가 들어가서 가을을 느낄 수 있도록 제작되었다. 우리는 문화회관에서 예행연습을 했다. 축제를 시작하기로 한 오후 5시가 다 되어갔다. 그러나 사람들은 별로 모이지 않았다. 그 지역 고려인 대표 김 알렉세이도 나타나지 않았다.

시작하기로 한 시간에서 30분이 지나서야 약 30명 정도의 고려인이 모였다. 300명이 들어갈 수 있는 극장이 썰렁했다. 고려인들을 위로하기 위해서 다양한 프로그램을 만들어 온 청년들에게 미안했다. 관중이 많이 모이지 않았지만 우리는 프로그램을 시작했다. 먼저 사물놀이로 공연의 문을 열었다. 한국적인 노래와 율동을 했다. 부채춤을 추었다. 열렬한 박수를 받기에 충분했다. 오카리나 공연도 아름다웠다. 태권도 시범도 보였다. 적은 인원이 모였지만 청년들은 신나고 즐겁게 프로그램을 진행했다.

나는 그날 청년 몇 명이 부르는 〈시월의 어느 멋진 날에〉 노래를 처음 들었다. 추석 가을 10월에 가장 적합한 노래였다. 나는 고려인들을 위로하기 위해서 부르는 청년들의 노래를 들으며 큰 감동을 받았다. 청년들이 나를 위로하기 위해서 이곳에 온 것과 같은 착각을 했다. 어쨌든 얼마 모이지 않았지만 나는 청년들의 노래를 들으며 아름다운 가을을 느꼈다.

지평선과 석양

고려인을 위한 추석 문화축제가 끝났다. 청년들은 고려인들에게 선물을 나누어 줬다. 소수의 사람이지만 사랑과 정성을 담아서 선물을 나누어 주고 서로 포옹하고 함께 사진도 찍었다. 예상보다 적은 숫자였지만 참석한 사람들 모두가 기뻐하는 것을 보니 숫자가 별로 중요하지 않게 느껴졌다. 나는 많은 프로그램을 밤새워 준비해서 멀리에서 온 청년들에게 관람객 숫자가 너무 적어서 미안하다고 했다. 청년들은 자기들이 연습을 충분히 하지 못해서 많이 틀렸는데 숫자가 적어서 덜 미안하다고 했다. 그러나 그날 청년들의 공연을 훌륭했다.

우리는 모든 프로그램을 마치고 김 알렉세이 형의 집에서 저녁 식사를 했다. 저녁은 양고기 샤슬릭(꼬치구이)과 커다란 가마솥으로 지은 쁠롭(기름밥)이었다. 우리를 초대한 김 알렉세이 형은 약 100헥타르에 양파를 심는 거농(巨農)이었다. 그는 우즈베키스탄 노동자 100명과 함께 양파 농사를 짓고 있었다. 그의 집은 양파 농사를 짓는 들판 중앙에 있었다.

석양이 지평선 위에 걸렸다. 한국에서 지평선을 보기는 쉽지 않지만, 이곳에서는 매일 지평선을 볼 수 있다. 샤슬릭이 익어가고 지평선에 석양이 넘어가고 있었다. 청년들은 지평선에 붉은 석양이 넘어가는 것을 배경으로 사진을 찍기 시작했다. 그들은 마냥 즐거워 보였다. "하하 호호" 소리가 끊어지지 않았다. 그들의 "하하 호호" 소리가 지금도 귀에 들려오는 듯하다. 지평선 위에서 석양과 함께 샤슬릭과 쁠롭을 먹으며 하루가 저물어 갔다.

그들과 함께하는 사역은 늘 즐거웠다. 그들과 함께했던 시월은 아름답고 멋졌다.

추석 선물 같은 사람들

소망교회 단기선교팀은 볼고그라드에 두 번 왔다. 2012년에는 20명이 왔고 2013년에는 18명이 왔다. 인솔자는 추호성 목사님이었다. 팀장은 정민경 자매, 회계는 최정혜 자매였다. 그들은 매우 일사불란했다. 서로의 관계가 매우 좋았다. 그래서인지 준비를 잘해서 왔다. 그들의 공연은 사람들의 마음을 아름답게 만들었다. 그들은 가을에 나와 고려인들에게 추석 선물처럼 왔다.

그들은 마리노프카에서 고려인 어린이들을 상대로 사역했다. 태권도와 사물놀이와 오카리나와 붓글씨를 가르치고 그들이 준비해 온 공연을 했다. 이어서 문화센터 '세상의 빛'과 '호렙 중독자 갱생원'에서 공연을 했다.

공연을 모두 마치고 그들과 모스크바와 페테르부르크를 탐방했다. 그들은 해마다 사랑과 웃음을 가지고 왔다. 천진난만하게 웃는 웃음을 선사하고 돌아갔다. 그들의 웃음이 나와 고려인들에게 사랑의 추석 선물이었다.

소망교회 청년들은 우리가 한국을 방문할 때마다 몇 명이 모인다. 그들의 기도와 위로는 우리에게 큰 힘이 되었다. 지금도 내 귓가에는 〈시월의 어느 멋진 날에〉가 울려 퍼진다.

눈을 뜨기 힘든
가을보다 높은
저 하늘이 기분 좋아

휴일 아침이면 나를 깨운 전화
오늘은 어디서 무얼 할까

창밖에 앉은 바람 한점에도
사랑은 가득한걸
널 만난 세상 더는 소원 없어
바램은 죄가 될 테니까
(후략)

사랑과 우정 선교

❖

사랑과 우정 선교

"정 목사, 잘 지내? 힘들지 않아?"
"응 괜찮아. 여기는 집에서부터 150m 근방에 있는 식료품 가게는 이동을 허락하기 때문에 견딜만해."

2020년 3월에 러시아 정부는 코로나에 대응하기 위해서 락다운(Lockdown)을 선언했다. 러시아는 매일 약 600명의 확진자가 나왔다. 러시아 정부는 코로나19가 더 확산되는 것을 방지하기 위해서 락다운을 선언했다.

모든 학교와 직장의 문을 닫았다. 푸틴 대통령은 직장은 문을 닫아도 월급을 지급해야 한다고 명령을 내렸다. '세상의 빛' 문화센터에서 일하는 직원 월급은 빠지지 않고 지급했다. 3월부터 6월까지 락다운된 상태에서 집에 갇혔다. 가택연금을 당한 것과 같았다. 나는 베란다에 책상을 옮겨 놓고 파란 하늘과 지나가는 사람을 바라보며 답답한 시간을 보냈다.

친구 목사는 갇혀있는 나를 염려하며 위로해 주기 위해서 매주 전화를 했다. 한번 전화를 하면 약 1시간 동안 다양한 주제를 놓고 대화했다. 친구와 대화를 나누고 나면 한국에 다녀온 듯한 느낌이 들었다.

이렇게 마음이 회복되고 나면 더 기쁘게 해야 할 일을 계속할 수 있었다.

선교사가 평생 잊지 못하는 후원자는 아버지와 어머니와 같은 사랑의 마음을 가지고 선교에 동참하는 사람이다. 또한 친구와 같은 순수한 사랑과 우정의 마음을 가지고 동역하는 사람이다. 선교비로 선교에 동참하는 것은 중요한 선교다. 선교비에 사랑과 우정을 담을 때 선교사는 최고의 후원으로 느낀다. 그런 관계 속에서는 상호 사랑과 우정이 싹튼다. 최고의 선교 후원은 선교비와 함께 사랑과 우정을 함께 담아서 보내주는 것이다.

서초신동교회 선교 후원

나는 친구 목사나 가까운 동기들에게 선교 후원을 요청하지 않는다. 동료 목사들이 선교비를 후원한다고 해도 대부분 사양한다. 나는 그분들에게 새문안교회가 아주 잘 후원해 준다고 한다. 나는 후원이 필요하지 않으니 다른 어려운 선교사를 후원해 주라고 한다. 그럼에도 후원을 하려고 할 때는 목적을 분명히 묻고 목적 헌금을 받는다. 동기 목사나 친구 목사들은 나에게 일종의 부채감이나 미안함을 느끼는 것 같다. 그것은 선교를 향한 열정과 나를 향한 사랑이라고 생각하면 감사한 마음이 크다.

어느 날 친구이며 서초신동교회를 담임하고 있는 이성직 목사가 러시아에 있는 나에게 전화했다. 그는 목회하고 있는 교회에서 아이들 학업에 필요한 장학금과 선교비를 보내겠다고 했다. 나는 아이들

장학금은 감사함으로 받겠으나 선교비는 다른 어려운 선교사를 후원하는 것이 좋겠다고 했다. 친구는 그동안 나에게 미안했는데 이번에는 꼭 후원해야겠다고 했다.

이 목사는 선교 후원을 교회가 하지만 그것은 하나님의 돈이니 편한 마음으로 받아서 사역에 사용하라고 했다. 나를 후원하는 것으로 인해서 친구 목사가 목회하는데 혹시라도 누(累)가 될까 봐 조심스러웠다. 조금 더 나가서 우정에 문제가 생길 수 있기 때문에 더 조심스러웠다. 나는 이 목사에게 한 달간 기도할 수 있는 시간을 달라고 말했다.

나는 기도를 시작했다. 한 달 동안 기도하는 시간은 나를 부인하는 시간이었다. 주님의 뜻에 순종해야 한다는 생각이 강하게 들었다. 한 달이 빠르게 지나고 이 목사와 다시 통화했다. 이 목사는 내가 염려하는 것을 먼저 차단하며 대화를 주도해 나갔다.

"하나님께서 교회를 통해서 보내는 것이기 때문에 아무 부담 없이 선교비를 받아라. 서초신동교회는 선교비를 하나님께 드리는 것으로 생각하기 때문에 아무런 보고를 요청하지 않는다. 우리 교회는 우리가 할 일만 할 테니까 정 목사는 선교사로 해야 할 일만 해라. 우리는 하나님의 선교에 동참하고 싶으니까 교회에서 보내려고 하는 선교비를 무조건 받아라."

그렇게 해서 서초신동교회에서 보내는 선교비를 받게 되었다. 서초신동교회는 매월 선교 후원을 하고 있다. 그 교회에서 보내는 선교비를 통해서 현지교회와 현지교회 지도자들의 필요를 더 많이 채워

줄 수 있었다. 또한 중독자 갱생원과 북한 선교와 카프카스 지역 선교와 선교사학교 등을 후원하고 있다.

나 역시 현지인들을 후원하며 이 목사가 나에게 말했던 정신처럼 후원은 하나님께서 나를 통해서 하지만 사용은 당신들이 하나님 앞에서 정직하게 하라는 생각으로 기도하며 조건 없이 후원하고 있다.

닫힌 지역 선교포럼

2017년 러시아교회와 함께 진행하고 있는 닫힌 지역 선포포럼에 이 목사를 초대했다. 닫힌 지역 선교포럼은 북한과 러시아 카프카스 지역 내 자치 공화국의 무슬림권 선교를 위한 포럼이었다. 이 포럼을 진행할 때는 광고를 하지 않고 자료를 남기지 않고 사진을 찍지 않는 것을 원칙으로 한다. 그러므로 이 포럼에 참석하지 않고는 이 포럼이 어떻게 진행되는지 어떤 일을 하는지 알 수 없다.

이 목사에게 이 포럼 폐회예배 설교를 해달라고 요청했다. 이 목사는 북한 선교를 위한 일이라면 기쁘게 오겠다고 했다. 이 목사는 볼고그라드에 와서 내가 진행하고 있는 선교사역과 현장을 둘러봤다. 북한과 닫힌 지역 선교포럼에 참석해서 러시아교회와 한국교회가 함께 진행하고 있는 북한 선교에 대해서도 직접 듣고 눈으로 목격했다. 이 목사는 그의 소감을 말했다. "이런 귀한 사역에 동참할 기회를 줘서 고마워. 이렇게 귀한 사역을 진작 말해주었으면 더 빨리 참여했을 텐데…." 이 목사는 상대방에 대한 공감능력(共感能力)이 뛰어난 사람이다. 선교사는 이렇게 진실한 공감을 받을 때 감동한다. 그가 사역을 인정해 주는 것이 고마웠다.

하나님의 선교에 동참하기 위해서는 선교 현장에 직접 가서 보는 것이 좋다. 그래야 상황을 정확하게 파악할 수 있기 때문이다. 이 목사는 이곳을 방문한 후에 더 적극적으로 북한 선교에 동역하고 있다.

실버캠프 단기선교

이 목사는 어느 날 교회에서 선교 비전트립팀을 보내겠다고 했다. 미안하지만 나는 비전트립팀은 받지 않는다고 했다. 비전트립은 미래 선교를 위해서는 필요할지 모르지만, 당장의 선교에 장애를 끼칠 수 있기 때문이다. 나는 구체적인 사역을 하는 단기선교팀으로 오면 좋겠다고 했다. 교회에서 보내려고 하는 분들은 특별한 재능이 없다고 했다. 그런데 밥은 맛있게 잘하시는 분들이라고 했다. 대부분 교회 주방에서 수고하시는 분들이라고 했다. 나는 그분들이 이곳에 와서 고려인 어르신들에게 점심 식사를 한번 따뜻하게 대접하면 좋겠다고 했다.

선교지에서 밥을 잘하는 것은 특별한 재능이다. 아내 연성숙 선교사의 선교사역 중 많은 부분을 차지하는 것은 밥 짓기이다. 아내는 현지인들과 한국 손님들을 위해서 늘 기쁨으로 밥을 짓는다. 밥을 지어서 현지인들과 함께 식사할 때 한 식구(食口)가 된다. 식구가 되고 나면 사랑과 우정을 나누는 친구가 된다. 친구가 되고 나면 예수의 피를 나누는 형제로 발전한다. 선교는 사랑과 우정을 통해서 진행된다.

그분들이 잘할 수 있는 밥 짓기 재능으로 고려인 노인들을 위한 실버캠프를 진행하기로 했다. 고려인 노인들에게 3일간 따뜻하게 점심 식사를 대접해 드린다는 생각으로 시작했다. 점심 식사하기 전에 3시간 정도 프로그램을 만들어 봤다. 어르신들에게 필요한 간단한 운동과 게임과 건강강의를 했다. 동역 목회를 하는 러시아 변화교회에 의사들이 30명 정도 되기 때문에 건강에 관한 강의는 문제가 없었다. 한국에서 오는 단기선교팀이 연세 드신 분들이 할 수 있는 간단한 운동기구와 게임을 준비했다. 이렇게 해서 3일간 부담 없는 프로그램으로 고려인 실버캠프를 진행한 후 볼고그라드와 모스크바를 탐방했다.

이렇게 시작된 서초신동교회는 단기선교로 실버캠프를 두 번 진행했다. 고려인 실버캠프는 버려진 것 같은 느낌을 받으며 험난한 역사를 살아온 고려인들에게 큰 위로를 전하는 시간이 되었다. 고려인 어르신들이 매우 좋아했다. 단기선교팀이 오고 갈 때마다 고려인 어르신들과 단기선교팀은 감동과 사랑의 눈물을 쏟고 헤어진다. 단순하게 시작된 단기선교팀을 통해서 연세 드신 고려인들이 교회에 나오고 세례를 받고 신실하게 신앙생활을 하고 있다.

중독자 갱생원 예배당 건축

서초신동교회는 호렙 중독자 갱생원 예배당 건축을 힘써 지원했다. 교인 한 사람이 블록 한 장 드리기 운동을 벌였다. 모든 교인이 참여한 헌금을 선교비로 보내왔다. 이 헌금으로 가로 20m, 세로 15m 예배당 벽을 쌓을 수 있었다. 그 후에 보내온 선교헌금으로 지붕 공사를 했다. 한 장로님이 창문과 문 공사를 할 수 있는 선교비를 보냈다.

매달 성도들이 헌금하는 선교비로 전기와 보일러 공사비용을 지원했다. 그리고 바닥 타일 공사와 벽 공사와 천장 공사비용을 보내왔다. 중독자 갱생원 대표 바실리 목사가 감사 편지를 보냈다. 3년 전에 그가 한국에 방문했을 때는 서초신동교회에 가서 설교하며 감사 인사를 했다. 한 장로님께서 예배당 건축을 마무리하라고 선교비를 따로 보내셨다. 그 선교비로 예배당 건축을 아름답게 마무리할 수 있었다.

호렙 중독자 갱생원 예배당은 서초신동교회가 건축 자재비를 제공하고 갱생원 사역자들과 갱생원생들이 공사를 함께 했다. 러시아와 우크라이나 사태가 끝나면 헌당 예배를 드리려고 계획하고 있다.

러시아는 약 10년 전에는 마약 중독자가 600만 명이었으나 지난 10년간 2.5배 증가하여 1,300만 명이 되었다. 알코올 중독자는 대략 2,000만 명이다. 마약과 알코올은 사회를 좀먹고 있다. 청년들의 삶을 망가뜨리고 있다. 가정을 파괴하고 있다. 이것을 막지 않으면 국가의 재난으로 닥쳐올 수 있다.

중독자 갱생원에 세워진 예배당에서 갱생원생들이 예수를 만나 참 자유를 얻게 되길 기도한다. 예배당보다 더 중요한 것은 사람이다. 작은 블록 한 장이 한 사람의 생명을 살리고 국가를 살리게 될 것이다.

청년 단기선교

서초신동교회 실버캠프 단기선교팀이 돌아간 후에 청년들이 러시아에 오고 싶다고 했다. 나는 청년들은 여름마다 진행하고 있는 고려인 어린이 여름캠프에 오면 된다고 했다. 서초신동교회 청년 4명이 이곳에 와서 10일 동안 고려인 어린이 35명과 신나게 뛰어놀고 벽화를 그렸다. 어린이 캠프를 마치고 볼고그라드와 모스크바를 돌아보게 했다.

러시아에 오는 사람마다 대부분 러시아에 대해서 잘 모른다. 러시아에 대해서 잘 모르기 때문에 러시아가 대단한 나라임에도 저평가하고 무시하는 경향이 있다. 그 결과 우리는 무역을 통한 경제적인 손해는 물론 남북통일과 하나님의 선교를 세워 가는데 손해를 보고 있다. 러시아는 한국 사람들이 생각하는 이상으로 보고 배울 것이 많다. 하지만 러-우 사태 이후에 루소포비아(러시아 혐오, Russophobia)까지 급증했다. 이제 한국은 러시아를 제대로 보고 제대로 이해하고 제대로 평가할 필요가 있다. 그것이 한국경제 성장은 물론 국방 안전에 유익할 것이다.

나는 단기선교팀이 올 때마다 러시아를 미리 공부하고 오게 한다. 그리고 사역 후에는 러시아문화를 탐방할 기회를 준다. 단기선교는 지속성이 중요하다. 한번 시작한 사역은 특별한 일이 없는 한 적어도 10년은 해야 하나님이 어떻게 역사하시는지를 보게 된다. 러시아와 우크라이나 전쟁이 끝난 후 서초신동교회 어른들과 청년들이 실버캠프와 어린이를 위한 단기선교를 계속할 수 있게 되기를 기도한다.

미국 새크라멘토교회

장신대 86기 신대원 동기 중 박상근 목사님은 미국 새크라멘토교회를 담임하고 있다. 그는 졸업 후에 한국 인천에서 교회를 개척했다. 그 교회는 약 200명 교인이 모이는 교회로 성장했다. 교회는 상가에 예배당을 구입했다. 한국에 나갈 때마다 박 목사님은 나를 불러서 설교를 시켰다. 그 교회에서 설교할 때마다 특이했던 것은 여성 성도들보다 남성 성도들이 많다는 점이다.

어느 날 박 목사님은 예수전도단 하와이 코나 열방대학 DTS에 참여했다. 그는 그곳에서 미국에 깨어진 가정을 회복하라는 하나님의 음성을 들었다. 그는 자신이 목회하고 있던 교회를 아무 조건 없이 전임전도사에게 이양하고 한국을 떠나겠다고 했다. 나는 그것은 진정한 예수 정신이며 선교 정신이라며 박수로 그의 결정을 지지했다. 그러나 몇몇 동료들은 그렇지 않았다. 그럼에도 그는 하나님의 음성에 순종하고 한국을 떠났다. 그리고 약 10년간 우리는 소식이 끊겼다.

그가 미국으로 떠난 지 10년이 넘은 어느 날, 그가 갑자기 불고그라드 선교사역에 동참하고 싶다며 선교비를 보내왔다. 그렇게 약 3년간 보내온 선교비를 선교사학교 학생들에게 장학금으로 지급했다. 그 후 또 갑작스럽게 몇 년 동안 선교비가 끊겼다가 다시 박 목사님은 새크라멘토교회 왕종대 장로님이 주시는 선교비를 보내왔다. 왕종대 장로님은 혈액암으로 고생하면서도 목숨이 다할 때까지 선교비를 보냈다. 새크라멘토교회에서 보내온 선교비는 고려인 교회 예배당 수리비와 오지에서 사역하고 있는 선교사들과 교회들을 위해서 사용했다. 박상근 목사님이 보내준 선교비는 우정에서 비롯된 후원이었다. 새크라멘토교회와 왕종대 장로님께 감사드린다.

콘비벤츠 선교가 선교를 성장시킨다

선교사가 잊지 못하는 선교 후원자는 아비와 어미의 사랑의 마음과 진실한 친구의 마음을 가진 사람이다. 서초신동교회 이성직 목사님, 미국 새크라멘토교회 박상근 목사님, 신부교회 장우영 목사님, 양대교회 정제충 목사님, 나여지교회 김미형 목사님은 사랑과 우정으로 선교에 동참해 준 교회들과 친구들이다. 이런 교회들과 친구들이 있어서 척박한 러시아 동토의 땅에서 30년 동안 참고 견디며 사역할 수 있었다. 나는 그들을 죽을 때까지 잊을 수 없을 것이다. 죽을 때까지 기억할 수 있는 사랑하는 사람이 있다는 것이 행복이다. 서로 사랑하며 서로 돕고 서로 배우고 서로 잔치를 베푸는 콘비벤츠 정신을 통해서 선교 나무가 무럭무럭 성장한다.

---

* **선교 현장에서 발견한 한 줄 콘비벤츠 4**
건강한 단기선교는 선교 현장에 새 희망을 불어넣는다.

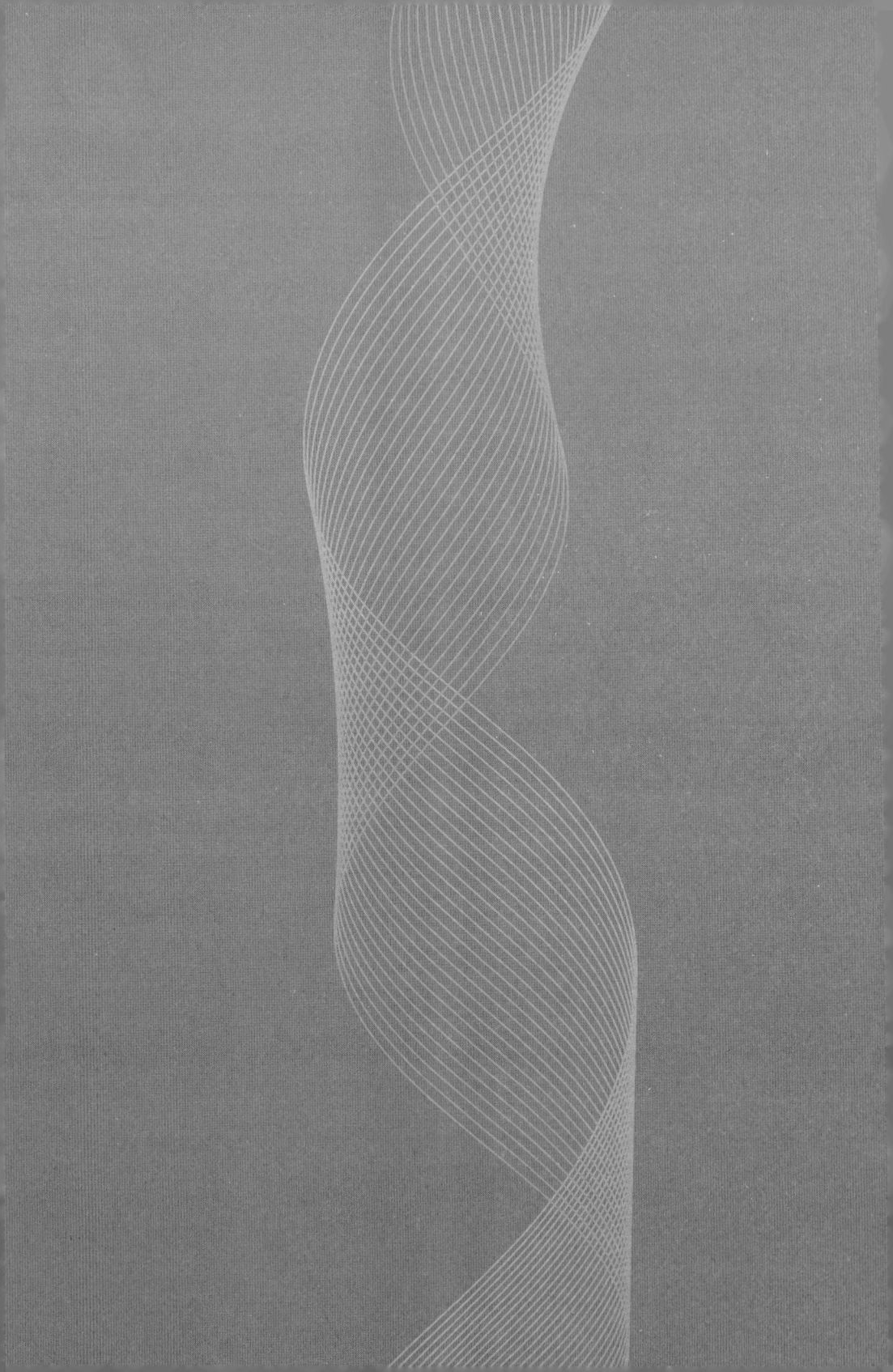

5장

。

내가 너희를 기억한다

선교는 사람을 세우는 것

정 박사 잘 지냅니까?

"정 박사 잘 지냅니까? 내가 이번 학기에 '선교인력개발' 과목을 강의합니다. 그 강의 중 '선교사의 생활과 사역에 대한 강의가 3번 있어요. 그 강의를 좀 해주면 좋겠습니다."
장로회신학대학교 김영동 교수님께서 보내온 내용이다.
"알겠습니다. 어떻게 해야 할지는 잘 모르겠지만, 말씀대로 하겠습니다."
"그러면 3개의 강의안을 작성하고 강의를 영상으로 찍어서 보내주세요."

나는 50살이 넘어 장로회신학대학에서 박사학위(Th.D.)를 받았다. 그러나 선교지에서 사역에 몰두하다 보면 내가 박사인지 잊고 선교지 사람들도 내가 박사인지 잘 모른다. 교수님은 장신대에서 선교학 강의를 하게 함으로 내가 선교학 박사라는 것을 상기시켜 주셨다.

김영동 교수님은 나의 선교학 박사과정 논문 지도교수였다. 장로회신학대학에서 박사학위를 받을 때 교수님이 내 논문을 최우수논문상으로 추천해 주어서 최우수논문상을 받았다.

선교학 박사과정

김 교수님은 내가 선교학 박사과정을 공부할 수 있는 길을 안내해 주셨다. 선교사가 선교지에서 박사과정을 공부하는 것이 쉬운 일은 아니다. 선교학을 공부하고 싶었으나 선교지를 비울 수 없어서 공부를 시작할 용기를 낼 수 없었다.

어느 날 교수님께서 나에게 장로회신학대학에서 공부할 길을 제시해 주셨다. 교수님께서 장신대에서 선교사를 상대로 여름과 겨울에 인텐시브 코스로 선교학 박사과정을 열겠다고 하셨다. 하나님의 은혜로 후원교회의 허락을 받았다. 하나님께서 선교를 출발할 때 공부하는 것을 책임져 주신다고 약속하셨는데 그것이 이루어지는 순간 같았다.

공부를 시작하기 위해서 장신대에 서류를 접수하려고 했으나 러시아 현지의 인터넷 사정이 좋지 않아서 서류를 접수하는 것조차 어려웠다. 이런 상황을 알게 된 교수님께서 조교를 통해서 서류를 접수해 주셨다.

얼마 지나지 않아서 합격통지서를 받았다. 그러나 수업료가 후원교회에 요청하기에는 너무 큰 금액이었다. 나는 수업료가 저렴한 학교를 찾았다. 아세아연합신학대학에서 아세아신학연맹(ATA)에서 주는 학위과정이 장학금 혜택이 많아서 수업료가 매우 저렴했다. 그 학교 역시 선교사를 위해서 여름과 겨울에 계절학기로 수업을 진행하고 있었다. 나는 장신대를 포기하고 아세아연합신학대학에 서류를 접수했다. 물론 김 교수님께 사전에 양해를 구하고 장신대에서 아세아연합신학대학으로 옮겨서 공부를 시작했다.

나는 아세아연합신학대학교 선교학 철학박사(Ph.D.) 과정에 등록하여 1년간 2학기를 공부했다. 그러나 아세아연합신학대학교는 학내 분규에 휩싸여 있어서 학사관리가 제대로 진행되지 않고 수업의 질이 매우 떨어졌다. 선교지에서 사역을 위해서는 철학박사 학위가 더 유리했지만, 아세아연합신학대학교에서 공부를 계속할 수가 없었다. 나는 김 교수님께 상황을 설명하고 장신대로 돌아갔다.

장신대에 서류접수를 하고 다시 공부를 시작했다. 교수님들의 배려로 2년 반 동안에 모든 과목을 이수했다. 그리고 박사 논문을 썼다. 논문 제목은 〈러시아교회와 협력을 통한 러시아 복음화〉였다. 나는 러시아 복음주의 침례교회와 협력하여 고려인을 복음화하고자 하는 생각으로 그간의 사역을 정리해 본 것이었다. 어렵고 힘들게 공부한 것을 위로해 주시듯 하나님께서 최우수논문상을 주셨다.

내가 박사학위를 받게 된 것은 김영동 교수님과 장신대 교수님들의 사람을 세우고자 하는 열정 때문이었다. 박사학위를 공부하는 동안 새문안교회는 학비와 항공료를 부담해 줬다. 후원교회의 이해와 도움이 없었다면 박사학위를 받을 수 없었을 것이다. 후원교회가 열린 마음을 가지고 사람을 키워 준 것이다. 건물을 세우는 것보다 사람을 세우는 것이 더 중요하다. 새문안교회는 사람을 세우는 선교를 하는 교회다.

러시아교회와 국제선교포럼

내가 박사학위를 받은 후 김 교수님이 러시아 볼고그라드를 방문하셨다. 내가 동역하고 있는 러시아 복음주의 침례교 볼고그라드 노회장을 만났다. 교수님은 내가 러시아교회와 함께 에큐메니칼 선교를 하며 러시아교회와 함께 북한 선교를 추진하고 있는 것을 보고 들으셨다.

그 당시 교수님은 장신대 남북한평화신학연구소 소장이었다. 교수님은 장신대에서 연구소 주최로 북한 선교를 위한 국제선교포럼을 열자고 제안하셨다. 이 포럼을 통해서 러시아교회와 한국교회가 함께 북한 선교의 가능성을 모색해 보고자 하는 의도였다.

2014년 10월에 나는 러시아교회 지도자 5명과 함께 장신대 남북한평화신학연구소 주최 제1회 평화통일신학포럼을 개최했다. 포럼은 〈한반도 화해와 평화통일 북한 선교 국제포럼〉이라는 주제로 진행되었다. 나는 러시아교회 지도자 4명과 장신대 교수들과 북한 선교 관련 학자들과 함께 발제했다. 러시아교회와 한국교회가 함께 협력하여 북한 선교를 할 수 있는 가능성을 모색했다. 기독교 방송국과 기독교 신문사에서 포럼을 취재했다.

포럼은 학문적인 과정이었다. 포럼 이후에 한국에서는 책 한 권을 출간하는 것으로 끝이 난 느낌이었다. 선교는 포럼과 한 권의 책으로 끝나서는 안 된다. 선교는 발로 진행해야 하는 동사형이다. 발 없는 선교는 선교가 아니다. 좋은 소식을 전하는 발이 아름답다고 했다(롬 10:15). 나는 포럼 이후에 구체적으로 러시아교회와 함께 북한 선교를 진행했다. 하나님의 역사와 은혜로 러시아교회와 함께하는 북한 선교는 상당한 진전을 이루고 있다.

선교사 위로회

2020년 여름에 안식년으로 한국에 들어왔을 때는 코로나19가 기승을 부리고 있었다. 한국에 도착하자마자 코로나19 검사를 받았다. 코로나19 결과가 음성임에도 불구하고 2주간 자가격리를 했다. 그해 여름은 유난히 비가 많이 내렸다. 자가격리를 하며 매일 창밖에 비가 내리는 모습을 봤다.

자가격리를 마친 후 가족이 묵을 수 있는 선교관을 찾아봤다. 그러나 코로나19로 인해서 한국에 피난 나와 있는 선교사들이 많아서 선교관을 찾기가 어려웠다. 총회세계선교부를 통해서 신림중앙교회 선교관이 비어있다는 소식을 들었다. 신림중앙교회에서 부교역자가 사용하던 숙소를 선교관으로 꾸며서 우리 가족에게 숙소로 제공해 줬다. 교회에서는 냉장고에 음식을 가득 채워놓았다. 신림중앙교회 김후식 담임목사님이 선교사 출신이어서인지 선교사에게 모든 정성을 쏟았다. 목사님은 사모님과 함께 우리 가족에게 식사를 대접해 주셨다. 참 감사했다.

선교관은 교회 맨 위층에 있었다. 그해 여름에 유난히 비가 많이 내렸는데 비가 오면 선교관 천정에서 물이 새곤 했다. 사랑과 정성을 다해서 섬겨주셨음에도 몸과 마음이 쉴 수 없었다. 잠을 잘 자지 못하자 심장 통증이 심해져서 계속해서 그 숙소에 머물 수 없었다. 선교관을 만들고 최선을 다해서 섬겨주셨던 신림중앙교회에는 미안했지만 어쩔 수 없이 급하게 오피스텔을 마련하여 이사했다.

이러한 일을 직접 경험하며 코로나19로 인해서 한국에 들어와서 숙소가 없어서 떠돌아다니며 어렵게 살아가고 있던 선교사들의 마음을 이해할 수 있었다. 그때 선교사를 위해 공간을 내놓고 최선을 다해서 섬겨주셨던 김후식 목사님과 신림중앙교회에 감사를 드린다.

김영동 교수님이 코로나19로 인해서 한국에 피난 와서 숙소가 없어서 한 달에 한 번씩 이사 다니고 있는 선교사들을 위로하자는 제안을 하셨다. 총회선교부와 우정선교연구원이 협력해서 선교사 위로회를 진행하기로 했다. 매주 선교사 10유닛 20명을 초대하여 서울 명동에 있는 퍼시픽호텔에서 호캉스 개념의 프로그램을 구상했다.

프로그램은 매우 단순하게 세웠다. 선교사들이 위로회에 참석하면 호텔 침대에 웰컴 박스와 장미꽃을 올려놓았다. 미와십자가교회를 담임하는 오동섭 목사님과 성도들이 이 섬김을 세련되게 진행했다.

나는 카톡으로 선교사들에게 일정을 안내했다. 호텔에 도착한 선교사님들에게 약 2시간 동안은 아무것도 하지 말고 푹 쉬라고 했다. 일반적으로 선교사들이 모이면 숨 쉴 틈도 없이 다음 프로그램이 진행되는데 2시간 동안 쉬라고 하니까 적응을 잘못하는 것 같았다. 그러나 참석했던 선교사님들은 그 시간이 가장 놀라웠고 감동적이었고 좋았다고 했다.

그 후 저녁 식사 전에 호텔 옆에 있는 미와십자가교회 예배당에 모여서 자기를 소개하는 시간을 가졌다. 그 시간은 은혜가 넘쳤다. 선교사들이 자기소개와 함께 자기의 어려운 이야기를 털어놓았기 때문이다. 그 시간은 눈물과 감사의 고백이 넘쳤다. 서로 어려움을 고백하며 하나님께서 치유하시는 것을 경험했다. 그리고 한국식으로 푸짐하게 저녁 식사를 하고 남산 아래에 있는 카페로 가서 격의 없는 대화를 나누었다.

다시 미와십자가교회 예배당에서 미니 콘서트를 가졌다. 나무엔이 본훼퍼의 시를 찬양으로 만든 〈선한 능력으로〉라는 찬양을 불렀다. 선교사 위로회를 할 때마다 다양한 찬양 사역자들과 클래식 음악 전문가들을 초대했다.

마지막에 김영동 교수님이 3분 선교학 강의를 하고 모든 선교사에게 교통비와 후원받은 각종 선물을 나누어 줬다. 저녁 시간에 서로 대화하며 회포를 풀라며 치킨과 샌드위치, 피자 등을 야식으로 제공했다. 선교사들은 야식을 먹으며 밤늦게까지 각방별로 몇 명씩 모여서 늦게까지 대화를 나누었다. 어떤 방은 대화에 목말라 있던 회포를 푸느라 밤새 불이 꺼지지 않았다.

선교사 위로회를 하면서 가장 오래 기억에 남는 사건은 남편을 암으로 먼저 천국에 보내고 문밖으로 나오지 못했던 여성 선교사님의 외출이었다. 선교사님이 조심스럽게 나에게 카톡을 보냈다.

"선교사님 저 같은 사람도 그곳에 참여해도 될까요?"
"당연하죠. 저희는 선교사님 같은 분을 기다리고 있습니다. 꼭 참석하시기 바랍니다."

여성 선교사님은 용기를 내어 남편 사후 처음으로 머리를 다듬고 화장을 하고 선교사 위로회에 참석했다. 우리는 모두 선교사님의 용기에 감동했고 선교사님의 고백에 같이 울었다.

밤에 선교사님의 아들이 어머니가 걱정된다며 호텔로 왔다. 선교사님은 잠깐 시간이 날 때 명동 근처에 가서 아들 티셔츠를 구입해서 호텔 방에 걸어놓았다. 아들이 온다고 하여 우리는 아들도 호텔에서 같이 잠을 자도록 권면했다. 사실 주최 측에서는 그것을 예상하고 가장 좋고 큰 방을 그 선교사님께 배정해 두었기에 가능했다.

아들이 오자 선교사님은 매우 좋아하며 기뻐했다. 선교사님은 언젠가 아들과 "코로나19 기간이지만 우리도 다른 사람들처럼 호캉스를 함께 가자"고 대화를 나눈 적이 있었다고 했다. 그날 밤에 선교사님과 아들은 넓은 호텔 방에서 통닭을 먹으며 그동안 하고 싶었으나 하지 못했던 호캉스를 즐겼다.

선교사 위로회를 마치고 그 여성 선교사님은 잘 회복이 되어 남편 대신 선교지로 가서 사역을 다시 시작했다. 하나님께서 선교사 위로회를 통해서 절망과 낙심에 빠져있던 선교사를 세우는 것을 목격하게 되었다. 선교사를 건강하게 세우는 것은 선교를 건강하게 만드는 사역임을 확신하게 되었다.

선교사 위로회에 참석한 선교사 한 분은 중국에서 사역하다가 비자발적으로 선교지를 떠났다. 그때 학교에 다니던 자녀들은 중국에 남겨 두고 선교사 부부만 급히 피신하여 나왔다. 선교사님은 자녀들이 한국에 나온 후에 아이들에게 정신적인 문제가 발생한 것을 알게 되었다. 선교사 부부는 아이들을 회복시키기 위해서 시골에서 농사를 짓고 있다고 했다.

그들은 위로회로 명동에 온 김에 아이들에게 서울 구경을 시켜 주고 싶은데 아이들과 함께 참석해도 되느냐고 물었다. 청소년이 된 자녀들은 한 번도 서울 구경을 못 했다고 했다. 아이들이 같이 가는 것을 허락해 주면 호텔 방 한 개에서 네 식구가 다 같이 묵을 수 있다고 했다. 김 교수님과 주최 측에서 기쁨으로 자녀들과 함께 오라고 했다. 그리고 호텔 방 두 개가 중간의 문으로 연결되어있는 커넥팅룸을 그 가족을 위해서 준비했다. 가족이 이틀 정도 서울 구경을 하겠다고 하여 이틀 더 호텔 방값을 계산해 줬다. 선교사님은 집으로 돌아가서 행복한 호캉스와 서울 구경을 하고 자녀들이 많이 회복되었다는 소식을 전해왔다.

성령 하나님께서 이 작은 위로회를 통해서 선교사와 선교사 자녀들을 회복시키는 것을 바라보며 감사와 찬양을 올려드렸다. 선교사와 선교사 자녀를 건강하게 세우는 것은 선교를 건강하게 세워가는 것이다.

선교사 자녀(MK)들만을 위한 위로회도 진행했다. 한국에서 대학을 다니거나 직장을 다니고 있는 MK 20명을 초대했다. 미와십자가교회를 담임하며 우정선교연구원을 섬기고 있는 오동섭 목사님이 청년들에게 적합한 프로그램을 만들었다. 외교부 대사를 지냈던 분을 강사로 초대했고 대학로에서 식사를 하고 연극을 관람했다. 선교사 자녀들이 문화가 다른 한국에 와서 열심히 살아가고 있는 모습이 애처롭고 안타까웠지만 사랑스럽고 자랑스러웠다. MK들이 건강하게 잘 사는 것이 선교에 도움이 된다. 그들을 섬길 수 있어서 감사했다.

우리는 은퇴한 선교사님들을 위한 계획은 세워놓지 못했었다. 그런데 그분들이 왜 우리는 빼놓고 위로회를 하느냐고 말해서 급하게 은퇴 선교사님들을 위한 프로그램을 만들어 은퇴선교사님들을 섬겼다. 또 여성선교사만을 위한 위로회 프로그램도 만들어 여성선교사님들을 섬겼다.

이렇게 선교사 위로회를 두 달 동안 진행하며 약 250명의 선교사님을 섬겼다. 김영동 교수님은 선교학 교수로 은퇴를 앞두고 평생 잊을 수 없는 귀한 사역을 하셨다. 장로회신학대학 이만식 교수님께서 모금하는데 많은 수고를 하셨다. 많은 한국교회가 넘치도록 후원해 줬다. 선교사 위로회를 위한 모금은 예상보다 훨씬 많이 들어왔다. 한국교회는 선교를 위해서라고 하면 헌신적이다. 하나님은 하나님이 기뻐하시는 일을 하면 언제나 우리를 실망시킨 적이 없으시다.

선교는 한 사람을 살리는 것이다. 선교는 한 사람을 세우는 것이다. 사람을 살리고 세우시는 분은 하나님이시다. 우리를 그 사역에 동참시켜 주심에 감사드린다. 안식년에 쉬지 못하고 다른 선교사들을 섬겼으나 오히려 그것이 우리 부부에게 위로로 다가왔다. 하나님의 동반자로 쓰임 받을 수 있었던 것은 행복이었다.

특별한 선교사 위로회

2023년 봄에 총회 선교사 훈련을 위해서 한국을 방문했다. 선교사 훈련 중에 2박 3일간 제주도에서 선교사 위로회를 진행했다. 이번 위로회는 아주 특별한 프로그램이었다. 우정선교연구원에서 선교사 위로회를 함께 섬겼던 김영동 교수님 부부와 우리 부부와 오동섭 목사님을 위한 특별한 위로회였다.

이번 제주도 방문 목적은 2024년에 제주성안교회에서 진행할 선교사 위로회 준비를 위한 것이라고 했다. 그러나 실제로는 김영동 교수께서 안식년 기간에 장신대 강의와 총회 선교사 훈련과 선교사 위로회를 하느라 쉬지 못했던 우리 부부를 위해서 기획한 특별 프로그램 같았다.

이 프로그램 진행을 위해서 동남교회 제종원 목사님과 서귀포반석교회 김진구 목사님이 아낌없는 수고를 해주셨다. 두 목사님은 바쁜 목회 일정에도 기꺼이 선교사를 위로하기 위해서 직접 운전하며 제주도를 안내해 주셨다. 우리는 같이 바지를 걷어붙이고 바닷물에도 들어가 봤다. 제주도 올레길을 함께 걷고 제주도에서 가장 맛있는 음식점에서 함께 식사했다.

서귀포반석교회 수요예배 때 러시아 선교 보고를 했다. 수요예배를 마치고 선교사 출신 친구 김덕근 목사가 운영하는 〈유화당〉에서 인문학 서적에 대한 대화를 나누었다. 우리는 이미 품절 되었지만 〈유화당〉에 남아있던 인문학책을 많이 구입했다. 3일간 참으로 행복하고 즐거웠다.

이번 선교사 위로회는 우리 부부에게 큰 쉼과 회복의 시간이 되었다. 이 귀한 시간을 마련해 주신 교수님과 제주도에서 목회하는 목사님들께 감사드린다. 이렇게 해서 우리 부부를 위한 제주도 선교사 위로회를 은혜 중에 마쳤다. 하나님께서 제주도 선교사 위로회를 통해서 몸과 마음이 지친 우리를 위로회 주시고 견고하게 세워주셨다. 그동안 우정선교연구원에서 열네 번에 걸쳐 선교사 위로회를 진행했다. 앞으로 선교사 위로회는 울산, 부산, 제주도와 뉴질랜드에서 진행할 계획을 세우고 있다. 선교사 위로회는 계속될 것이다.

끝까지 사람을 세우라

나는 박사학위를 받을 때 박사 가운을 맞추지 않았다. 선교사에게 물건이 하나 더 늘어나는 것은 불편함이 하나 더 늘어나는 것이기 때문이었다. 또한 박사학위 가운을 선교지에서 별로 사용할 것 같지 않아서였다. 선교지에서 신학교 강의를 할 때를 제외하고는 사람들이 내가 박사인지 잘 모른다. 나도 내가 박사인지 잊어버릴 때가 많다. 김영동 교수님은 가끔 연락해서 내게 강의를 맡기심으로 내가 박사라는 것을 잊지 않게 하신다.

교수님은 세 차례나 러시아를 방문하여 선교를 직간접적으로 지원해 주셨다. 이를 통해서 선교지에서 건강한 선교를 해야 할 사명감을 일깨워 주셨다. 한 사람을 조건 없는 사랑과 공감으로 사람을 세워주는 것이 건강한 선교 정신이다.

선교는 사람을 남기는 것

견습선교사

나는 러시아에 젊은 선교사가 잘 들어오지 않는 것을 염려하며 후배 선교사들을 양성하기 위해서 총회에 견습선교사를 요청했다. 총회세계선교부에는 신학교 학생들이 일 년 동안 선교지에서 선교훈련을 하는 견습선교사 제도가 있다. 견습선교사는 선교 비전을 품고 있거나 선교에 관심이 있는 신학생들이 지원한다. 이 제도는 학생들이 일 년 동안 선교지에서 거주하면서 선교사의 사역을 도우며 자신의 선교 가능성을 타진해 보는 것이다.

2012년 견습선교사

2012년에 총회선교부에 견습선교사를 파송해 줄 것은 청원했다. 장로회신학대학 학부 4학년 남학생 한 명과 호남신학교 학부 여학생 한 명이 견습선교사로 볼고그라드에 왔다. 두 사람을 볼고그라드 공학대학 언어예비학부에 입학시켰다. 1년짜리 장기 비자를 해결하는 방법은 학생 비자로 거주하는 것이 가장 편리했기 때문이다.

두 학생의 숙소는 대학교 기숙사를 사용하게 했다. 기숙사는 매우 저렴했으나 환경이 열악했다. 식사는 직접 해결하도록 했다. 어려운 여건과 상황이었지만 학생들은 선교지라는 생각으로 잘 참고 견뎌줬다.

선교의 출발은 언어이기 때문에 언어예비학부에서 매일 러시아어를 공부하게 했다. 언어를 공부하는 주 중에 하루는 방과 후 시간에 고려인에게 한글을 가르치도록 했다. 그리고 주일에는 러시아 예배에 참석하고 오후에 나와 함께 지방교회를 개척했다. 여름방학에는 어린이 여름캠프 교사로 봉사했다. 학생들이 러시아를 깊게 이해할 수 있도록 러시아 역사책과 러시아 문학과 고려인 역사와 러시아 정교회에 관한 책을 읽고 리포트를 제출하게 하고 책의 내용을 주제별로 토론하는 시간을 가졌다. 그리고 가끔 집이나 식당으로 불러서 함께 식사하며 우정을 쌓아갔다.

견습선교사가 끝날 무렵에는 모스크바와 페테르부르크를 여행하며 러시아를 더 깊이 이해할 수 있도록 안내했다. 1년 동안 러시아어를 공부한 후 남학생은 외국인을 위한 러시아어 능력 평가시험 토르플(TORFL) 2급에 합격했다. 러시아어를 전공한 사람도 토르플 2급에 합격하기가 쉽지 않은데 일 년 만에 러시아어 2급 시험에 합격한 것은 대단한 실력이었다.

이렇게 일 년이 지나는 동안 견습선교사들과 친구가 되었다. 우정과 신뢰가 더해가며 그들은 자신의 깊은 인생 상담까지 요청했다. 그 학생들이 처음부터 선교사로 헌신하기 위해 온 사람들은 아니었다. 그들은 그저 자신의 인생의 진로를 놓고 고민하던 사람들이었다. 하지만 견습선교사를 하며 가까워진 그들은 현재도 어려운 일이 있을 때마다 기도 제목을 보내오고 있다.

2013년 견습선교사

　2013년에 견습선교사로 이곳에 온 학생은 장로회신학대학 신대원 학생 부부였다. 남편은 신대원 학생 박중하였다. 그의 아내는 장신대를 마치고 목사안수를 받은 유하늘 목사였다. 이 부부는 일본어가 능통한 사람들로 일본 선교에 헌신한 사람들이었다. 그들은 일본 선교사로 헌신하기 전에 어떻게 사역하는 것이 바람직할까를 고민하며 이곳에 온 사람들이었다.

　나는 첫 번째 견습선교사들과 마찬가지로 이 부부도 볼고그라드 공과대학 기숙사에서 거주하며 러시아어를 공부하게 하고 러시아 역사와 문학, 고려인 역사와 정교회 역사에 대한 독서와 리포트 제출, 주제별 토론을 했다. 또한 주중 하루는 한글학교에서 고려인들에게 한글을 가르치며 선교 훈련을 진행했다.

　이 부부는 하나님의 은혜로 이곳에 있는 동안 쌍둥이를 임신했다. 출산을 위해 한국에 돌아간 후 서울대 병원에서 기적적으로 건강한 여자 쌍둥이를 낳았다. 그 부부가 나에게 아이들의 이름은 지어달라고 부탁해서 루아, 시아라고 이름을 지어줬다.

　그 부부는 한국에서 장신대를 마치고 전임전도사와 부목사로 사역하다가 일본 선교사로 헌신했다. 그 부부는 일본에서 아들을 하나 더 낳아서 행복하게 살며 사역하고 있다. 아직도 계속해서 선교 소식과 가정 소식을 주고받으며 서로를 위해서 기도하고 있다.

2014년 견습선교사

2014년에 세 번째 견습선교사로 온 학생은 장로회신학대학 신대원 학생이었다. 이 학생은 아프리카 견습선교사를 신청했는데 이곳으로 배정을 받아서 왔다. 이 학생도 이전에 왔던 견습선교사들과 같은 방법으로 학교에 등록하고 기숙사에 살며 선교 훈련을 진행했다.

이 학생의 이름은 김지환이었다. 그는 앞서 이곳에 전문인 선교사로 와 있던 이경자 자매와 함께 고려인 어린이 여름캠프를 준비하고 진행하게 했다. 자매는 언어가 능숙해서 캠프 책임자로 세웠다. 형제는 부책임자로 자매를 도와서 캠프를 함께 진행하도록 했다. 그들은 한 달 동안 캠프를 진행하면서 사랑이 싹텄다. 두 사람은 캠프를 마치고 러시아 다른 지역을 여행하면서 사랑을 키워갔다. 그들은 결혼하여 두 자녀를 낳았다. 현재 그들은 러시아 선교사로 헌신하여 볼고그라드에서 사역하고 있다.

견습선교사 제도는 후배 선교사를 양육하는 데 매우 효과적인 방법이다. 견습선교사를 세 번 받아서 두 가정이 선교사로 헌신했다. 견습선교사 제도를 통해서 러시아와 일본에 선교사를 남기는 영광을 얻게 되었다.

견습선교사는 사례비를 지급하지 않고 마음껏 부려 먹는 임시 사역자라고 생각해서는 안 된다. 견습선교사는 미래 선교헌신자를 양성하는 제도라고 생각해야 한다. 선교사와 총회와 장신대가 서로 협력하여 견습선교사를 잘 섬김으로 그들이 선교사로 헌신할 수 있도록 양육할 필요가 있다. 선교는 사람을 이용하는 것이 아니라 사람을 남기는 것이기 때문이다.

장신대 해외 인턴십

장로회신학대학 글로컬현장교육원에서 진행하는 해외 인턴십 제도가 있었다. 이 제도는 겨울방학 한 달간 학생들이 선교지나 사역지를 경험하며 자신의 미래 진로를 모색해 보는 것이다. 이 제도는 학생들이 일 년 동안 휴학하지 않고 선교지를 경험할 수 있는 것이 장점이다.

장신대 해외 인턴십 제도는 장신대 총장이셨던 임성빈 교수님과 김성중 교수님이 학생들의 진로를 열어주기 위해서 시작한 프로그램이었다. 학생들은 겨울방학에 세계 약 11개 지역으로 흩어져서 선교지와 다양한 사역 현장을 경험한다.

2018년 겨울에 장신대 임무환, 김형진, 국윤지 학생이 볼고그라드에 와서 선교 훈련을 받았다. 2019년 겨울에는 김정화, 김자겸, 김수진 학생이 이곳에서 선교훈련을 받았다. 2020년 겨울에는 구한희, 남영은, 홍하림 학생이 이곳에서 선교훈련을 받았다.

한국과 러시아는 3개월간은 무비자 협정이 맺어져 있어서 비자 문제는 걱정할 필요가 없었다. 학생들은 문화센터 '세상의 빛'에서 숙식을 했다. 나는 학생들에게 이곳에 오기 전에 러시아 역사, 러시아 문학, 정교회 역사, 고려인 역사를 읽고 요약해 오도록 과제를 줬다. 학생들은 성실하게 과제를 준비해서 이곳에 도착했다.

매일 아침에 러시아어 교사였던 니나 니꼴라예브나는 러시아어 기초를 학생들에게 가르쳤다. 학생들이 책을 읽고 준비해 온 것을 함께 토론하고 러시아 목사님들을 초청해서 강의를 들었다. 강의 주제는 러시아 역사와 개신교회 역사와 러시아문화에 대한 이해였다. 학생들이 가장 인상에 남는 강의는 '러시아 사람이 생각하는 러시아인은 누구인가'라고 했다. 지마 목사님이 강의했는데 학생들은 이 강의를 통해 러시아인을 이해하는 데 많은 도움이 되었다고 했다.

이렇게 약 10일간 볼고그라드에서 러시아어와 러시아 이해에 대한 기초를 쌓고 모스크바와 페테르부르크 선교 현장 연구 조사를 떠났다. 볼고그라드에서 모스크바까지는 19시간 걸리는 기차를 타고 갔다. 가장 저렴한 삼등석 좌석을 타고 러시아 사람들이 어떻게 살아가고 있는지를 보게 했다. 미리 준비한 컵라면도 같이 끓여 먹었다. 라면 냄새가 날 것 같아서 옆에 있는 사람들에게 양해를 구했다. 러시아 사람들은 자기들도 라면을 먹을 것이니까 걱정하지 말고 먹으라고 했다.

우리는 기차 안에서는 그동안 살아온 인생 이야기와 연애 이야기, 러시아 문학을 토론했다. 톨스토이의《전쟁과 평화》, 도스토예프스키의《죄와 벌》,《카라마조프 형제들》에 대해서 대화를 나누었다. 이 책들은 대부분 1,000~1,500페이지에 이르는 방대한 양의 책이다. 학생들은 "책의 분량이 너무 많아서 이를 악물고 끝까지 읽었다"고 했다.

러시아 겨울이 길기 때문인지는 몰라도 러시아 고전은 대부분 길다. 그 속에는 깊은 인생의 고뇌가 담겨있다. 만일 이 세상에서 성경이 사라져서 성경을 대치할 수 있는 한 권의 책을 고르라고 하면 도스토예프스키의《카라마조프 형제들》을 고르겠다는 말이 있다. 러시아 고전은 성경적인 정신과 인간의 깊은 고뇌가 담겨있어서 젊은 학생들에게 큰 도전을 줬다.

기차를 타고 가며 러시아 문학과 개인의 고민과 연애 이야기를 나누며 먹는 컵라면 맛은 일품이었다. 다양한 주제로 재미있게 대화를 나누고 잠깐 눈을 붙이고 나면 곧 모스크바에 도착한다.

모스크바에서 선교사님들을 만나서 사역지를 돌아보고 선교사님들의 선교 신학과 선교 방법과 선교 이야기를 듣고 식사를 대접받았다. 틈틈이 시간을 내어서 모스크바에 있는 붉은 광장과 크렘린, 트레티야코프 미술관과 예수 그리스도 구원교회 등을 탐방하며 러시아를 알아갔다. 러시아는 알면 알수록 문화 대국이라는 것을 깨닫게 된다.

모스크바 탐방을 마치고 모스크바에서 4시간짜리 고속 열차(삽산)를 타고 페테르부르크로 갔다. 그곳에서도 선교사님들의 사역지를 돌아보고 선교사님들의 사역 이야기를 듣고 식사를 대접받았다. 그리고 러시아 미술관과 에르미타주 박물관과 이삭 성당과 피의 구원 사원 등을 탐방하며 러시아를 조금씩 더 깊이 이해했다. 페테르부르크에서 사역하는 선교사님들이 후배들에게 식사 대접과 문화탐방 안내해 줬다. 특별히 최영모 선교사님은 호텔에 숙소를 잡아줬다. 이러한 섬김이 후배들을 키워주는 것이다. 사람을 키우는 것이 선교라는 것을 알고 있는 동료 선교사들의 멋있는 모습이었다.

볼고그라드로 돌아와서 현지교회와 동반자 선교사역을 보여주기 위해서 각 교단장을 만났다. 그리고 정교회 사제를 만나 정교회 신학과 예배에 대한 강의를 들었다. 직접 정교회 예배에 참석하여 정교회를 이해했다. 러시아를 이해하려고 하면 러시아에서 1,000년이 넘는 역사를 지닌 정교회를 반드시 이해해야 한다.

마지막으로 학생들에게 지금까지 진행된 모든 교육 내용과 문화탐방을 글로 쓰도록 했다. 더불어 건강한 선교정신과 선교방법도 글로 정리하게 했다. 이렇게 해서 약 50~60페이지 분량의 보고서가 나오면 학생들의 교육이 끝난다.

모든 일정을 마칠 무렵에 수고했던 학생들을 격려하기 위해서 볼고그라드에서 가장 좋은 식당에 가서 마지막 만찬을 나누었다. 때로는 학생들 생일잔치도 했다. 나는 장신대에 학생들에게 정식으로 학점을 주도록 건의했다. 장신대에서는 나의 제안을 긍정적으로 검토하여 해외 인턴십에 참여하는 학생들에게 학점을 주기로 했다.

선교는 사람을 남기는 것이다. 건강한 사역자를 키우고 남기기 위해서 선교현장과 장신대가 협력하는 것은 매우 고무적이다. 신학이 상아탑에만 갇혀서는 건강한 열매를 맺기 어렵다. 신학은 사역 현장과 조화를 이루어야 건강한 열매를 맺을 수 있기 때문이다.

장신대 객원교수

2020년에 안식년을 맞이하여 한국에 입국했다. 장신대 객원교수로 신대원 학생들에게 선교학을 가르쳤다. 강의 과목은 '선교사 인물 연구'였다. 이 강의는 김영동 교수님이 강의하던 과목이었다.

주교재는 루스 터커가 쓴 《선교사 열전》이었다. 나는 일방적인 강의 대신 토론식 강의 방법을 선택했다. 이 책에 나오는 위대한 선교사

150명 중에서 약 30명을 골랐다. 학생들이 한 명의 선교사를 미리 준비해서 발표하게 했다. 그리고 그 선교사의 선교신학과 선교전략과 선교사역을 토론하며 건강한 선교가 무엇인지를 학생 스스로 깨닫게 했다.

코로나19로 인해서 줌(zoom)으로 강의를 했기 때문에 학생들을 직접 만날 수가 없었다. 학생들을 직접 만나고 싶어서 중간고사를 새문안교회에서 치르기로 했다. 학생들이 새문안교회 13층 언더우드 선교 홀에 모였다.

학생들이 언더우드와 아펜젤러에 대해서 발제했다. 학생들이 발제하고 있을 때 교회 권사님들이 브런치와 커피를 대접해 주셨다. 권사님들에게 미리 요청한 것이 아니었다. 권사님들은 내가 수업을 하는 것과 장신대 학생이라는 소리를 듣고 능동적으로 움직이신 것이다. 새문안교회 권사님들은 섬김의 달인이다. 오전 수업을 마치고 광화문 맛집 〈산채향〉에서 학생들에게 점심 식사를 대접했다.

식사 후에 정동 거리를 학생들과 함께 걸으며 선교사의 발자취를 느끼며 우정을 쌓았다. 나는 정동 거리를 한 바퀴 돌고 광화문에 있는 구세군 회관에서 커피를 대접하는 것으로 모든 프로그램을 마치려고 계획했다. 이찬양 학생이 자기가 커피를 대접하겠다고 자원했다. 신학생의 형편을 잘 아는 나는 안 된다고 했다. 나는 장신대에서 받는 강사료를 학생들을 위해서 다 사용하고 싶다고 했다. 그러나 찬양 학생은 아르바이트로 돈을 많이 벌었기 때문에 자기가 대접해야 한다며 기회를 달라고 했다. 그는 아프리카 선교사 자녀였다. 나는 선교사 자녀의 사랑과 섬김을 기쁘게 받기로 했다.

학생들과 함께 구세군 회관 2층에 올라가 편하게 앉아서 대화를 이어갔다. 바쁜 사람은 먼저 돌아가고 일부 학생은 인터넷으로 다른 강의를 들었다. 나머지 학생들과는 선교와 인생에 관한 다양한 주제로 시간 가는 줄 모르고 대화를 나누었다. 이렇게 중간고사를 마쳤다.

중간고사 대신 학생들을 직접 만나니 매우 좋았다. 학생들도 교수님을 직접 만나 식사도 대접 받고 대화를 할 수 있어서 감사하다며 선물을 보내왔다. 내가 학생들을 보고 싶어서 한 것인데 오히려 학생들에게 사랑을 듬뿍 받았다. 가장 좋은 강의는 학생들을 사랑하는 것임을 느꼈다. 나는 그때 강의를 들었던 학생들에게 모두 A 학점을 줬다.

신학교와 선교사의 콘비벤츠

신학교와 선교사의 콘비벤츠 선교는 신학교와 선교지를 건강하게 만든다. 선교사와 신학교는 상호협력을 통해서 후배들이 이론과 실천을 겸비한 균형 잡힌 건강한 사역자로 세워지게 될 것이다. 신학교와 선교사가 상호도움과 상호배움을 나누는 콘비벤츠 선교를 할 때 사람을 남기는 선교를 하게 된다.

비를 한번 해보면 어떨까?

❖

하용조 목사님이 나를 불렀다

"정균오 선교사, 이리 좀 와서 앉아보세요."

하용조 목사님이 나를 부르셨다. 1999년 하 목사님이 블라디보스토크를 방문하셨다. 목사님은 블라디보스토크 현대호텔에서 선교사들에게 매일 저녁 식사를 대접해 주셨다. 식사 후에는 호텔 근처에 있던 교회 예배당에서 집회하며 말씀으로 선교사들을 위로해 주셨다.

어느 금요일에 나는 신학교 학생들을 보내고 학교 뒷정리를 하느라 식사 자리에 늦게 도착했다. 다른 자리는 다 차 있었고 목사님 맞은편 자리 하나만 비어있었다. 선교사들은 목사님이 어려워서 맞은편에는 앉지 않은 것 같았다. 나 역시 목사님이 어려웠다.

나는 따로 자리를 만들어서 가족과 함께 앉았다. 하 목사님은 내가 들어와서 앉는 것을 보시고 나에게 손짓하여 부르셨다. 목사님 맞은편에 비어있는 자리에 앉아보라고 하셨다.

'목사님이 나를 콕 집어 부르실 이유가 없는데 왜 부르실까? 나는 목사님을 잘 알지만, 목사님은 나를 잘 모르실 텐데….'

목사님이 내 이름을 어떻게 알고 부르셨는지는 잘 모르지만 나는 겸연쩍은 자세로 목사님 앞자리에 앉았다.

목사님은 내가 자리에 앉자마자 말씀을 시작하셨다.

"정 선교사, 신학교에서 비를 한번 해보면 어떨까?"
나는 비가 뭔지 잘 몰랐다. 하늘에서 내리는 비(rain)를 말씀하시는 것은 아닐 텐데.
"목사님, 비가 뭐죠?"
"비란 'Biblical Education by Extension'의 약자예요. BEE는 성경연장교육입니다. BEE는 과거 동구권 공산권 치하에 있는 교회 지도자들을 양육하기 위해서 시작된 신학교 프로그램입니다. 학생들이 한곳에 모이지 않고 교재가 가는 교육 시스템입니다. 매우 복음적이고 토론식이기 때문에 재미도 있고요. 나는 러시아에 BEE 사역이 좀 잘 진행되면 좋겠다고 생각해요. 블라디보스토크 신학교에 BEE를 좀 도입해 보세요."

목사님은 열정적으로 비(BEE)를 소개해 주셨다. 나는 목사님께 제안했다. "목사님, 신학교를 함께 진행하고 있는 선교사들에게 BEE를 교육해 주십시오. 그러면 저희가 학생들을 가르치겠습니다." 이렇게 해서 비-블라디보스토크(BEE-Vladivostok)가 시작되었다.

BEE 블라디보스토크 세미나

2000년부터 하 목사님은 블라디보스토크에 BEE 사역자들을 보내기 시작하셨다. 먼저 BEE 교재를 보냈다. 가장 먼저 갈라디아서와 로

마서 교재가 도착했다. 이 과정은 한 과에 5시간 이상 예습을 해야 하는 것이었다. 신학교 교수로 사역하던 선교사 부부 중에서 원하는 사람들에게 교재를 보냈다. 선교사들은 바쁜 중에도 착실하게 예습을 해왔다. 가장 먼저 BEE 사역자 윤현덕 장로님이 블라디보스토크에 BEE 강사로 오셨다. 윤 장로님은 갈라디아서를 인도했다.

토론식으로 전개되는 성경공부는 매우 재미있었다. 선교사 부부가 처음으로 하는 토론식 성경공부이기 때문에 다소 갈등이 있었다. 서로의 생각이 달라서 각자 자기의 생각을 주장하다 보니 토론이 격해졌다. 특히 부부간의 대화가 심각한 상황까지 치달았다. 하지만 시간이 지나면서 서로의 생각을 이해하기 시작했다. 차츰 서로 관계가 더 좋아졌다.

이렇게 시작된 BEE 성경공부는 로마서(김내헌 장로), 그리스도인의 결혼(김종인 장로 부부), 전도와 제자양육(김민수 목사), 그리스도인의 생활(현일승 목사), 하나님의 말씀전달, 성경연구방법1 등이 진행되었다. BEE 성경공부가 진행되면서 선교사들 사이가 좋아졌다. 부부가 같이 참석한 사람들은 부부 관계도 좋아졌다. 이렇게 해서 우리는 짧은 기간에 많은 과목을 공부했다. 앞으로 우리가 신학교와 다른 지역에 BEE를 차차 전파해야 할 책임이 있었다.

BEE-Vladivostok 사역 이양

나는 2002년 2월에 안식년을 맞이해서 한국에 들어왔다. 한국에 들어와서 김 사무엘 목사님의 인도로 교회론을 공부했다. 그리고 인도자 교육을 받고 BEE 인도자 자격증을 받았다. 그때 현재 TEE-KOREA 대표인 조성래 목사님과 함께 교회론과 인도자 교육을 받았다.

후에 김 사무엘 목사님이 돌아가시고 김영숙 사모님이 목사님의 사역을 정리하여 《왕의 초대》라는 책을 발간했다. 이때 나는 새문안교회 아버지학교 리더 그룹에게 BEE를 소개했다. 백승현 장로님과 이혁 장로님과 몇 분이 BEE를 공부했다. 그때 그분들은 안수집사였다. 지금 그분들은 새문안교회 핵심 리더 그룹이 되었다.

2003년에 나는 안식년을 마치고 볼고그라드로 사역지를 이동했다. BEE 사역에 동참했던 블라디보스토크 선교사들이 모여서 전영수 선교사님을 BEE-Vladivostok 사역 대표로 뽑았다. 나는 그에게 BEE 사역을 위임하고 블라디보스토크를 떠났다.

선교는 함께하는 것이다

나는 2003년에 볼고그라드로 선교지를 이동했다. 볼고그라드에는 우크라이나에서 온 선교사가 BEE 사역을 하고 있었다. 그래서 볼고그라드에서는 BEE 사역을 시작하지 않고 그 대신 TEE(신학연장교육, Theological Education by Extension) 사역을 시작했다.

BEE나 TEE와 같은 사역은 선교지 지도자 평신도 양육을 위해서 매우 좋은 프로그램이다. 이러한 도구를 가지고 선교지 사람을 양육하거나 현지교회와 협력 사역을 하면 현지인 양육이 쉬워진다. BEE나 TEE와 같은 단체와 선교지에서 협력하게 된 것은 내게 큰 복이었다. "정 선교사 이리 좀 와서 앉아 보세요"라며 나를 불러서 BEE를 소개해 주고 적극적으로 지원해 주셨던 하용조 목사님께 감사드린다. 선교사들에게 BEE 성경공부를 전하기 위해서 추운 러시아를 찾아주셨던 강사들에게 감사드린다.

선교는 선교사 혼자 할 수 없다. 선교의 최전방에서 씨를 뿌리는 선교사와 후방에서 적극적으로 기도하며 후원으로 물주는 자가 함께 협력해야 한다. 그때 하나님께서 자라게 하시고 열매 맺게 하신다. 많은 분의 헌신과 협력이 있었기에 오늘의 내가 있을 수 있었다. 한국교회 성도들의 헌신과 열정이 있었기에 오늘의 한국교회 세계선교가 있게 되었다. 서로 사랑하며 서로 돕고 서로 배우며 진행하는 콘비벤츠 선교를 통해서 하나님의 나라가 확장된다.

진리의 종을 울려라

❖

카타르 도하 공항

나는 네팔에서 열리는 〈21세기 아세아 TEE 콘퍼런스〉에 참석하기 위해서 도하를 거쳐 네팔로 가고 있었다. 2010년 10월 3일 카타르 도하 공항에 도착했다. 도하는 2006년 아시안 게임이 진행되어 익숙한 곳이다. 도하는 사막 위에 세운 도시로 인구는 약 80만 명이다.

공항은 매우 넓었다. 비행기에서 내리자마자 중동의 찌뿌둥한 열기가 호흡을 막았다. 나는 러시아 초겨울 날씨 복장을 하고 이곳에 도착했기 때문에 온몸으로 더위가 느껴졌다. 나는 그날 23시 59분에 도하에 도착해서 그다음 날 9시 35분에 다시 비행기를 타고 네팔 카트만두로 떠날 예정이었다.

그 넓은 공항에 호텔이나 캡슐 호텔 같은 것이 하나도 없었다. 약 9시간을 공항 대기실 의자에 앉아서 버텨야 하는 상황이었다. 우선 공항 내부를 한 바퀴 돌며 어떻게 9시간을 버텨야 할지 생각해 보기로 했다. 식당과 스타벅스, 휴식 공간들을 둘러봤다. 환율은 한국 돈보다 저렴했다. 물가도 그리 비싼 것 같지 않았다. 여행 중인 한국 아주머니들이 시끄럽게 떠드는 소리가 들렸다. 오랜만에 듣는 한국어가 고국의 향수를 불러일으켰다.

나는 내가 공항에서 편히 밤을 새울 수 있는 장소는 기도실(Prayer

room)이라고 판단했다. 공항에 있는 기도실은 기독교인을 위한 기도실이 아니고 무슬림을 위한 기도실이다. 기도실은 공항 한쪽 조용한 곳에 있었다. 나는 기도실로 들어갔다. 푹신하고 두꺼운 양탄자가 바닥에 깔려 있었다. 나는 푹신한 양탄자 위에 앉아서 다리를 쭉 폈다. 나는 이곳에서 배가 고플 때까지 쉴 생각이었다.

먼저 무슬림이 기도하는 것과 같이 엎드려 나의 하나님, 전능하신 하나님께 기도했다. 기도자세로 있다가 자연스럽게 옆으로 누워서 한숨을 잤다. 에어컨이 강하게 돌아가고 있어서 추위를 느꼈다. 이곳이 러시아인지 더운 중동인지 구별할 수 없었다. 나는 공항에 막 도착했을 때 만해도 거추장스럽게 느껴졌던 러시아의 초겨울 잠바를 꺼내서 몸을 감쌌다. 그리고 성경을 꺼내서 에스겔을 읽었다. 마른 뼈들과 같이 소망 없는 이 땅에 하나님의 능력이 임하여 그리스도의 계절이 돌아오기를 기도했다.

아침이 되자 기도하러 들어오는 무슬림이 늘어갔다. 이제 이 방을 나가야 할 시간이 된 듯했다. 자신들의 신앙을 공항이든지 길거리든지 어디서든지 표출하는 그들이 낯설었다. 그러나 자신의 신앙을 숨기지 않고 담대하게 드러내는 면은 좋은 것 같았다.

만왕의 왕이시며 진리이신 예수 그리스도를 과감하게 드러낼 필요가 있다. 그러나 기독교는 근본주의 종교와는 다르게 진선미와 예절과 교양을 갖춘 모습으로 세상에 나타나는 것이 필요하다.

기도실을 나와서 공항을 다시 둘러봤다. 인터넷 방에 들어가 보았으나 휴대폰 충전기 잭이 맞지 않아서 나왔다. 스타벅스 앞을 몇 번 서성거리다가 가격을 보고 못 들어갔다. 꼭 필요할 때는 나를 위해서도 돈을 쓸 줄 알아야 한다고 생각하면서도 나는 아직도 나 자신을 위해서 돈을 사용하는 것이 어렵다. 내가 나를 극복해야 할 지점이다.

어찌어찌 9시간을 공항에서 보낸 후 네팔로 가는 비행기를 정시에 타고 도하를 출발했다. 네팔에 도착해서 비자를 받고 출국장에서 기다리고 있던 네팔 사역자와 만나 세미나가 진행될 호텔로 갔다.

TEE 세계 콘퍼런스

꼬끼오! 아침마다 닭 우는 소리로 잠을 깼다. 이곳은 네팔의 수도 카트만두다. 카트만두 중심지에서 듣는 닭이 우는 소리는 네팔의 가난이 울부짖는 듯했다.

2010년 가을에 카트만두에 있는 호텔에서 〈21세기 아세아 TEE 콘퍼런스〉를 진행했다. TEE는 신학연장교육(Theological Education by Extension)이다. TEE는 BEE와 다소 성격이 다른 성경공부 교재다.

나는 TEE-KOREA 대표 조성래 목사님의 초대로 TEE 콘퍼런스에 참석했다. 네팔과 아시아 지역과 러시아에서 TEE 사역자들이 모였다.

TEE 세미나는 진지하게 진행되었다. 아침마다 소그룹으로 나누어서 기도회를 했다. 낮에는 TEE 교육 방법이 논의되고 다양한 국가에서 진행되는 사역이 소개되었다. 나는 세계의 여러 나라에서 TEE가 활발하게 진행되는 것을 봤다. 세계 곳곳에서 활발하게 TEE 프로그램을 통해서 말씀 사역에 헌신하고 있는 사역자들을 만났다. 한 분 한 분은 말씀으로 하나님의 나라를 넓혀가는 사역에 동참하고 있는 귀한 분들이다. TEE 사역자들이 고맙고 사랑스러웠다.

나는 아침마다 약 한 시간씩 카트만두 도시를 산책했다. 힌두교의 운명론에 빠져서 허우적거리는 민중을 봤다. 아침마다 길거리에 나와서 잠자고 있는 신을 깨우는 종소리를 들었다. 그러나 그들의 신은 묵묵부답(默默不答)이었다. 인간으로서 최소한의 대우를 받지 못하고 희망도 없이 절망을 살아가고 있는 슬픈 현실을 목격했다. 네팔 민족 가운데 참 소망과 진리가 필요함을 절실히 느꼈다.

나는 아침 경건회 때마다 네팔에 진리의 종이 울려지기를 기도했다. 그 후로 나는 닭 우는 소리 때문에 깨지 않았다. 그 대신 네팔사람들을 향한 긍휼의 마음 때문에 기도하기 위해서 자리에서 벌떡 일어났다.

TEE-KOREA 훈련

나는 2002년 안식년 때 김 사무엘 목사님이 인도하는 BEE 교회론을 공부하며 TEE-KOREA 대표 조성래 목사님을 만났다. 그 당시 조 목사님은 집사였다. 후에 조 집사님은 백석대학교에서 신학을 공부하고 목사안수를 받았고 TEE의 경험을 논문으로 써서 박사학위를 받았다. 그의 박사학위 논문은 TEE 공동체 학습법으로 사용하고 있다. 이 논문은 TEE 사역 방법으로 탁월한 논문이다.

나는 2010년에 다시 안식년을 맞이하여 한국에 입국했다. 새문안교회 백승현 장로님이 나에게 TEE-KOREA를 소개해 주셨다. 장로님은 내게 TEE-KOREA 훈련 등록비를 부담해 주셨다. 과거에 나는 장로님께 BEE를 소개해 준 적이 있었다. 이제는 장로님이 나에게 TEE를 소개해 주셨다. 서로 돕고 서로 배우는 콘비벤츠 선교가 하나님의 나라를 넓게 한다.

나는 일주일간 TEE-KOREA에서 지도자 훈련을 받았다. 나는 훈련을 받기 전에 TEE가 너무 초급 수준이 아닌가 하는 생각이 있었다. TEE는 성숙한 크리스천이나 지도자 교육을 위해서는 부적합한 것처럼 보였다. TEE는 보수적인 러시아 복음주의 침례교에는 부적합하다고 생각했다. 그러나 훈련을 받으면서 내 생각이 오해였음을 깨닫게 되었다.

TEE 역시 BEE와 같이 토론식 학습 방법을 취한다. TEE는 성경공부와 성도들 간의 교제를 통해서 성도들의 변화를 추구한다. BEE는 성경공부와 교제 중심인데 TEE는 성경공부와 교제를 통한 변화에 교육 목적이 있는 것이다. 공동체를 통한 인간의 변화를 목적으로 한다는 것이 매력적이었다.

대부분 성경공부를 하면 지식이 많아지고 교만해진다. 교만은 자신과 공동체에 유익을 끼치지 못한다. 예수님의 인격을 닮는 사람만이 자신과 공동체를 아름답게 한다. 공동체를 생각했을 때 TEE는 매우 매력적이었다. 복음적인 러시아 교회에 TEE가 필요할 것으로 생각하게 되었다.

TEE 러시아 사역

　나는 TEE- KOREA 대표 조성래 목사님을 만났다. 러시아에 TEE를 통한 말씀 운동을 함께하자고 제안했다. 조 목사님은 기꺼이 동의했다. 목사님은 네팔에서 진행하는 〈21세기 아세아 TEE 콘퍼런스〉에 나를 초대했다. 러시아에서 TEE 사역을 하는 평신도 지도자를 만났다. 내가 블라디보스토크에서 사역할 때 만났던 아냐였다. 아냐는 블라디보스토크 중심으로 TEE 사역을 활발하게 하고 있었다. 러시아에서 TEE 사역은 페테르부르크에서 시작되었다는 것도 그때 알았다. 나는 아냐에게 TEE 교재를 파일로 보내달라고 했다.

　러시아는 매우 넓은 나라다. 블라디보스토크에서 책을 만들어서 보내면 운송비용이 더 많이 들어갈 수 있다. 그래서 나는 각 지역에서 책을 만들 수 있는 시스템을 구축하자고 제안했다. 각 지역에서는 만든 것의 10%만큼을 로열티로 보내주면 서로 좋겠다고 했다. 하지만 아냐는 나의 제안에 동의하지 않았다.

　콘퍼런스를 마친 후에 나는 블라디보스토크를 방문했다. 나는 TEE 담당자들과 다시 만났다. 나는 그들에게 아냐에게 말했던 것처럼 서로 믿고 파일로 보내어서 각 지역에서 책을 만들게 하자고 제안했다. 그들은 나의 두 번째 제안도 거절했다. 러시아에서 상호신뢰하며 협력하는 것이 어렵다는 것을 느꼈다.

　나는 러시아어 교재《풍성한 빛》과《생명의 빛》을 각각 200권을 구입했다. 볼고그라드로 돌아와서 고려인들과 TEE 공부를 시도해 봤다. 그와 동시에 나는 TEE 교재를 번역하기 시작했다.《기도》,《잠언》,《그리스도인의 생활》을 번역했다. 번역비는 TEE-KOREA 대표 조성래 목사님이 지원해 주었고 책은 새문안교회 선교비로 제작했다.

TEE 러시아 세미나

2020년 봄에 조성래 목사님을 모시고 러시아 TEE 세미나를 하려고 준비했다. 모든 교단에서 성경공부에 관심이 있는 지도자들을 초청하여 세미나를 진행하기로 했다. 조 목사님은 일정대로 항공권을 발매했다.

그러나 코로나19가 발생하면서 비행기가 뜨지 않고 항공권이 취소되었다. 러시아도 4월부터 6월까지 이동과 모임을 원천 봉쇄시켰다. 당연히 러시아 TEE 세미나도 취소되었다. TEE 사역이 구체적으로 러시아에 뿌리내리려고 하는 순간에 좌절되었다. 코로나19 이후에는 러시아와 우크라이나 사태로 인해서 세미나를 개최하지 못하고 있다. 하나님의 더 좋은 계획이 있을 것이다. 하나님께서 문을 열어주시면 러시아에서 TEE 세미나를 할 계획이다.

2022년에 총회 선교사 훈련에서 조성래 목사님께서 TEE 세미나를 강의했다. 아시아와 아프리카 TEE 교재는 현지어로 번역되어 있다. 나는 2023년 가을에 총회선교사 훈련원 원장으로 임명되었다. 앞으로 총회선교사 훈련원에서 선교사 후보생들에게 TEE를 훈련시킬 계획이다. 선교사들이 TEE 교육을 받고 선교지에서 말씀 운동을 일으키기를 기도한다.

TEE는 말씀 운동이다. TEE는 성경 지식에서 머물지 않고 삶의 변화를 지향한다. 성경 정신과 삶이 사람과 세상을 아름답게 만들 것이다. 말씀만이 진리다. TEE 성경공부는 진리를 전하는 선교 방법이다. 이 진리 운동이 운명론을 극복할 수 있다. 하나님의 말씀이 충만한 선교가 선교지를 살릴 것이다. 진리가 사탄의 속박에서 모든 민족을 자유롭게 할 것이다(요 8:31-32).

카타르 도하를 거쳐 집으로

돌아갈 집이 있다는 것은 행복이다. 네팔에서 TEE 콘퍼런스를 마치고 집으로 돌아가는 여정이었다. 네팔에서 안개가 잔뜩 끼어서 항공편이 지연되어 도하에 늦게 도착했다. 도하에서 갈아타기로 했던 모스크바행 비행기는 이미 떠나고 없었다. 항공사에서 도하에 있는 4성급 호텔을 줬다. 호텔에 짐을 풀어놓고 도하 관광을 나갔다. 나처럼 항공기를 놓친 독일에서 온 부부와 함께 택시를 빌려서 도하를 둘러봤다. 호텔로 돌아와서 하루를 잘 쉬고 볼고그라드에 도착했다.

볼고그라드에 도착하면 언제나 고향 집에 온 것 같다. 나는 진정한 고향 집을 향해 걸어가고 있는 순례자다. 집에 도착해도 이렇게 기쁘고 행복한데 영원한 고향으로 돌아가 그 집에 도착하는 날은 얼마나 더 기쁘고 행복할까? TEE 성경공부를 통해서 러시아에 말씀 운동이 왕성하게 일어날 날을 사모한다.

내가 너희를 기억한다

그러나 너희가 내 괴로움에
함께 참여하였으니 잘하였도다(빌 4:14).

눈물을 흘리다

에젤(Ezer, 돕는 자)선교회를 생각할 때마다 사랑과 정성이 담긴 한국적인 선물과 카드, 기도 편지, 정확한 시간에 도착하는 선물, 일대일의 편지쓰기가 떠오른다. 우리 가족은 2003년부터 에젤선교회와 연결되어 큰 사랑을 받았다.

2010년 총회 신임선교사를 훈련하며 후배 선교사 몇 명을 에젤선교회에 연결해 줬다. 내가 에젤선교회를 통해서 받은 사랑을 그들도 받게 하고 싶었다. 에젤선교회에서 기도모임이 있으니 와서 선교 이야기를 해달라고 요청했다. 나는 기쁜 마음으로 에젤 기도모임에 갔다. 에젤 기도회를 인도하시는 분은 나를 소개할 때 나의 이름과 아내와 아이들 이름을 부르며 소개해 줬다. 덕분에 우리를 위해서 기도하고 있다는 것을 금방 느낄 수 있었다.

나는 약 40분간 설교 및 선교 보고를 했다. 고린도후서 1장 3-11절을 통하여 우리에게 위로를 주시고 위로하게 하시는 하나님을 나누었다. 선교지에서 늘 위로로 다가온 에젤선교회에 대해서 감사를 전했다. 그리고 고난 중에 있는 분들을 위로하고 격려했다.

이날 나는 눈물을 흘리느라 내가 전하고자 하는 메시지를 잘 전달하지 못했다. 나는 설교를 시작하면서부터 에젤에 대한 진정한 감사와 가슴 뭉클한 사랑이 마음 가득히 몰려오며 눈물이 쏟아져 말을 이어가기가 어려웠다. 간사님을 포함하여 남자는 단 두 명 정도밖에 없었던 것으로 기억한다. 수많은 여성 성도들 앞에서 눈물만 흘리고 온 듯 마음이 유쾌하지 않았다. 그러나 성령님은 내게 조용히 말씀해 주셨다.

"네가 전하고자 하는 메시지보다 더 강력한 메시지를 전했다."

내가 너희를 기억한다

우리 가족은 에젤선교회에 사랑의 빚을 많이 졌다. 우리 가족은 1995년부터 2002년까지 러시아 블라디보스토크에서 사역했다. 2002년에 한국에서 안식년을 보내며 장로회신학대학에서 선교학 석사 학위과정을 공부했다. 안식년 기간에 볼고그라드에서 나를 부르는 고려인들의 손짓을 보고 그들을 위해서 부르시는 하나님의 음성을 들었다. 나는 하나님의 음성에 순종하여 2003년도에 블라디보스토크에서 볼고그라드로 선교지를 옮겼다. 선교지를 옮기자 아이들은 갑자기 친구를 잃었다. 친구를 잃은 아이들은 우리 부부가 보지 않는 틈을 타서 종종 눈물을 훔치며 외로움을 달랬다.

2004년 5월 5일 어린이날에 있었던 이야기다. 러시아의 어린이날은 6월 1일이다. 그해 5월 5일에 초등학교 1학년인 딸과 2학년인 아들은 학교에 가서 공부했다. 우리 부부는 타국에서 그날을 맞은 아이들의 마음을 어떻게 위로할까를 생각하고 있었다. 그런데 정확하게 5월 5일 어린이날에 맞춰 한국에서 소포가 하나 날아왔다. 에젤(Ezer) 선교회에서 아이들에게 어린이날 선물로 보낸 소포였다.

우리는 우체국에서 선물을 찾아서 아이들 책상에 올려놓았다. 아이들은 학교에서 돌아와 각자의 선물을 풀었다. 정성스럽게 손으로 쓴 축하 카드와 어린이날 선물이 아이들의 마음을 사로잡았다. 아이들은 기뻐서 어쩔 줄 몰라 하는 눈치였다. 볼고그라드에서 쓸쓸하게 맞이할 뻔한 어린이날이 기쁨의 날이 되었다. 에젤선교회에서 보내준 선물을 통해서 하나님께서 "내가 너희를 잊지 않고 기억하고 있다."라고 말씀하시며 위로해 주시는 것 같았다. 하나님께서 에젤선교회를 통해서 아이들의 정서적 탱크를 가득 채워주시는 것을 봤다.

한국의 향수를 불러일으키는 선물

에젤선교회는 2003년부터 지금까지 변함없이 각종 명절과 생일에 진한 감동을 주고 있다. 러시아는 항공으로 보내는 우편물의 도착 날짜를 맞추는 것이 어렵다. 그런데 에젤선교회는 항상 생일이나 어린이날, 크리스마스 날짜를 정확하게 맞추어 카드나 선물을 보내준다. 그만큼 많은 사랑과 정성을 담은 준비와 기도의 결과라고 생각한다.

에젤선교회에서 보내는 카드나 선물은 직접 만든 것이라 감동이

배나 크다. 한국의 꽃들과 낙엽들을 말려서 카드를 만들어서 보내준다. 에젤선교회에서 보내준 카드는 한국에 대한 그리움과 향수를 달래기에 충분하다.

에젤선교회는 선물이나 카드가 일대일로 보내는 느낌을 받게 한다. 그들은 선교사의 모든 가족의 이름과 상황을 기억하고 안부를 묻고 기도하고 있다고 말한다. 그래서 에젤선교회에서 보내주는 카드나 선물을 받을 때마다 우리를 사랑하는 분들이 기도하며 보내준 것임을 금방 알 수가 있다.

우리 가족은 에젤선교회에서 보내준 카드나 선물은 집안 여기저기에 붙이고 매달아 놓고 빛이 바랠 때까지 보고 또 본다. 그 카드들은 하나님의 무조건적 은혜와 사랑을 느끼게 하는 기념물이 된다. 우리 집에는 에젤에서 보내온 선물이 상자 가득히 쌓여있다.

우리 한국교회는 이제 2만 명의 선교사 시대를 맞이했다. 상당히 많은 선교사와 선교사 자녀들이 우울증과 고독으로 고통을 받고 있다. 선교사 멤버케어를 본격적으로 해야 할 시기다. 에젤선교회는 하나님께서 "이때를 위하여 세우셨다"고 생각한다. 에젤선교회에서 계속해서 귀한 사명을 잘 감당해 줌으로 오지에서 사역하고 있는 선교사들이 지치지 않고 사역할 수 있도록, 선교사명을 잘 감당할 수 있도록 케어 선교를 지속적으로 감당해 주기 바란다. 아낌없이 정성과 사랑으로 베풀어 주신 사랑에 감사를 드린다.

선교사 멤버케어(Member care)에 관심을 가질 때다

　내가 30년째 선교지에서 살아남아 선교사역을 감당할 수 있는 것은 전적으로 하나님의 은혜다. 나 또한 선교를 하다가 포기하고 싶은 순간들이 있었다. 그러나 고난의 저 너머에 하나님이 찾으시는 사람들이 주님께 돌아오는 날을 꿈꾸며 참아왔다. 내가 내 능력으로 잘 참았다고 생각하지 않는다. 나의 인내심으로는 이미 이곳을 수십 번도 더 떠났을 것이다. 그러나 잊지 않고 매일 이름을 불러가며 기도해 주시는 분들과 격려해 주시는 분들이 있어서 이곳까지 왔다고 생각한다. 사람은 밥만 먹고 사는 존재가 아니다. 인간에게 사랑과 감동은 산소와 같다. 선교사를 감동케 하는 것은 큰 것이 아니라 사랑과 정성이 담긴 카드 한 장이다.

　요즘 신임선교사들은 원두커피를 좋아하고 오래된 세대의 선교사들은 맥심커피를 좋아한다. 선교사들은 맥심커피와 라면에서 조국의 냄새와 맛을 느낀다. 맥심커피와 라면은 대부분의 선교사를 감동하게 한다. 한국적인 인삼차나 생강차, 보리차, 둥굴레차, 메밀차 같은 것도 마찬가지다. 이런 것들을 선물해 주는 에젤선교회와 같이 세심하고 정성스런 배려가 선교사를 살린다.

　선교비를 보내는 것은 선교에 동참하는 귀한 일이다. 그러나 여기에서 머물러서는 안 된다. 선교사를 후원하는 것에서 그치지 말고 기도하며 세심하고 정성스런 마음을 전하는 작은 선물을 함께 보낼 필요가 있다. 그것은 '우리가 당신을 잊지 않고 있다'는 메시지를 보내는 것이다. 선교사를 많이 보내는 것도 중요하지만 보낸 선교사를 세심하게 돌보는 일은 더 중요하다. 선교사 멤버케어를 통해서 한국교회 선교가 더 건강해질 수 있을 것이다.

한국세계선교협의회(KWMA)에서 발표한 선교현황 조사에 따르면 한국교회는 2022년 12월 현재 169개국에 22,204명의 선교사를 파송했다. 이는 미국 다음으로 많은 선교사 숫자로 세계 2위를 자랑한다. 선교사를 많이 보내는 것도 중요하지만 이제는 보낸 선교사를 더 잘 돕고 관리하여 더 효과적인 선교가 진행될 수 있도록 해야 할 때다.

한국교회 선교사들은 노령화되었다. 상당히 많은 선교사가 아프다. 육체만 아픈 것이 아니고 마음과 정신이 아프다. 선교사들이 선교지에서 정신과 마음과 육체가 병들지 않고 건강한 선교를 할 수 있도록 선교사 멤버케어에 신경을 쓸 때다.

코로나19로 선교지에 들어가지 못하는 선교사들이 숙소가 없어서 나그네처럼 사는 사람이 많다. 일 년 동안 한국에 살면서 13번 이사를 한 선교사도 봤다. 많은 선교사가 은퇴를 앞두고 있다. 은퇴 후에 선교사들이 고국에 돌아와도 거주할 수 있는 공간이 없다. 그 결과 일부 선교사는 선교지에서 살다가 선교지에 몸을 묻겠다며 다시 선교지로 돌아가고 있다. 지금 한국교회는 선교사 멤버케어에 더 많은 관심을 가져야 할 때다.

코로나19로 인해서 갑작스럽게 한국에 들어온 많은 선교사들은 겨울이 다가오면서 방한복이 없어서 추위에 떨고 있었다. 특히 열대지역에서 온 선교사들은 더 그랬다. 나 역시 겨울 잠바가 없었다. 에젤선교회는 이 사실을 알고 선교사들에게 겨울 잠바를 보내줬다. 나는 에젤선교회에서 겨울 잠바를 받아서 겨우내 잘 입었다. 겨울 잠바는 한국교회의 사랑을 느끼게 했다. 한국에 있는 동안 에젤선교회는 명절에 고향의 맛을 느낄 수 있는 어묵을 보내줬다. 에젤선교회는 정신적인 어려움을 겪고 있는 선교사들을 위해서 전문 상담사와 상담할 수 있는 길을 열어줬다. 에젤선교회를 생각할 때마다 세심한 배려에 깊은 감동을 느낀다.

예전엔 미처 몰랐어요

✧

클라바 집에 불이 났다

　몇 년 전에 고려인 성도 돈 클라바 집에 불이 났다. 러시아 시골에 있는 집들은 목조 건물이기 때문에 불이 나면 완전히 전소된다. 클라바 집은 불이 난 지 불과 몇 시간 만에 완전히 전소됐다. 다행히 여름에 부엌으로 사용하는 별채가 본채와 떨어져 있던 덕분에 불에 타지 않고 살아남았다. 클라바 부부는 별채에서 거주했다.

　이후 클라바는 집을 다시 지을 엄두를 내지 못하고 있었다. 러시아 사람들은 불난 집터에 다시 집을 짓는 것을 터부시한다. 불난 집터에 집을 지으면 또 불이 날 수 있고 재앙이 임한다고 생각한다.

　어느 날 클라바는 "불난 집터에 다시 집을 지어도 되느냐"고 나에게 물었다. 나는 "당연히 다시 지어도 된다"고 말했다. 이전에 불탄 것을 깨끗하게 제거하고 다시 지으라고 했다. 그녀는 악한 기운이 들어 또다시 불행한 일을 당하지 않을까 걱정했다. 클라바는 불안하니까 목사님이 집터에 와서 기도해 달라고 요청했다. 나는 먼저 불탄 집터를 깨끗하게 정리하라고 했다.

　클라바는 며칠이 지나서 불탄 것을 다 정리했다고 했다. 나는 클라바의 집으로 갔다. 그녀의 남편도 함께 기다리고 있었다. 남편은 교회에는 나오지 않는다. 그러나 자기 집을 위해서 기도한다고 하니까 함께 기도했다. 나는 불난 집터 위에서 성경을 읽고 함께 기도했다.

"여호와께서 집을 세우지 아니하시면 세우는 자의 수고가 헛되며 여호와께서 성을 지키지 아니하시면 파수꾼의 깨어있음이 헛되도다"(시 127:1). 그리고 집을 다시 건축하라고 했다.

CCC 단기선교

클라바의 집 건축은 순조롭게 진행되었다. 벽돌이 한 단씩 쌓여 올라갔다. 지붕을 아름답게 만들었다. 나는 창문을 설치할 수 있는 비용을 도와줬다. 두나미스 청년들이 와서 집 주변을 깨끗이 청소했다. 청년들은 담장 페인트칠을 했다. 이제 내부 공사가 진행될 차례였다.

2015년 9월에 한국대학생선교회(CCC)에서 두 명의 형제(한성근, 박지원)와 세 명의 자매(김루리, 송영인, 임지선)로 팀이 구성되어 볼고그라드로 단기선교를 왔다. 팀장은 한성근 형제였다.

나는 청년들에게 클라바 집 내부 공사를 할 수 있는지 물었다. 그들은 전문가는 아니지만 열심히 해보겠다고 했다. 자매가 세 명이기 때문에 건축 내부 공사를 할 수 있을까 염려되었다. 그들은 나에게 걱정하지 말라고 했다. 나는 그들의 젊음과 열정을 믿었다. 그들은 마리노프카 '세상의 빛' 센터에서 거주하며 센터에서 5분 거리에 있는 클라바 집 내부 공사를 돕기로 했다.

그들은 볼고그라드에 도착하기 전에 블라디보스토크에서 벽화를 그리는 사역을 했다. 그 후에 대륙 횡단 열차를 타고 모스크바를 구경했다. 모스크바를 경유해서 볼고그라드까지 왔다. 청년들은 고려인들이 거주하고 있는 마리노프카 마을을 바라보고 놀랐다. 너무나 낙후된 상황을 바라보며 큰 충격을 받는 듯했다. 모스크바는 21세기 문명을 달려가는 시대인데 이곳은 19세기의 모습이다. 이곳은 아직도 진흙탕 길이다. 비만 오면 장화를 신지 않고는 걸어 다닐 수가 없다. 지방은 21세기의 모습과는 전혀 다른 상황이다. 지방에는 무너져가는 집들이 많다. 이곳에 고려인들이 모여서 살고 있다.

나는 10년 전에 마리노프카에 교회를 개척했다. 오전에 볼고그라드 시내에 있는 변화교회에서 예배를 드리고 오후에는 60km 떨어져 있는 시골에 가서 오후 3시에 예배를 드린다. 그러나 이렇게 한 지 10년이 지났지만, 지방에 개척한 교회는 열심에 비해서 열매가 잘 보이지 않는 깨진 독에 물 붓기 같은 느낌을 받는다.

학생들은 2주간의 일정으로 돈 클라바 집 내부 공사를 시작했다. 먼저 집 내부 벽에 석고보드를 붙이는 일을 했다. 자매들은 옆에서 돕는 보조역할을 했다. 아침부터 저녁까지 종일 석고보드를 붙였다. 작업을 하며 청년들과 클라바 가족은 2주 동안 정이 많이 들었다. 클라바는 정성을 다해서 청년들에게 음식을 대접했다. 청년들도 최선을 다해서 공사했다. 또한 공사가 진행되는 기간에도 그들은 아침저녁으로 기도와 말씀에 몰두하는 것을 잊지 않았다.

나의 기우(杞憂)와는 다르게 2주 안에 석고보드 공사와 벽지를 바르는 집 내부 공사를 마감했다. 클라바는 너무도 고마워했다. 청년들의 온전한 희생과 헌신이 클라바 가족을 감동시켰다. 그 이후에 클라바 가족은 모두 교회에 나오게 되었다. 클라바는 지금도 가끔 그 학생들을 보고 싶다며 감사의 눈물을 흘린다.

CCC 집회

나는 1974년 8월에 엑스플로(EXPLO) 74에 참여했었다. 엑스플로 74는 한국대학생선교회(CCC)에서 개최한 선교대회였다. CCC는 1950년에 빌 브라이트가 시작했다. 한국에서는 1958년에 김준곤 목사가 시작했다. CCC는 민족 복음화와 세계 복음화를 부르짖었다. 엑스플로 74는 한국교회 성장과 세계 복음화에 불을 지폈다. 그때 주제는 '민족의 가슴마다 그리스도를 심어 이 땅에 성령의 계절이 임하게 하자'였다.

나는 여의도 광장에서 열렸던 엑스플로 74에 참가했다. 엄청 많은 사람이 참가했다. 여의도 광장이 좁아 보였다. 강단이 잘 보이지 않았다. 스피커 시설도 미흡해서 소리도 잘 들리지 않았다. 그래도 우리는 맨바닥에 질서 정연하게 앉았다. 설교 도중에 앞에서 모든 사람이 일어날 때 나는 사람들이 왜 일어나는지 잘 모르면서도 따라서 일어났다. 그때 나는 중학생이었다. 나는 그때 예수를 인격적으로 만난 직후였다. 영적으로 불타오르고 예민했던 시절이었다.

고등학생이 되었을 때 다시 '80 세계 복음화 대성회'가 열렸다. 장소는 엑스플로 74가 열렸던 여의도 광장이었다. 이때도 집회 도중에 앞에서부터 사람들이 일어났다. 나도 따라서 일어났다. CCC 선교대회는 민족 복음화와 세계 복음화에 불을 지폈다. 나는 74년과 80년 집회에서 사람들이 자리에서 일어난 이유를 후에 알았다. '민족 복음화와 세계 복음화에 헌신할 사람은 일어나라'는 것이었다. 그때 나는 나도 모르게 하나님께 선교사로 헌신했다. 하나님의 섭리는 기묘하심이다(시 139:13-17).

CCC 대학생 수련회

나는 중학생 때 목사가 되려는 꿈을 꾸었다. 가족의 반대에도 불구하고 신학교에 들어갔다. 1982년에 강원도 신림에서 열린 CCC 수련회에 참가했다. 당시 교회 대학부 담당인 조개석 선생님은 카이스트(KAIST) 박사였다. 그는 또한 CCC 나사렛 회원이었다. 그는 예수의 정신에 따라 살아가고 있는 스승이었다. 그는 양복도 두 벌 이상 가지고 살지 않았다. 매사에 검소했다.

조개석 선생님은 나에게 강원도 원주 신림에서 열리는 CCC 대학생 수련회에 참가하라고 하셨다. 참가 등록은 선생님께서 미리 해 놓았다. 나는 선생님의 말씀대로 CCC 수련회에 참가했다.

수련회는 강변에서 진행되었다. 강단은 강변 미루나무 사이에 있었다. 학생들은 모래사장에 앉았다. 파란 저녁 하늘에 둥근 달이 밝게 떠올라 있었다. 김준곤 목사님은 강단에서 김소월의 시 〈예전엔 미처 몰랐어요〉를 읊으셨다.

봄가을 없이 밤마다 돋는 달도
'예전엔 미처 몰랐어요.'

이렇게 사무치게 그리울 줄도
'예전엔 미처 몰랐어요.'
(후략)

젊은 감성이 살아있던 그 시절에 목격했던, 그날 밤의 감동스러운 장면은 한 폭의 수채화 같은 그림으로 내 가슴속에 남아있다. 김준곤 목사님은 민족 복음화와 세계 복음화에 헌신하자고 설교했다. 매일의 설교와 교제는 감동의 도가니였다.

10일간 수련회를 마치고 10일간 거지순례전도여행을 떠났다. 20명이 한팀이 되어 차비만 가지고 출발했다. 그때 하나님께서 먹여주시고 재워 주시는 것을 체험했다. 하나님은 우리를 한 끼도 거르지 않고 먹이셨다. 그때 나는 하나님께서 먹이시고 입히시는 것을 체험적으로 믿게 되었다. 하나님은 선교지에서도 언제나 신실하게 먹이시고 입히셨다.

나는 CCC 청년들이 차비와 기본 식비만 가지고 볼고그라드에 온 것을 보며 내가 젊었을 때 경험한 것이 아련하게 떠올랐다. 그리고 그들이 여기까지 온 것이 고마웠다. 나는 정성을 다해서 그들에게 식사를 대접했다. 그리고 내가 청년 때 거지 순례 여행을 다닐 때 먹이시고 입히시던 하나님을 떠올리며 그 팀을 위해서 선교헌금을 했다. 하나님께서 그들의 미래를 복되게 하실 것이 믿어졌다.

그들은 한 달간 헌신적으로 사역했다. 그 덕분에 클라바 가정은 딸과 사위와 손자들까지 교회에 나와 신실하게 신앙생활을 하고 있다. 그들이 뿌리고 간 사랑과 눈물과 땀이 열매를 맺고 있다. 청년들은 진흙탕 길을 걸어 다니며 클라바 집을 수리하고 아이들과 함께 놀았다. 팀장 한성근 형제는 우리 부부의 다정한 모습을 그림으로 그려주고 떠났다. 그는 지금 세계를 돌며 만났던 고려인들과 대지진으로 고통 당하는 네팔 사람들 등 세계에 잘 알려지지 않은 모습을 세상에 알리는 웹툰 작가로 사역하고 있다.

선교지 사람들과 함께하며 그리스도의 사랑을 삶으로 보여주는 것이 선교다. 말이 아닌 사랑의 행위를 통해 생명의 역사가 일어난다. 조국 대한민국 땅에 그리스도의 계절이 다시 올 수 있기를 기도한다. 세계 복음화에 청년들이 더 강하게 일어날 수 있게 되기를 기도한다. 이를 위해서 선교단체와 교회가 서로 협력하고 상생해야 한다. 선교단체와 선교사가 콘비벤츠 정신을 가지고 서로 협력해야 한다. 상호도움과 상호배움과 상호잔치를 통해서 민족 복음화와 세계 복음화가 이루어질 것이다.

우리는 모두 이야기로 남는다

✦

CGN-TV 단기선교

새벽 4시경에 휴대폰이 울렸다. 처음에는 휴대폰을 못 받았다. 그러나 다시 울리는 휴대폰을 받았다. 러시아 경찰이 채규연 형제의 여권을 가지고 가서 안 준다는 것이었다. 아마도 모스크바에 들어가는 최종 검문소로 생각되었다. 그들이 멀리 있기 때문에 나는 아무런 조치를 취할 수 없었다. 이미 거주신고를 완벽하게 했기 때문에 영어로 문제를 스스로 해결하라고 했다. 잠시 후 500루블을 주고 문제를 해결했다고 팀장인 조현봉 형제가 전화를 했다. 아무 잘못이 없는 상태에서 돈을 뺏겼다는 것에 화가 났으나 팀이 무사하다는 소식을 듣고 하나님께 감사드렸다.

러시아에서는 이렇게 황당한 감사를 자주 드린다. 아침에 팀장이 모스크바에 잘 도착했다고 전화를 했다. 이후 그들은 모스크바 사역을 마치고 한국으로 돌아가면서 한 번 더 전화를 했다. 며칠 후 이주연 자매가 감사의 내용을 담은 메일을 보내왔다. 그들 CGN-TV 팀은 성숙한 모습을 보였다. 성숙한 단기선교팀은 선교사에게 힘을 준다. 이러한 팀들을 통해서 선교가 성숙해진다.

온누리교회 하용조 목사님은 비전의 사람이었다. 그는 2천 명의 선교사와 1만 명의 사역자를 파송하는 꿈을 꾸었다. 그는 이 꿈을 이루기 위한 하나의 방법으로 기독교 텔레비전 방송국 CGN-TV를 세웠다.

그는 세계에서 사역하고 있는 선교사들을 멤버케어 하기 위해서 이 방송국을 세웠다고 한다. 그 시절은 인터넷과 유튜브가 발전하기 훨씬 이전이었다. 하 목사님은 모든 선교사가 선교지에서 CGN-TV를 보고 외로움을 극복할 수 있게 되기를 기도했다. 그는 정말 선교사를 사랑한 사람이었다.

그는 CGN-TV에서 일하는 방송인들을 세계로 단기선교를 보냈다. 그 목적은 세계 모든 곳에서 CGN-TV를 볼 수 있도록 수신기와 안테나를 달아주기 위함이었다. 또한 선교지의 생생한 선교 이야기를 취재하여 방송하기 위함이었다. 한 선교사에게 수신기와 안테나를 달아주는데 약 500~700불의 경비가 소요되었다. CGN-TV 팀은 러시아에서도 외지(外地)라고 할 수 있는 볼고그라드까지 와서 안테나와 수신기를 달아줬다.

2009년 8월 16일 주일~18일 화요일에 방송인 5명이 볼고그라드 단기선교를 왔다. 5명의 멤버 중에 자매도 두 명 있었다. 하용조 목사님은 물론 CGN-TV에 근무하는 방송인들까지도 선교에 목숨을 건 사람들 같았다.

나는 눈물을 왈칵 쏟을 뻔했다

나는 2009년 8월 16일 주일 아침 8시에 볼고그라드역 앞으로 나갔다. CGN-TV 단기선교팀을 맞이하기 위함이었다. 이곳은 버스를 타고 오기에는 멀기 때문에 단기선교팀이 올 때는 대부분 비행기를 타고 온다. 그러나 CGN-TV 팀은 버스를 타고 왔다. 경비를 절약하기 위해서 비행기보다 저렴한 버스를 타고 온 것이었다. 모스크바에서 볼고그라드까지는 버스로 15시간이 걸린다. 버스는 중간에 4번 쉰다. 버스를 타고 오는 것은 정말 쉬운 일이 아니다.

나는 기차역 앞에서 모스크바에서 오는 버스를 기다렸다. 아침 8시 30분에 모스크바에서 오는 버스가 도착했다. 버스에서 피곤함에 지친 러시아 사람들이 하나둘 내렸다. 한참을 기다리자 한국 사람의 얼굴이 눈에 들어왔다. 그들 역시 꼴은 말이 아니었다. 나는 그들의 초췌한 모습을 보고 눈물을 왈칵 쏟을 뻔했다. 그때까지 단기선교를 위해서 온 팀 중에서 버스를 타고 온 팀은 처음이었다. 버스를 타고 오면 가격은 저렴하지만, 매우 힘들고 위험하여 나는 그 방법을 선호하지 않았다. 그들은 가장 저렴하고 가장 힘들고 가장 위험한 길을 선택해서 볼고그라드에 도착했다. 이렇게 멀리까지 찾아온 CGN-TV 단기선교팀이 고마웠다. '한국교회는 선교사들을 사랑하는구나. 한국교회는 선교사들을 잊지 않고 있구나. 오지에 있어도 하나님은 기억하시는구나' 하는 생각이 스쳐 지나갔다. 감사와 감동이 몰려왔다.

정신없는 상태로 그들과 짧게 인사를 했다. 내 차에 가방과 방송 장비를 실었다. 나는 팀과 함께 집으로 왔다. 나는 팀원들에게 식사 전에 씻으라고 했다. 그들은 얼굴을 씻자 정신이 조금 돌아오는 것 같았다. 아내가 정성껏 준비한 식사를 대접했다. 아내는 선교팀이 밤새 온 것을 고려해서 미역국을 끓였다. 아침 식사를 마치고 잠시 휴식을 취한 뒤 주일예배를 드리러 교회에 갔다.

나는 교회에 단기선교팀을 소개했다. 교회는 전통에 따라서 작은 러시아 기념품을 선물했다. 단기선교팀은 주일예배 전체를 영상과 사진으로 담았다. 우리와 함께 교회를 섬기며 신학교를 담당하고 있는 미국 선교사 제임스 목사를 인터뷰했다. 후에 그들은 러시아 교회와 협력선교 하는 모습을 촬영했다.

오후에 볼고그라드 전경과 문화탐방이 가능한 지역을 돌아보며 영상에 담았다. 볼고그라드 스탈린그라드 전쟁 박물관과 마마예프 쿠르간(조국의 어머니상), 알레야 게로예브(영웅 거리), 볼가강을 돌아봤다. 볼고그라드는 비가 온 후여서 날씨가 매우 맑았다. 날씨가 좋아서 영상이 아름답게 찍혔을 것 같은 생각이 들었다. 내가 사역하고 있는 이곳이 아름답게 방송을 통해서 한국에 전달되면 좋겠다는 생각이 들었다.

CGN-TV 단기선교사역

17일 월요일에 고려인들이 많이 거주하고 있는 시골 마을인 마리노프카로 갔다. 나는 그곳에 교회를 개척하고 있었다. 이날은 한글 전문인 선교사 이혜영 집사님과 3개월간 단기선교사로 온 윤복희 장로님이 한글을 가르치고 있었다. 한글을 가르친 후에 파티가 열렸다. 집사님과 장로님이 한국에 들어가기 전에 마지막 수업을 하는 날이었기 때문에 특별행사를 한 것이다. 아내는 김밥을 싸고 아들 정복이와 딸 충만이가 동행했다. CGN-TV 팀은 한글학교의 모습을 취재했다.

뒤이어 농막에 살며 농사를 짓고 있는 곳으로 가서 고려인 쉐냐 부모를 만났다. 그들은 우리가 도착하자마자 우리에게 수박과 드냐(러시아 참외)를 대접했다. 고려인들은 어렵게 살았어도 인심은 살아있다. 그들과 인터뷰를 시작했다. 쉐냐 아버지는 우즈베키스탄에서 국립음대를 나왔다. 부인도 대학을 졸업하고 회계사로 일을 했었다. 그러나 그들은 볼고그라드로 이주하여 7년째 농사를 짓고 있다. 그들은 우즈베키스탄에서 민족주의와 언어 문제와 자녀교육 문제로 인해서 이곳으로 이주했다. 그들은 먹고살기 위해 농사를 시작한 것이 평생 직업이 되었다. 그들은 자신들이 전공한 음악이나 회계사로 일을 찾을 수 없었다. 고려인들의 서글픈 살아있는 역사를 들었다.

고려인들은 1937년에 스탈린에 의해서 연해주에서 중앙아시아로 강제 이주를 당했다. 그들은 잡초와 같이 그곳에서 살아남았다. 소련이 해체되면서 고려인들이 살고 있던 우즈베키스탄과 타지키스탄과 카자흐스탄에서 민족주의가 일어났다. 각 국가는 자기 언어를 회복하면서부터 모든 공용어를 자기 언어로 사용했다. 러시아어만 알고 우즈벡어와 타직어를 모르는 고려인들은 직장에서 쫓겨났다. 언어 문제로 직장을 잃은 고려인들은 러시아로 이주하기 시작했다.

고려인들이 러시아로 이주한 더 중요한 이유는 자녀교육을 위해서였다. 그들은 먹을 것이 없어도 자녀들을 교육하는 일에 최선을 다한다. 러시아에서 교육받은 자녀들이 공부를 잘하여 각 분야에서 두각을 나타낼 수 있도록 최선을 다했다.

고려인들이 가장 많이 이주한 곳은 블라디보스토크다. 그다음으로 많이 이주한 곳은 카자흐스탄 국경에 인접한 러시아 볼고그라드다.

볼고그라드로 이주한 고려인들은 시간과 돈을 들여서 러시아 시민권을 다시 받고 있다. 러시아로 이주한 고려인들은 자기 전문직을 찾지 못하고 대부분 농사를 짓고 있다. 줴냐 부모도 이러한 부류의 고려인이었다.

고려인 국시(국수)

줴냐 부모는 인터뷰를 마치고 한글학교에 와서 잔치에 참여했다. 윤복희 장로님이 만든 잡채, 아내가 만든 김밥, 스베따가 준비한 고려인 국시로 식탁이 화려했다. 고려인들은 국수를 국시라고 말한다. 이웃에 거주하고 있는 고려인 한 분이 러시아 케이크를 준비해 왔다. 우리는 음식을 나누며 기쁨을 나누었다.

이렇게 함께 더불어 먹을 때마다 예수님께서 왜 제자들과 자주 식탁을 함께 하셨는지를 알게 된다. 식탁은 사랑이 있고 기쁨이 있고 만족함이 있다. 식탁은 모두가 평등하다. 고려인 아이들과 점심을 먹고 그들의 한글 공부하는 모습을 영상에 담고 아이들과 함께 CGN-TV 배너를 찍었다.

우리는 오후 2시에 김상환 선교사 집으로 갔다. 단기선교 팀은 김상환 선교사 집에 CGN-TV 안테나를 설치하기 시작했다. 러시아 기술자 빅토르는 노련한 솜씨로 안테나를 설치하고 CGN-TV 방송을 잡았다. 약 2시간 30분 만에 모두 끝났다. 단기 팀은 우리 집의 안테나도 수리한 후 다시 김상환 선교사 집에 가서 저녁을 먹고 돌아왔다.

문화센터 '세상의 빛'에 안테나 설치

18일 화요일에 문화센터 '세상의 빛'으로 갔다. 빅토르는 빠른 동작과 노련한 솜씨로 일을 시작해서 안테나를 설치했다. 나는 그에게 안테나 높이가 너무 낮다며 올려 달라고 부탁했다. 그는 군소리 하나 없이 달았던 안테나를 떼어서 다시 올려 달았다. 오후 2시경에 CGN-TV 방송이 나왔다. 우리는 다 같이 함성을 질렀다. CGN-TV가 연결되자 마음으로 한국과 연결된 느낌이 들었다.

숨은 사람들의 이야기도 역사에 남겨야 한다

CGN-TV 단기선교팀이 모스크바로 돌아갈 시간이 되었다. 집에 돌아와서 짐을 정리하고 연성숙 선교사 표 주먹밥을 싸서 모스크바행을 준비했다. 단기 팀은 오후 5시에 버스를 타고 출발했다. 팀들은 선교지에서 민폐를 끼치면 안 된다며 본인들이 먹은 것과 차량 비용을 계산해 줬다. 참 미안하고 수고해 준 것이 감사했다. 그래서 받을 수 없다고 했다. 그러나 그것이 본인들의 규칙이라며 받으라고 했다. 우리는 결국 그들의 규칙에 졌다. 사랑만 받고 사랑을 갚을 수 없게 된 것이었다.

당시 CGN-TV는 세계에 나가 있던 선교사들에게 큰 위로와 힘을 줬다. 하용조 목사님은 선교사 사모들이 우울증에 걸리지 않도록 CGN-TV를 선교지에 송출한다고 했다. 그 한 사람을 통해서 수많은 사람이 살아났다. 그러나 그보다 더 위대한 사람들은 하 목사님의 말을 듣고 순종하여 세계로 나가서 단기선교를 한 사람들이다. 그들은 말이 아니라 몸으로 선교했다.

나는 지금 그때 볼고그라드에 왔던 다섯 명의 선교팀에게 감사 편지를 쓰고 있다. 나는 이 글에서 다섯 명 중에 세 명만의 이름만 거론했다. 두 사람의 이름을 기억할 수가 없다. 이름도 없이 빛도 없이 섬겨준 그 두 분에게도 감사를 드린다.

선교지를 방문하여 섬겨준 다섯 사람의 선교 이야기가 한국교회 선교 이야기로 남기를 원한다. 위대하고 훌륭한 사람들의 이야기만 역사에 남길 것은 아니다. 보이지 않는 곳에서 수고하고 애쓴 사람들의 이야기를 역사에 남겨야 한다. 장신대 서정운 명예총장님은 "우리는 모두 이야기로 남는다"고 하셨다. CGN-TV를 시작하신 하용조 목사님의 이야기도 역사에 남겨야 한다. 선교사들에게 수신기를 달아주기 위해서 헌금한 온누리교회의 이야기도 선교역사에 남겨야 한다. 그와 동시에 이름 없이 빛도 없이 15시간 동안 버스를 타고 볼고그라드까지 와서 사역한 숨은 사람들의 이야기도 역사에 남겨야 한다. 볼고그라드를 찾아준 다섯 명의 아름다운 이야기가 선교역사에 남을 수 있길 바란다.

＊선교 현장에서 발견한 한 줄 콘비벤츠 5
선교회와 선교사의 상호협력 정신은 선교를 활성화시킨다.

6장

。

정균오의
7가지 미션 콘비벤츠

이제는 콘비벤츠 선교다

❖

본질로 돌아가야 한다

코로나19와 러시아 우크라이나 사태 이후 시대는 뉴노멀(New-Normal)시대다. 선교 패러다임이 변해야 한다. 일방주의적인 선교 패러다임에서 쌍방적인 선교 패러다임으로 변해야 한다. 이를 위해서는 사고가 변해야 한다. 인격적 관계를 통한 대화와 협력이 강화되어야 한다. 초고속 인터넷망은 대화의 거리를 좁히고 있다. 대화 가운데 사랑과 존중을 담지 않으면 혼자 울리는 꽹과리가 될 것이다. 사람을 살리기보다는 서로를 죽이는 결과를 낳을 것이다. 불안하고 비정상적인 시대일수록 본질로 돌아가야 한다.

하나님은 사랑이시다. 삼위일체 하나님의 본질은 사랑이다. 예수님이 교회에 주신 가장 큰 계명은 사랑이다(마 22:37-40). 교회의 본질은 사랑이다. 선교의 본질도 사랑이다. 예수님의 대위임령(The Great Commission)은 대계명(The Great Commandment)을 전제로 할 때 이루어진다.

타인과 함께(with) 하는 선교

이 시대 선교는 힘을 가지고 독자적이고 일방적인 타자를 위한(for the other) 선교가 아니라 타자와 함께(with the other)하는 성육신 선교로 전환되어야 한다(요 3:16). 성육신은 예수의 겸손하신 마음과 함께하는 삶이다. '타인을 위한 선교'는 좋은 선교 정신이다. 그러나 타인을 위한 선교는 타인과 계급이 형성될 수 있다. 타인을 위한 선교는 오히려 자기중심적이고 일방적이고 수직적일 수 있다. 타인을 위한 선교는 상호성이 배제되고 주는 자에게는 우월감, 받는 자에게는 열등감을 일으킬 수 있다. 타인을 위한 선교는 제국주의식의 선교로 발전할 가능성이 크다.

건강한 선교는 '타인과 함께하는 선교'다. 타인과 함께하는 선교는 자신을 비워 종의 형체를 가지신 예수님의 겸손한 선교 자세다(빌 2:5-11). 타인과 함께하는 선교는 타인과 우정(friendship)과 환대(hospitality)를 나누는 선교다. 우정(friendship)은 타인의 기쁨과 고통을 함께 공감(compassion)할 때 시작된다. 환대(hospitality)는 낮고 위험한 자리에 자신을 내어놓는 삶을 통해서 이루어진다. 타인과 함께하는 선교는 쌍방적이고 수평적이다. 타인과 함께하는 선교는 상하관계가 형성되지 않는다.

그동안 한국교회 선교는 일방적이고 수직적이었다. 타자에 대한 존중이 없이 일방적이고 수직적인 형식의 땅 밟기나 예수 천당, 불신 지옥을 외치는 선교는 타자를 인격적인 관계가 아닌 객체로 대하는 것은 건강한 선교 방법이 아니다.

타인과 함께하는 선교 정신이 콘비벤츠 선교다. 사랑과 정의의 정신을 바탕으로 상호도움과 상호배움과 식탁 공동체를 나누는 정신이 콘비벤츠(Konvivenz)다. 콘비벤츠 정신은 상호 인격적인 관계를 강조하는 선교다.

순망치한(脣亡齒寒)이라는 고사성어가 있다. 입술이 없으면 이가 시린 법이다. 우리는 상호 연결되어 있어서 하나가 사라지면 다른 것도 온전하게 세워지는 것이 어렵다. 예수님의 핵심 가르침은 서로 사랑하라는 것이다(요 15:12-17). 건강한 사랑은 상호 인격적인 관계성을 가진다. 건강한 사랑은 서로 사랑하고 서로 존중하고 서로 섬기고 서로 배우고 서로 대접하는 것이다. 건강한 사랑은 자원해서 자신을 낮추고 섬기는 것이다.

콘비벤츠(konvivenz) 선교 정신은 타인과 함께(with)하기 위해서 상호 인격적인 관계를 강조한다. 타인과 함께하는 선교가 건강한 선교 열매를 맺는다. 선교의 모델이신 예수님은 선교를 위해서 자신을 낮추어 인간이 되었고 인간과 함께 사셨다(요 1:14). 초대교회 성도들은 서로 돕고 서로 배우며 서로 잔치를 나누며 함께했다. 사도 바울은 로마 선교를 위해서 셋집에 거주하며 오는 모든 사람을 다 영접하며 그들과 함께 했다(행 28:30-31). 인도 선교사 스텐리 존스는 인도의 차 모임(tea party) 문화를 원탁회의로 만들어서 종교가 다른 인도인과 함께 대화를 나누는 콘비벤츠 선교를 실행했다.

한국교회는 선교지 사람들을 위해서 사랑과 물질과 시간을 더 많이 베풂으로써 희생하고 헌신했다. 조건 없는 사랑과 헌신을 통해서 선교가 이루어졌다. 이러한 선교는 많은 선교 열매를 맺었다.

그러나 이러한 선교는 선교사와 현지인을 주는 자와 받는 자로 만들었다. 선교사를 선교지인 위에 군림하는 자의 자리에 앉혀 놓았다.

한 사람은 일을 지시하고 한 사람은 일을 시행하는 자의 자리에 서게 했다. 이러한 선교는 일방적인 제국주의 선교를 낳았다. 그동안 선교는 현지인을 타자(他者)로 만들었다. 일방적으로 베풀고 군림하는 선교는 현지인과 진정한 우정 관계를 맺는데 장애가 된다.

　이제 선교는 수평성과 상호성을 강조하는 콘비벤츠 선교로 바뀌어야 한다. 서로 사랑하며 서로 도우며 서로 배우는 서로 식사를 대접하는 잔치하는 선교가 되어야 한다. 현지인에게 존중과 존경을 받으려고만 하지 말고 현지인을 존중하고 존경해야 한다. 사랑과 물질과 헌신을 주고받을 수 있어야 한다. 선교지에서 현지인들이 감사의 마음을 담아서 작은 것을 주려고 할 때 감사함으로 받아야 한다. 그렇게 하는 것이 현지인의 자존심을 지켜주는 것이다. 현지인을 가르치려고만 하지 말고 현지인들에게 겸손하게 배우는 정신을 가져야 한다. 이러한 상호작용을 통해서 진정으로 함께함이 이루어질 수 있다.

　온전한 복음을 온 세상에 전하고자 하면 예수 안에서 서로 친구가 되어 우정을 나누어야 한다. 예수님은 제자들을 향하여 서로 사랑하여 친구가 되라고 말씀하셨다(요 15:12-14). 예수님이 우리를 종이라고 하지 않고 친구가 되어 주신 것처럼 현지교회와 친구가 되어야 한다.

　친구는 수평적이고 상호적이다. 친구는 서로를 존중하며 서로 돕고 서로 배우며 식탁을 함께 하며 서로의 우정을 나눈다. 친구의 우정을 나누는 선교가 타자와 함께하는 선교다. 세계교회는 독불장군 선교사가 아니라 친구가 되어 우정을 나누는 선교사를 간절히 원하고 있다. 우리의 진정한 친구가 되어달라고 하는 현지인의 음성을 들어야 한다. 이제 우리는 현지인의 타자가 되어야 한다.

선교사는 중앙을 내려놓고 변두리로 가야 한다. 강한 자가 아니라 연약한 자의 자리에서 저들의 도움을 구하고 저들에게 배우며 예의(禮義)를 지키며 저들과 함께할 수 있어야 한다. 현지교회의 신실한 친구가 되어 서로 사랑하고 서로 존중하고 서로 섬기고 서로 배우는 선교가 건강한 선교의 열매를 맺게 한다.

외국 선교사와 한국인의 콘비벤츠

한국교회 초기 외국선교사들이 선교에 성공한 이유는 선교사와 한국인의 콘비벤츠 정신 때문이었다. 한국에서 사역한 선교사들은 한국인과 자신을 동일시(equation)했다(고전 9:19-23).

외국 선교사들은 한국인을 존중했다. 선교사들은 마음을 열고 한국인들을 동등하게 대우했다. 그들은 한국인들을 도우려고만 하지 않고 기꺼이 도움을 받았다. 그들은 일방적으로 한국인들을 가르치려고 하지 않고 기꺼이 배우려는 자세를 가졌다. 한국인들 역시 선교사들을 존중히 여겼다. 한국인들은 선교사들의 도움을 감사함으로 받아들였다. 선교사들에게 배우기를 힘썼다.

선교사와 한국인들은 오케스트라 단원들과 같이 조화와 균형을 이루었다. 선교사와 현지인의 상호성이 한국 선교를 건강하게 만들었다. 쌍방주의 정신과 자세가 선교를 더 건강하게 만들었다.

콘비벤츠 정신은 쌍방주의 선교 정신이다. 콘비벤츠 정신은 동일시하는 정신과 자세다. 세계 어디든지 어떤 시대든지 사랑을 기초로 서로 돕고 서로 배우며 서로 식탁을 나누는 콘비벤츠 선교 정신이 진정한 선교를 가능하게 한다.

선교사와 후원자의 콘비벤츠

선교사와 후원자가 함께 선교하는 것을 콘비벤츠 선교라고 할 수 있다. 콘비벤츠 선교를 할 때 선교에 생명력을 불어넣는다. 나는 콘비벤츠 정신을 실천한 분들의 이야기를 기록했다. 그들은 하나님 앞에서 선교했다. 하나님과 사람을 사랑하는 마음으로 선교했다. 30년 동안 사역하는 동안 아비와 어미의 마음으로 선교사를 사랑하고 존중했다. 선교사를 돕는 동시에 선교사의 도움을 기꺼이 받았다. 선교사에게 배우고 선교사를 가르쳤다. 그들은 함께 식탁 공동체를 나누며 선교의 여정에 동행했다.

나는 후원교회 교역자라는 생각으로 교회를 사랑하며 교회를 위해서 기도했다. 나는 후원자들을 동역자로 생각했다. 여기에 나오는 분들과 콘비벤츠 선교를 이루었다. 그 결과 블라디보스토크 장로회신학교와 볼고그라드 기독교 문화센터 '세상의 빛'을 세울 수 있었다.

가든지 보내든지에서 함께 가는 선교로

이제는 '가든지 보내든지 하라'에서 '함께 가는 선교'로 전환되어야 한다. 가는 사람은 적고 보내는 것에 만족하는 경우가 많다. 보내는 선교사는 가는 선교사를 돕는 사람처럼 생각한다. 그러나 성경은 '가라'고 말씀하고 있다. 그러므로 보내는 것으로 만족하지 말고 선교사와 '함께 가는 선교'를 해야 한다. 선교지로 나가는 선교사와 선교 후원자는 함께 선교하는 팀이다.

선교사 한 사람을 파송하고 생활비만 지원하면서 세계선교가 잘 이루어지기를 기대하는 것은 어불성설(語不成說)이다. 선교사와 후원교회와 현지교회가 협력하여 콘비벤츠 선교를 할 때 하나님의 선교가 건강하게 성장하고 꽃을 피워 하나님이 기뻐하시는 선교 열매가 맺혀질 것이다.

꽂혀있는 깃발을 날리게 하라

❖

우리는 선교가 필요 없다

나는 2003년에 블라디보스토크 사역을 이양하고 볼고그라드로 선교지를 이동했다. 첫해는 볼고그라드 국립대학에서 한글을 가르쳤다. 대학교에서 교수 비자를 줬다.

1년이 지난 후 종교 비자를 받기 위해서 종교 국장을 만났다. 종교 국장은 러시아는 정교회 역사가 1,000년이 넘었고 개신교 역사도 150년 정도 되었다고 했다. 그는 러시아에 선교사는 필요하지 않고 현지교회와 함께하는 사역자만 필요하다고 했다. 나는 현지교회와 함께 사역하려고 생각하고 있었기 때문에 종교 국장의 동의를 받아내는 것이 어렵지 않았다. 그는 나에게 선교사라고 하지 말고 목사라고 하라고 제안했다. 나는 이곳에서 목사라는 이름으로 현지교회와 함께 동역하고 있다.

선교의 4단계

해롤드 풀러(W. Harold Fuller)는 선교의 4단계를 4P로 설명한다. 선교의 1단계는 선교사가 모든 일을 주도하여 선교사역을 진행하는 개척자 단계(Pioneer), 2단계는 부모의 입장처럼 선교지 교회를 돌보며 성장시키는 부모 단계(Parents), 3단계는 현지교회와 동등한 관계로 협력하는 동반자 단계(Partner), 4단계는 선교지 교회가 모든 사역의 주도권을 가지고 책임을 지며 선교사는 그 사역의 일부에 참여하는 참여자 단계(Participant)라고 말했다.

현시대에 세계 선교지 교회는 개척자(Pioneer) 선교사 또는 부모(Parents) 선교사보다는 동반자(Partner)나 참여자(Participant) 선교사를 요청하고 있다. 과거에 선교지에 교회가 없던 시대에는 개척 선교사나 개척한 교회를 부모처럼 돌보는 선교사가 필요했다. 하지만 지금은 세계 오대양 육대주에 교회가 없는 곳이 거의 없다.

선교지 교회의 숫자가 늘어난 데에 반해 선교지 교회는 대부분 연약한 상태에 놓여있다. 이러한 시대적 상황에서 세계 선교지 교회는 선교지에 이미 세워져 있는 교회의 파트너가 되어 현지교회와 함께 사역하는 동반자 선교사나 현지교회 사역에 부분적으로 참여하는 선교사를 원하고 있다.

현대는 선교사가 현지 지도자나 사역자와 동역자의 관계로 일하든지 현지교회의 요청에 따라 그들의 사역의 한 부분을 섬기는 참여자로 일하는 협력 선교 시대다.[*]

---

[*] 서성민, "한국 장로교 협력," 《선교와 신학》 제8집(2001): 202.

한국교회 선교 패러다임 변화

세계교회는 이미 선교의 한계를 경험하고 현지교회와 동반자 선교가 아니고서는 안 된다는 것을 강조하고 있다. 그러나 한국교회 선교는 세계교회의 주장을 귀담아듣지 않고 과거에 세계교회가 밟았던 실수를 반복하고 있다.

한국교회 선교는 선교지 교회와 협력하여 선교를 진행하는 동반자 선교보다 선교지 교회와는 상관없이 교회를 개척하고 교단을 세우는 선교에 익숙하다. 한국교회 선교는 맨땅에 헤딩하기식으로 교회를 개척하는 것만 선교라고 생각하는 경향이 강하다. 반면에 현지교회와 동반자 선교나 현지교회 사역에 참여하는 선교는 선교가 아니라고 생각하는 경향이 있다.

선교지에 교회가 있음에도 불구하고 맨땅에 헤딩하기식으로 교회를 개척하다 머리가 깨질 필요가 없다. 선교지에 교회가 있을 때는 혼자 교회를 개척하지 말고 현지교회와 함께 개척해야 한다. 그것이 느린 것 같지만 더 빠른 길이다. 한국교회 선교는 에큐메니칼(Ecumenical)을 외치는 교단이나 그렇지 않은 교단이나 똑같이 개척 선교와 부모 단계의 사역에 여전히 머물러 있다.

한국 선교사는 선교지에 많은 교회를 개척했지만 대부분 교회는 선교사의 거취에 따라 교회의 운명이 쉽게 좌우되는 아주 연약한 상태에 놓여있다. 한국 선교사가 이루어 놓은 선교 열매는 선교사가 선교지를 떠나는 동시에 사라지는 경우가 허다하다. 무엇보다도 선교지에서 선교사의 건강과 안전과 장기거주 비자를 받는 것이 위기에 처해있다. 한국교회 선교는 주로 도시에 집중해 있고 선교사 재배치 문제를 해결하기 어려운 과제도 안고 있다.

한국교회 선교는 그야말로 고비용 저효율 선교를 진행하고 있다. 선교를 선교사 개인의 신학과 판단에 맡겨두는 선교의 개인화 현상이 뚜렷하다. 이처럼 한국교회 선교는 선교 신학이나 선교전략이 불분명한 상태에서 선교가 진행되고 있다. 그럼에도 한국교회 선교는 선교 반성을 통한 선교 패러다임 변화를 위한 노력은 매우 미미하고 과거에 서구교회 선교가 행한 실수를 반복하고 있다.

코로나19와 러시아 우크라이나 사태 이후의 핵심 단어는 변화(變化)다. 반성과 회개가 없이는 새롭게 변화될 수 없다. 한국교회 선교는 이제 변해야 한다. 한국교회 선교는 개별적인 개발 욕구와 영웅적 선교를 자제하고 세계교회와 함께하는 선교 패러다임으로 변해야 한다. 한국교회 선교가 동반자 선교로 패러다임을 변화할 때 선교의 후진성을 벗어나서 세계선교의 중심축으로 들어갈 수 있게 될 것이다.

에큐메니칼 신학

에큐메니칼 신학 정신은 일치와 협력 정신이다. 에큐메니칼 신학은 공산주의 신학이 아니다. 에큐메니칼 신학은 종교다원주의를 지향하는 신학이 아니다. 에큐메니칼 신학은 동성애를 옹호하는 신학이 아니다. 에큐메니칼 신학의 근본정신은 교단과 교파를 초월해서 협력하여 온 세계에 하나님의 복음을 전하는 것이다.

한국교회는 분열이라는 이름의 바이러스가 퍼뜨리는 전염병에 걸려 있다. 분열은 한국교회를 무너뜨리는 댐의 구멍과 같다. 이러한 현상은 선교지에서도 마찬가지다. 선교지에 있는 교회와 교단을 무시하며 선교하는 것은 전염병을 퍼뜨리는 것이며 선교의 벽을 무너뜨리는 구멍이다.

선교지에 있는 교회와 교단은 예수 안에서 한 분 하나님을 섬기는 우주적 공동체다. 우리는 예수 안에서 한 가족이다. 선교지 교회와 교단과 일치와 협력을 이루는 에큐메니칼 정신과 실천은 선교를 든든하게 세우는 것이다. 건강한 선교는 다른 사람과 함께 하는 콘비벤츠 선교 정신에서 나온다.

화이부동과 구동존이

선교지 교회와 교단과 일치와 협력은 성경의 정신이다. "몸이 하나요 성령도 한 분이시니 이와 같이 너희가 부르심의 한 소망 안에서 부르심을 받았느니라. 주(主)도 한 분이시요 믿음도 하나요 세례도 하나요 하나님도 한 분이시니 곧 만유의 아버지시라 만유 위에 계시고 만유를 통일하시고 만유 가운데 계시도다"(엡 4:4-6). "삼위일체 하나님은 사랑으로 하나 됨을 이루신다. 교회가 하나 되는 것은 주님의 뜻이다"(요 17).

하나 되기 위해서 서로의 다양성을 인정할 수 있어야 한다. 각 교회와 교단의 다양성은 아름다운 것이다. 다양성을 인정하는 것은 사랑과 정의를 기초로 한 상호도움과 상호배움과 식탁 공동체를 실천하는 곳에서 이루어진다. 서로 다름을 인정하고 조화를 이루어가는 화이부동(和而不同) 정신을 가져야 한다. 이와 동시에 다름을 인정하고 같음을 추구하는 구동존이(求同存異) 정신과 자세를 취해야 한다.

스페어타이어 선교사가 되라

선교지 교회와 일치와 협력을 이루어 선교하는 것은 효과적인 선교 방법이다. 예수님은 교회의 하나 됨을 위해서 기도하셨다. 교회의 일치와 하나 됨은 선교를 위한 것이다(요 17:21-23). 선교지에서 교회와 교단을 초월해서 하나 될 때 건강한 선교 열매가 맺힌다.

한국교회는 선교지 교회와 관계없이 교회를 개척하고 교단을 세우는 것을 중단해야 한다. 선교지 교회의 전통이나 현지 문화를 고려하지 않고 한국교회 예배형식을 고집하는 것도 중단해야 한다. 선교지 교회와 상관없이 신학교를 세우는 것도 중단해야 한다. 21세기 선교는 선교 현지와 함께하는 선교 방향으로 사역해야 한다.

교회가 없는 선교지에서는 맨땅에 헤딩하기식으로 위험을 감수하고 열정적으로 교회와 교단을 개척해야 한다. 그러나 현대는 세계 어디를 가든지 대부분 하나님께서 선교사보다 먼저 가셔서 세워놓으신 교회가 있다. 이슬람권 지역은 물론 북한에도 하나님께서 세우신 교회가 있다. 문제는 선교지 교회가 약한 상태에 놓여있다는 점이다. 약한 상태에 있는 선교지 교회와 경쟁해서는 안 된다. 돈으로 현지교회의 지도자와 양을 빼앗는 반 선교를 중단해야 한다. 맨땅에 헤딩하는 식으로 교회와 교단을 세우는 것을 중단해야 한다.

건강한 선교는 교회와 교단을 초월해서 현지교회와 함께하는 것이다. 지금은 현지교회와 함께 동반자(Partnership) 선교를 해야 하는 시대다. 현지교회는 경쟁 상대가 아니라 협력자다. 이 시대는 현지교회의 필요와 약한 부분을 채워주는 동반자 선교를 해야 한다. 이 시대 선교는 현지교회가 주도권을 가지고 선교사는 협력하는 자리에 서야 한다. 만일 북한의 문이 열린다면 한국교회가 주도적인 선교가 아니라 북한 교회가 주도하는 선교를 해야 한다.

선교지의 미래는 선교사의 손에 달려있지 않고 하나님과 선교지 교회의 손에 달려있다. 선교는 하나님의 선교다. 하나님은 서로 협력하는 것을 기뻐하신다. 이제 선교는 선교지에 깃발을 꽂는 선교를 지양하고 꽂혀있는 깃발을 날리게 하는 선교를 지향해야 한다.

데이빗 보쉬(David J. Bosch)는 선교사들에게 운전사 선교사가 되지 말고 스페어타이어 선교사가 되라고 권면한다. 나는 오늘도 일류나 최고 선교사가 아니라 이류 선교사와 스페어타이어 선교사와 핫바지 선교사로 하나님을 기쁘시게 해 드리는 신실한 선교사가 되기를 소망한다.

선교사는 쇠하고 선교지 교회를 흥하게 하라

한국교회가 폭발적으로 성장한 것은 선교사들 때문이 아니라 한국의 그리스도인들 때문이다.* 선교사는 쇠하고 선교지 교회를 흥하게 하는 것이 건강한 선교다. 선교사는 중앙이 아니라 주님과 같이 갈릴리 변두리로 나가야 한다. 힘이 있으나 약하고 낮은 자의 자세로 선교

---

* 사무엘 H. 마펫, 김승곤 역, 『한국의 그리스도인들』(서울: 미션아카데미, 2021), 8.

에 임해야 한다.

한국 선교는 경쟁적인 선교를 중단해야 한다. 최고, 제일의 선교사가 되고자 하는 헛된 야망 선교를 중단해야 한다. 한국교회 선교는 현지교회와 무관하게 독자적 개발 선교를 중단해야 한다. 고비용 저효율 선교를 중단해야 한다. 선교사가 떠나면 선교사역과 부동산이 현지인의 호주머니로 들어가는 소모적인 선교를 중단해야 한다. 한국 선교는 하나님께서 선교지에 이미 세워놓으신 교회들과 교단을 초월해서 협력하는 패러다임으로 선교전략을 바꾸어야 한다. 선교지에 가서 새로운 깃발을 꽂으려고 하지 말고 이미 꽂혀있는 깃발을 날리게 하는 선교로 혁신해야 한다.

균형 잡힌 신학을 가지라

❖

예배당은 교회가 아니다

건강한 선교 신학은 건강한 선교를 낳는다. 그렇다면 건강한 선교 신학은 무엇일까? 보수적인 성향을 가지고 있는 한국교회는 전도와 교회 개척만을 선교라고 생각하는 경향이 강했다. 그 외의 선교는 이차적인 선교(secondary mission)라고 생각했다. 교회 개척을 하지 않으면 선교하지 않는 것으로 생각했다. 교회가 없는 지역에 교회를 개척하는 것은 바람직하고 중요한 것이다. 그러나 교회가 그 지역에 이미 존재하고 있고 다른 사역이 절실히 요구됨에도 불구하고 교회 개척만을 선교라고 생각하는 것은 바람직하지 않다.

또한 교회를 건물로 생각하고 예배당 건축을 교회 개척이라고 하는 것은 건강한 선교가 아니다. 예배당 건축과 교회 개척은 다른 것이다. 교회는 예수 그리스도를 구주로 믿는 사람들의 공동체다. 성전은 성령께서 거하시는 전으로 예수를 믿는 사람이다(고전 6:19, 엡 2:19-22). 교회를 건물이라고 생각하거나 건물을 성전이라고 생각하는 교회 개척 선교는 왜곡된 선교 결과를 낳는다. 예수를 주로 믿는 공동체가 없음에도 예배당을 건축하는 것을 교회 개척이라고 하는 것은 콘크리트 선교다. 교회와 성전을 건물로 생각하여 콘크리트 선교에 치중하는 것은 선교를 망하게 하는 길이다. 교회가 없는 지역에서는 예수 그리스도의 몸인 교회를 개척해야 한다. 교회가 이미 있는 지역에서는 현지교회와 함께 일치와 협력을 통해 교회를 개척하는 동시에 선교지 사회의 필요에 응답하는 에큐메니칼 사역을 함께하는 정신이 필요하다.

균형과 조화를 향하여

건강한 선교는 복음주의 선교와 에큐메니칼 선교가 균형과 조화를 이루는 것이다. 에큐메니칼(Ecumenical)이란 헬라어 오이쿠메네(οι κουμενη)에서 기원했다. 오이쿠메네란 사람이 사는 온 세상을 의미한다. 에큐메니칼 운동은 교회의 일치와 세상에 대한 정의와 평화와 창조보전에 대한 책임을 진다. 건강한 선교는 에큐메니칼 선교를 이차적 선교라고 생각하지 않는다. 건강한 선교는 개종과 교회 개척과 제자 양육과 함께 교회 일치와 사회에 대한 책임과 창조보전에 관심을 가진다.

통전적 선교(Wholistic Mission)

건강한 선교는 복음주의 선교와 에큐메니칼 선교가 균형과 조화를 이루는 통전적 선교(Wholistic Mission)다. 복음주의 선교 신학을 따르는 사람들은 전도와 교회 개척과 제자양성과 신학교 사역에 중심을 둔다. 에큐메니칼 선교 신학을 따르는 사람들은 교회 일치와 사회봉사와 정의와 평화와 창조보전에 관심을 가진다. 통전적 선교 신학을 따르는 사람들은 복음주의적인 사역과 에큐메니칼 사역을 동시에 강조한다.

성경에 두 가지의 복음이 있는 것은 아니다. 영적 복음과 사회 복음, 구원의 복음과 사회정의 복음이 두 개로 갈라지는 것이 아니다. 하나님 나라의 복음은 하나다. 하나님 사랑은 구체적인 이웃 사랑이라는 행동으로 표현되는 것이다(마 22:37-40).

선교는 총체적인 접근이 필요하다. 선교지 상황에 따라서 전도와 교회 개척을 먼저 해야 하는 곳도 있다. 또 다른 선교지에서는 선교지 사회의 필요에 응답해야 할 때가 있다. 온전한 복음을 온 세상에 전하기 위해서는 선교지 상황과 여건에 따라서 방법은 다양해야 한다. 건강한 선교는 복음주의와 에큐메니칼 선교 신학이 균형과 조화를 이루어 총체적인 선교를 진행하는 것이다. 복음주의 선교와 에큐메니칼 선교는 하나님께서 사용하시는 선교의 양 날개다.

통전적 선교(Wholistic Mission)를 극대화하라

복음주의 선교와 에큐메니칼 선교가 균형을 이루며 두 가지가 서로 최대치를 이룰 때 건강한 선교가 진행될 수 있다. 한국 초기 선교사인 알렌과 헤론은 의료와 교육을 통해서 한국 사회와 신뢰 관계를 형성하는 선교 정책을 세우고 실천했다. 이를 통해서 선교사들은 한국인에게 '조선의 친구'라는 환대를 받았다. 이러한 우정 선교는 복음 전파의 발판을 마련했다.

반면에 언더우드를 비롯한 미국 남 장로교 선교사들은 선교지 사회의 필요에 응답하면서도 선교 초기부터 복음 전도에 집중했다. 이것은 상호대립적인 선교 방향인 것 같지만, 사실은 상호보완적인 역할을 한 것이다.

이러한 균형과 조화는 한국교회 초기선교를 성공적으로 만드는 힘이 되었다. 복음 증거는 진리와 사회봉사가 손을 맞잡을 때 풍성한 선교의 열매를 거두게 된다.*

균형 잡힌 신학으로 선교하라

한국교회의 문제는 윤리와 도덕의 문제 같아 보이지만 실상은 신학과 철학과 내면의 문제다. 한국교회는 '영혼(靈魂) 구원'이라는 말을 많이 한다. 이 말은 인간론에 대한 오해에서 비롯된 것이다. 육체는 단순히 영혼을 담아두는 그릇이 아니다. 인간은 영혼과 육체가 하나인 전인(全人)적인 존재다. 영혼만 생각하고 육체를 등한시하고 영적 기도와 내면 회심만 강조하면 영지주의(Gnosticism)와 미신에 빠질 위험성이 크다. 구원과 신앙생활은 전인에 관심을 가져야 한다. 선교는 영혼 구원만이 아니라 전인 구원을 목적으로 해야 한다.

또한 선교는 하늘나라에 관심을 가지는 동시에 오늘 이 땅에서 펼쳐지는 땅의 문제에 관심을 가져야 한다. 선교는 하늘과 땅이 만나는 행위다. 선교 신학은 복음주의 신학과 에큐메니칼 신학이 조화와 균

---

* 사무엘 H. 마펫, 김승곤 역, 『햇빛을 받는 곳마다』(서울: 미션 아카데미, 2021), 222.

형을 이루는 통전적 선교 신학을 가져야 한다. 복음주의 선교와 에큐메니칼 선교를 극대화할 때 선교지에서 필요로 하는 총체적인 요구에 응답할 수 있다.

한국교회 선교는 지금까지 해 온 것처럼 개종과 교회 개척과 제자양육에 더 열심을 내야 한다. 이와 동시에 교회 일치와 협력과 사회정의와 평화와 환경보전과 나라와 민족과 역사에 더 관심을 기울이고 열심을 내야 한다. 복음주의 선교와 에큐메니칼 선교는 씨줄과 날줄과 같은 상호보완적인 성경적 선교 정신이다.

선교는 하나님의 선교다

선교는 하나님의 계획에 순종하는 것이다

나는 선교에 헌신했던 사람이 아니었다. 하나님의 부르심에 순종하여 선교사가 되었다. 처음 블라디보스토크로 선교를 떠날 때도 그랬고 볼고그라드로 사역지를 이동할 때도 그랬다. 선교는 나의 계획이 아니었다. 나의 계획은 국내 목회였다.

나는 신학교를 다닐 때 북한 선교를 하는 사역자의 간증을 듣고 선교를 해야 한다면 북한 선교를 하리라고 생각했다. 그래서 북한 선교 훈련원에서 훈련을 받았다. 그러나 하나님은 나를 러시아 선교로 이끄셨다. 러시아 선교에 순종하고 나니 하나님은 러시아 교회와 함께 북한 선교로 이끄셨다.

선교는 나의 비전이나 계획을 이루는 것이 아니다. 선교는 하나님의 비전과 계획에 순종하여 하나님의 선교를 이루는 것이다.

약하게 되는 용기 (The courage to be weak)

성경은 하나님의 선교 이야기다. 하나님의 선교 이야기는 창조 때부터 새 창조까지 보편적인 주장을 가진 일관된 이야기다. 하나님이 인류 구원을 위해서 아브라함을 부르셨고 모세를 부르셨다. 예수님은 선교사로 이 땅에 오셨다.

예수님은 교회를 선교로 부르셨다. 선교는 삼위일체 하나님의 선교다. 선교의 주체자는 교회나 선교사가 아니다. 선교를 시작하시고 이끌어 가시는 분은 하나님이다. 하나님의 선교는 모든 선교의 기원이며 모든 선교보다 앞선다. 하나님은 교회와 선교사를 하나님의 선교를 함께하자고 부르신다.

하나님의 부르심에 응답한 교회와 선교사는 하나님의 동역자(고전 3:9)며 하나님의 종이며 하나님의 대리자다. 모든 선교 열매는 하나님께서 섭리하시고 역사하신 결과다. 그러므로 모든 영광과 찬양은 하나님이 받으셔야 한다.

선교사는 마땅히 해야 할 일을 했을 뿐이라는 종의 자세를 가져야 한다(눅 17:10). 종에게 성공은 없다. 얼마나 많은 사람을 구원했느냐가 선교의 성공은 아니다. 얼마나 많은 교회를 개척했는가나 얼마나 많은 사역을 했느냐가 선교의 성공은 아니다. 선교사에게 성공은 없다. 종의 자세로 얼마나 충성(忠誠)스럽고 신실(信實)하게 섬겼느냐만 있을 뿐이다.

예수님은 성공이 아니라 약함과 실패를 지향하셨다. 예수님은 인류를 구원하시기 위해서 영문 밖으로 나가셔서 십자가에서 죽으셨다. 그러나 예수님의 약함과 죽으심은 부활의 승리로 이어졌다.

1912년 조선에서 사역했던 서서평 선교사와 같이 "성공이 아니라 섬김이다"(Not Success, But Service)라는 정신을 가져야 한다. 예수님은 섬김을 받으려 하지 않고 섬기려고 오셨다(마 20:28). 사탄은 선교사들에게 영웅적인 선교사, 최고, 일류, 중앙을 지향하게 한다. 그러나 선교사는 하나님의 종이다. 선교사는 자기 욕심을 버리고 하나님의 영광만 빛내고자 하는 열망을 가져야 한다. 위대한 선교사가 되는 것을 지양하고 진실한 선교사가 되는 것을 지향해야 한다. 선교사의 유일한 야망은 오직 하나님을 기쁘시게 하는 것이 되어야 한다.

선교하는 교회가 위대할 수 없다. 오직 하나님만 위대하시다. 한국 교회는 건강한 선교를 위해서 성공이나 승리주의를 거부하고 '약하게 되는 용기(The courage to be weak)'를 가져야 한다. 사랑은 자신을 상대의 위치로 내려놓는 것이다. 더 사랑하는 사람은 자원해서 약자가 된다.

선교의 동기는 사랑이다

선교는 스펙을 쌓기 위해서 하는 것이 아니다. 선교는 자녀교육을 위해서 하는 것이 아니다. 선교는 생계를 위한 것이 아니다. 위대한 선교사가 되기 위해서 하는 것이 아니다. 선교는 후원교회 성장을 위한 수단도 아니다. 선교는 복음 외에 무엇인가를 이루고 얻는 것이 아니다.

선교는 세상을 사랑하시는 하나님의 사랑에서 시작되었다(요 3:16). 선교는 목자 없는 양과 같이 고생하고 기진함에 처한 사람을 '불쌍히' 여기시는 예수님의 마음에서 시작되어야 한다(마 9:36). 선교는 강도 만난 자를 불쌍히 여기는 사마리아 사람의 마음에서 시작되어야 한다(눅 10:33). 선교는 돌아온 탕자를 불쌍히 여기는 아버지의 마음에서 시작되어야 한다(눅 15:20). 불쌍히 여기는 마음은 창자가 끊어질 듯이 아픈 마음을 말한다. 죄악 가운데 있는 사람들을 보고 창자가 끊어질 듯이 아픈 마음으로 그들의 고통에 공감(共感)하는 것이 사랑이다. 이것은 어머니의 마음이다. 선교는 하나님의 사랑과 은혜를 보답하고자 하는 마음에서 시작된다. 선교는 사랑에 빚진 자의 마음에서 시작되어야 한다(롬 1:14). 선교는 천 개의 목숨이 있다면 그 목숨 전체를 선교지 사람들을 위해서 바치겠다는 사랑의 동기에서 시작되어야 한다.

안동 선교 최초의 순교자 사우대(Chase Cranford Sawtell) 선교사는 조선 선교 방법을 다음과 같이 말했다. "나는 조선인을 사랑하겠노라." 예수님의 십자가 사랑이 선교를 선교 되게 한다.

선교의 목표는 하나님의 나라다

선교의 목표는 하나님의 나라다. 선교는 선교사의 왕국을 세우는 것이 아니다. 선교는 교단을 이식하거나 확장하는 것이 아니다. 선교는 영혼 구원만이 아니고 전인(全人) 구원을 목적으로 한다.

선교는 하나님 나라의 복음을 세상에 전하는 것이다(눅 4:43). 하나님의 나라는 공간적으로는 하나님이 통치하시는 영역이다. 하나님은 온 세상을 사랑과 의로 통치하신다. 하나님의 나라는 성령 안에서 의와 평강과 기쁨의 나라다(롬 14:17).

하나님의 나라는 시간적으로 예수 그리스도를 통해서 우리 속에서 시작된 나라다. 하나님의 나라는 주님께서 재림하실 때 완성될 것이다. 하나님의 나라는 교회와 선교사가 '확장'하거나 '이루는 것'이 아니다. 하나님의 나라는 '오는 것'이며 하나님이 '주시는 것'이다. 우리는 오는 나라에 '들어가는 것'이며 주시는 것을 '받는 것'이다. 선교는 하나님의 나라에 참여하는 것이다.

선교는 하나님의 은혜로 진행된다

올바른 선교 정신이 건강한 선교를 낳는다. 선교는 하나님의 주권 속에서 진행된다. 교회와 선교사는 하나님의 종이며 동반자다. 하나님이 하시지 않으면 선교는 진행되지 않는다. 선교는 하나님의 은혜로 진행된다.

한 사람을 예수의 제자로 양육하라

❖

> 그러므로 너희는 가서 모든 민족을 제자로 삼아 아버지와 아들과 성령의 이름으로 세례를 베풀고 내가 너희에게 분부한 모든 것을 가르쳐 지키게 하라. 볼지어다 내가 세상 끝날까지 너희와 항상 함께 있으리라 하시니라 (마 28:19-20).

원 맨 비전(One Man Vision)

선교의 최종 목표는 하나님의 나라를 세우는 것이다. 하나님의 나라는 한 사람에서 시작된다. 예수님은 "모든 민족을 제자로 삼으라"(마 28:19)고 명령하셨다. 마태복음 28장 19-20절에서 명령형은 '모든 민족을 제자 삼으라'이다. 나머지 세 가지는 분사형이다. 분사는 명령을 이루는 방법을 말한다. 가서 세례를 주고 가르쳐 지키게 하는 것은 모든 민족을 제자 삼는 방법이다. '모든 민족을 제자 삼으라'는 선교의 본질이며 선교의 목표다.

예수님은 제자들에게 전도하거나 교회를 개척하거나 예배당을 세우라고 명령하지 않았다. 물론 전도나 교회 개척이나 예배당 건축을 부정하는 것은 아니다. 모든 민족 복음화는 제자 삼는 것으로 이루어진다는 것을 강조하는 것이다.

모든 민족을 제자 삼는 첫걸음은 한 사람을 제자로 삼는 원 맨 비전(One Man Vision)에서 시작된다. 1807년에 로버트 모리슨

(Robert Morrison)은 중국 광저우에서 사역을 시작하여 7년 동안에 단 한 명의 회심자를 얻었다.[*] 선교사가 평생을 걸쳐서 한 사람을 개종한 선교역사는 많다. 이것은 선교 실패가 아니라 위대한 하나님의 선교를 이룬 것이다. 잃어버린 한 사람을 찾는 것이 선교다. 한 사람은 천하보다 소중하고 고귀하다(마 18:14). 한 사람 안에 고귀하신 하나님의 형상이 있다. 한 사람 안에 온 우주가 있다. 한 사람을 소중히 여길 수 있을 때 또 다른 많은 사람을 소중히 여길 수 있다. 선교는 한 사람에서 시작된다.

가야 한다

모든 민족을 제자 삼는 첫 번째 방법은 가는 것이다. 본토 친척 아비 집을 떠나 타인에게 가는 것이다. 가야 선교가 시작된다. '여기가 좋사오니'라는 생각으로 그 자리에 앉아있으면 선교는 이루어지지 않는다. 간다는 것은 적극적이고 능동적이고 지속적인 행위다. 선교는 적극적이고 능동적이고 지속적인 자기 포기의 행동을 통해서 이루어진다. 선교는 낯선 문화와 타인들 속으로 들어가는 것을 통해서 이루어진다. 적극적이고 능동적이고 지속적인 자기 포기와 사랑의 행동이 없이 선교는 이루어지지 않는다. 생명을 사랑하는 마음을 가지고 세상으로 들어가서 사랑하고 헌신하는 행동을 통해서 선교가 이루어진다.

---

[*] 사무엘 H. 마펫, 김승곤 역, 『햇빛을 받는 곳마다』(서울: 미션아카데미, 2021), 78-79.

예배당을 방주나 유람선으로 생각하고 조용하고 평안하게 앉아만 있으면 선교는 이루어지지 않는다. 예배당에 모여서 예배하고 기도한 후에는 세상으로 흩어져야 한다. 교회는 모여서 예배하고 다시 흩어지는 유기적인 공동체다. 교회가 모임과 흩어짐을 능동적이고 적극적으로 행하지 않으면 썩는다. 주님은 교회를 세상으로 파송하신다(요 20:21). 코로나19 시대를 통해서 교회에 주시는 메시지는 '모이면 죽고 흩어지면 산다'는 것이다.

교회는 세상 속으로 소금과 같이 스며들어 가야 한다. 아브라함과 같이 떠나라고 하실 때 떠남을 통해서 선교가 이루어진다. 떠남은 순종이다. 순종은 자신에 대한 부인이다. 순종하고 세상 속으로 들어가는 사람이 여호와 이레를 경험하게 된다. 말씀에 순종하여 가서 사역하면 하나님께서 사람을 보내주시고 제자를 양육하게 하신다. 선교는 하나님의 선교다. 하나님은 순종의 사람을 통해서 역사하신다.

복음을 전해야 한다

모든 민족을 제자 삼는 두 번째 방법은 세례를 주는 것이다. 선교는 세례를 베푸는 방법을 통해서 이루어진다. 세례는 하나님 아버지와 아들과 성령의 이름으로 준다. 세례는 거듭남의 표징이다. 세례는 죽었다가 다시 살아나는 것이다. 옛사람은 죽고 새 사람으로 다시 태어나는 것이다. 세례는 가서 복음을 전파하는 것을 통해서 이루어진다. 선교는 세상에 가서 복음을 전파하는 것이다. 그리고 복음을 받아들이는 자에게 세례를 베푸는 것이다.

선교는 궁극적으로 한 사람이 죽고 위로부터 다시 태어나는 역사가 일어나는 것이다(요 3:3). 생명의 탄생이 없는 선교는 허망한 것이다. 한 사람이 새로 태어남의 증표로 세례를 베푸는 것이다. 새로 태어나지 않은 사람에게 세례를 베푸는 행위는 선교가 아니다. 라이스 크리스천(rice christian)을 만드는 것은 선교가 아니다. 익명의 크리스천은 크리스천이 아니다. 죄와 사망에서 예수의 피로 거듭난 사람이 크리스천이다. 예수님을 통해서 하나님의 자녀로 거듭난 사람이 크리스천이다. 거듭남이 없이는 하나님의 나라를 볼 수 없다. 가서 예수를 전하고 거듭남을 통해서 세례를 베푸는 것이 건강한 선교다. 거듭남의 증표인 세례를 통해서 예수님의 제자가 된다.

가르쳐 지키게 해야 한다

모든 민족을 제자 삼는 세 번째 방법은 가르쳐 지키게 하는 것이다. 예수님께서 명령하신 모든 것을 가르쳐서 지키도록 하는 것이 선교다. 가르치고 지키게 할 내용은 예수님의 말씀이다. 예수님의 말씀이 진리다. 진리의 말씀을 알 때 진리가 인간을 자유케 한다. 진리를 알기 위해서는 말씀 안에 거해야 한다. 말씀 안에 거하는 것은 말씀이 삶의 철학이 되고 삶이 되는 것이다. 말씀 안에 거할 때 제자가 된다(요 8:31-32).

예수님의 제자는 이 세상의 그 누구보다도 예수님을 가장 사랑하는 사람이다. 예수님의 제자는 자기 십자가를 지고 가는 사람이다. 예수님의 제자는 오직 예수님을 주인으로 모시고 따르는 종이다(눅

14:26-33).

가르치는 사람이 먼저 예수님의 제자가 되어야 한다. 제자가 제자를 낳고 제자를 양육할 수 있다. 예수님의 제자는 '배우든지 가르치든지' 하는 사람이다. 가르치는 사람이 먼저 예수님의 말씀을 삶의 철학으로 삼고 말씀대로 살아가야 한다. 하나님을 사랑하고 이웃을 사랑하며 살아가야 한다(마 22:34-40). 말씀을 삶의 가치와 덕목으로 삼고 배우고 받고 듣고 본 바를 행하며 진실하게 살아가야 한다(빌 4:8-9).

자기를 부인하고 십자가를 지고 가야 한다. 십자가 없는 영광은 없다. 십자가 지는 사람은 적고 영광만 받으려고 하는 사람이 많은 교회는 예수님의 제자를 양육할 수 없다. 가르치는 사람이 먼저 신실한 그리스도의 제자가 될 때 비로소 다른 사람을 올바로 가르칠 수 있게 된다. 세계 복음화는 한 사람에게 진리의 말씀을 가르치고 지키게 하는 행동을 통해서 이루어진다.

한 사람을 예수의 제자로 양육하라

선교의 지름길은 없다. 선교는 예수님의 방식대로 할 때 이루어진다. 예수님의 선교방식은 한 사람을 제자로 양육하는 것이다. 한 사람을 그리스도의 제자로 양육하는 것에서 세계선교가 시작된다.

한 사람을 예수의 제자로 만들어서 세상에 파송하는 것이 선교다. 세상에 파송된 제자는 세상 속에서 신실한 제자로 살아가야 한다. 신실한 제자 한 사람이 또 한 사람을 제자로 삼을 때 세계선교는 이루어진다. 한 사람을 제자로 삼는 노력을 하지 않고 세계 복음화를 이룰 수 없다. 모든 민족을 제자 삼으라는 명령을 실천하는 현장에 하나님께서 항상 함께하신다. 제자 삼는 선교 현장에 주님이 세상 끝날까지 함께 하신다고 약속하셨다.

네비우스 선교 정책은 한국교회를 자치, 자립, 자전하는 교회로 세운 매우 훌륭한 정책이었다. 그러나 네비우스 선교 정책은 선교의 성패 여부를 숫자와 돈과 건물로 평가하는 위험성에 빠뜨렸다. 숫자와 돈과 건물은 교회 성숙의 표지로 삼고 강조하는 것은 교회 몰락의 원인이 될 수 있다.

그동안 한국교회는 숫자와 돈과 건물로 선교를 평가해 왔다. 한국교회는 최고와 최대라는 숫자와 교회 재정과 거대한 건물을 선교의 열매라고 생각했다. 숫자와 돈과 건물은 주님이 보시겠다는 좋은 열매가 아니다. 주님이 보시고자 하는 좋은 열매는 진실한 한 사람이다(마 7:15-20). 한 사람을 말씀으로 양육하는 것보다 더 중요한 것은 없다.

사람을 세우는 것이 선교다. 사람다운 사람이 사람을 세울 수 있다. 예수님의 신실한 제자가 제자를 양육할 수 있다. 그러므로 선교사는 먼저 인간다운 인간이 되고 예수의 신실한 제자가 되어야 한다.

선교의 시금석

제자화의 최종적인 목표는 충성스러운 사람을 양육하여 신앙의 대를 이어가게 하는 것이다(딤후 2:2). 안디옥 교회의 세계선교는 바나

바와 바울이 총독 서기오 바울 한 사람을 선교하면서 시작되었다(행 13:1-12).

　세계선교는 한 사람을 제자로 양육하는 것에서 시작된다. 한 사람을 양육하여 그 사람이 다른 제자를 양육하게 하는 것이 선교의 시금석이다. 한 사람을 예수 그리스도의 신실한 제자로 세우는 것이 모든 민족을 제자 삼는 가장 효과적인 선교 방법이다.

교회의 본질적 사명은 선교다

❖

교회의 존재 이유

교회의 근본 존재 이유는 복음을 전파하여 생명을 살리는 것이다. 복음 전파는 교회가 이 땅 위에 존재하는 근본적인 이유다. 교회의 본질과 사명은 선교다. 본질과 사명을 망각한 교회는 맛을 잃은 소금과 같다. 선교하지 않는 교회는 존재 이유와 방향성을 상실한 교회다.

한국교회는 초기부터 "선교 없는 교회는 교회가 아니다"라는 정신이 강했다. 한국교회는 초기부터 선교하는 교회였다. 1907년 9월에 장대현교회에서 조선예수교장로회 독노회를 구성했다. 독노회를 구성한 후에 제1회 평양신학교를 졸업한 7명에게 목사 안수를 했다. 이 7명 중 이기풍 목사를 독노회 창립 기념으로 제주도에 선교사로 파송했다. 2년 후에 최관흘 목사를 블라디보스토크에 파송했다. 이어서 한석진 목사를 일본에 파송했다. 북간도에 김영제 목사를 파송했고 서간도에 김진근 목사를 파송했다. 이처럼 한국교회는 초기부터 선교를 교회의 본질적 사명으로 생각했다.

1912년에 조선예수교장로회 총회가 창립되었다. 총회는 중국 산둥성에 선교사를 파송할 것을 결의한다. 그리고 김영훈, 사병순, 박태로를 선교사로 파송했다.

총회는 선교사를 파송할 뿐 아니라 선교비도 책임지고 지원했다.[*] 산둥성 선교는 협력을 통한 에큐메니칼 선교였다. 한국교회는 산둥성 선교를 시작할 때 단독으로 하지 않고 한국의 장로교회, 미국 장로교회 한국 선교부, 중국 선교부, 중국교회 4자가 함께 협력한 선교였다.[**]

이처럼 한국교회는 역사적, 민족적으로 어려운 상황 속에서도 선교했다. 그것은 선교를 교회의 본질적 사명으로 생각했기 때문이다. 이러한 선교 정신이 이어져서 오늘의 한국교회 선교를 있게 했다.

선교는 중단될 수 없다

코로나19와 러시아와 우크라이나 전쟁과 이스라엘과 팔레스타인 전쟁 이후에 한국교회는 새로운 도전에 놓여있다. 한국교회는 급속한 문명의 도전 앞에 놓여있다. 한국교회는 장기적인 경제침체로 경제적 도전에 처해있다. 또한 사회적인 신뢰도가 매우 낮은 상황이다. 세계에서 가장 낮은 출산율로 인해서 교회의 미래가 불투명하다. 각 국가 사이에 통제의 벽이 높아지고 있다.

선교사는 선교지로 나아갈 수 없는 어려움을 겪고 있다. 선교사는 선교비 감소와 중단을 경험하고 있다. 선교의 위기가 닥치고 있다. 이러한 위기 상황 가운데서 많은 교회는 선교를 축소하거나 중단하고 있다. 그러나 선교가 교회의 본질이라고 생각하는 사람들은 오히려

---

[*] 사무엘 H. 마펫, 김승곤 역, 「한국의 그리스도인들」(서울: 미션 아카데미, 2021), 88-90.
[**] 황홍렬 편저, 「에큐메니칼 협력선교:정책,사례,선교신학」(서울:부산장신대학교 세계선교연구소, 2015), 25.

어려울 때 선교했다. 예수 밖에서 위기는 절망이지만 예수 안에서 위기는 하나님의 능력을 힘입는 기회다. 하나님은 어려울 때도 선교하신다. 하나님의 선교는 그 어떤 도전 앞에서도 중단될 수 없다. 선교는 교회의 존재 이유다.* 교회의 본질은 선교다. 하나님은 선교의 주체자시며 원천이다. 교회는 하나님의 대리자로 하나님의 선교를 위해서 이 땅에 존재한다. 교회는 선교를 위해 부름받은 공동체다. 선교는 교회의 존재 이유이며 근본 목적이다. 목적을 상실한 교회는 방향키가 없는 배와 같다. 선교를 회복하는 것이 교회의 존재 이유를 회복하는 것이다.

위대한 일을 기대하고 시도하라

1792년 영국교회 지도자들은 선교의 시대는 지나갔다고 생각했다. 선교의 장애물이 너무 많았다. 선교는 너무 많은 희생을 치러야 했다. 선교는 위험한 일이었다. 자국 내에도 할 일이 너무 많다고 생각했다. 많은 교회 지도자들은 선교 무용론과 선교 중단을 외쳤다. 그때 근대선교의 아버지 윌리엄 캐리(William Carey)는 1792년 5월 30일 영국 노팅엄(Nottingham) 침례교 교역자 모임에서 이사야 54:1-3절 말씀을 통해서 하나님의 나라가 회복되고 확장될 것과 하나님의 나라가 동서남북으로 퍼져나갈 것을 설교했다. 그리고 그는 선교역사에 길이 남는 다음과 같은 위대한 말을 했다.

---

* "교회는 곧 선교다." 사무엘 H. 마펫, 김승곤 역, 위의 책, 97.

하나님으로부터 위대한 일을 기대하라.

하나님을 위해 위대한 일을 시도하라.

Expect great things from God.

Attempt great things for God.

오늘 우리는 이사야 54장에서 약속하시는 하나님의 비전을 품고 윌리엄 캐리의 말을 우리 가슴에 다시 새겨야 할 때다.

선교 없는 교회는 사명을 망각한 교회다. 교회의 사명을 망각한 교회는 하나님을 기쁘시게 할 수 없다. 교회가 이 땅에 존재하는 근본적인 이유는 생명 살리기다. 생명을 살리는 것은 예수 그리스도의 복음을 통해서만 가능하다. 교회는 하나님의 위대한 비전을 이루기 위해서 주님께서 이 땅에 세우셨다. 선교는 교회의 존재 이유이고 목적이다. 교회는 선교를 위해서 존재하는 것이다. 선교는 교회의 다양한 사역 중의 하나가 아니다. 교회의 모든 사역은 하나님의 위대한 선교 비전에 초점을 맞추어야 한다.

함께 하는 선교

교회의 존재 이유와 목적이 선교가 될 때 교회가 교회 된다. 1884년 언더우드는 뉴브런즈윅 신학교를 졸업했다. 그는 대학생 때 한국에 선교사가 필요하다는 말을 듣고 선교 사명을 결심했다. 그러나 1년간 후원교회를 찾지 못했다. 그는 목사 안수를 받고 뉴욕에 있는 한 교회의 청빙을 받았다. 그는 청빙 수락 편지를 써서 우체통에 넣으려는 순간에 한 음성을 듣게 된다. "한국에 갈 사람은 없느냐, 한국은 어찌할 것이냐?"라는 물음이었다. 그는 이 음성을 듣고 편지를 우체통에 넣지 못하고 주머니에 집어넣었다. 그리고 한국에 갈 것을 결심했다. 그는 마치 이사야가 하나님의 부르심을 받았을 때처럼 "제가 가겠습니다."라고 응답했다. 그리고 장로교 선교본부로 발걸음을 옮겼다.

그때 선교부에는 한국 선교를 위한 선교비가 도착해 있었다. 라파엘 장로교회 맥 윌리엄스라는 성도가 한국 선교를 위해서 6,000달러를 헌금한 것이었다. 1884년에 언더우드는 윌리엄스가 준 선교비를 가지고 한국에서 선교사역을 시작하게 되었다.*

누가 선교할 것인가? "누가 우리를 위하여 갈꼬" 물으시는 하나님의 음성에 성도 한 사람 한 사람이 "내가 여기 있나이다. 나를 보내소서."라고 응답해야 한다. 한국교회 세계선교 사명은 아직 끝나지 않았다. 모든 교회가 하나님의 비전에 순종하여 함께 선교해야 한다. 그것이 교회의 존재 이유이고 목적이다.

---

* 김동익, 연세인물열전 23. "호레이스 G. 언더우드" 〈연세동문회보〉(1996. 1. 1.), 4면.

글쓰기도 선교사의 사역이다

❖

우리는 역사를 생각한다

1994년에 러시아 모스크바대학 예비학부에서 러시아어를 배웠다. 1995년에 만난 러시아어 선생은 언제나 러시아 문학작품을 손에 들고 다녔다. 그녀는 수업 시간마다 러시아 문학 작품에 나오는 좋은 문구를 뽑아서 소개해 줬다. 러시아 문학에 대한 깊이를 느낄 수 있었다.

1995년에 모스크바에 '구세주 그리스도 대성당'을 건축하고 있었다. 당시에 러시아는 먹고 살기도 어려운 때였다. 나는 그녀에게 어려운 시대에 어마어마한 건물을 짓는 것은 미친 짓이라고 말했다. 그러자 그녀는 한국의 기업인 삼성과 현대를 거론하며 "너희는 경제를 생각하지만 우리는 역사를 생각한다"며 그 성당의 역사를 설명했다.

1917년 러시아 혁명 이후에 5만 개 이상의 정교회 성당이 파괴되었다. 1931년에 스탈린은 모스크바에서 가장 큰 성당을 폭파하고 그 자리에 수영장을 만들었다. 개혁과 개방 이후에 러시아 정교회가 수영장을 폐쇄하고 그 자리에 성당을 복원하고 있다는 것이다. 러시아어 선생은 "성당을 건축하는 것은 역사를 세우는 것"이라고 했다. 나는 머리를 망치로 얻어맞은 것과 같은 충격을 받았다. 그때 나는 경제적인 논리도 중요하지만, 역사도 중요하다는 것을 깨달았다.

역사는 하나님의 은혜를 깨닫게 한다

코로나19 팬데믹 기간은 선교사들에게 고통스러운 시간이었다. 코로나19 기간에 국가 간에 장벽이 높아졌다. 선교사들은 국경을 넘어 이동하기 어려웠다. 코로나19에 감염된 선교사가 에어앰뷸런스를 타고 한국에 들어와서 치료받기도 하고 선교지에서 사망하기도 했다. 코로나19 이후에 선교사의 후원이 줄거나 끊겼다. 선교사역이 심하게 위축되었다.

코로나19를 겪으며 나는 선교의 본질을 고민했다. 선교란 무엇일까? 선교사는 누구인가? 위기 상황에서도 선교를 계속해서 해야 할까? 위기 상황에서 선교는 어떻게 해야 할까? 한국교회 선교는 지속 가능할까?

나는 선교 위기 상황 가운데 선교의 본질과 방법을 고민하며 이 책을 저술했다. 이 책을 저술하면서 30년 동안의 선교가 정리되었다. 하나님께서 여기까지 인도하셨다는 사실을 깊이 깨닫고 감사한 마음이 충만해졌다. 선교는 나 혼자 한 것이 아니고 수많은 분이 함께했다는 것을 깨달았다. 위기 중에서도 하나님은 선교를 중단하지 않고 계속하신다는 것을 확신하게 되었다.

선교사는 글쓰기를 통해서 고통스러운 상황을 아름다움으로 승화시키는 신비를 경험하게 된다. 글쓰기가 상처를 치료하고 성숙시키는 신비한 약이 되는 것이다.

선교사의 글쓰기는 선교를 객관적으로 바라보고 선교의 본질에 더 접근하게 되는 훌륭한 도구가 된다. 자기를 성찰하게 되고 성장과 성숙을 경험할 뿐만 아니라 영성이 깊어지게 되어 선교사로 하여금 하나님의 뜻을 더 깊이 알아가게 한다.

선교사는 글쓰기를 통해서 선교지 문화와 사람들을 더 깊이 바라보고 더 깊이 이해하고 사랑하게 된다. 이를 바탕으로 선교에 동참했던 분들에게 감사한 마음을 갖게 된다.

선교사가 눈으로 목격한 하나님의 역사하심을 글로 써내려가는 것은 하나님의 큰 비전을 발견하고 깨닫는 귀중한 시간이다. 이로써 선교사가 걷는 선교의 여정이 더 풍요로워지고 마침내 인간다운 인간, 선교사다운 선교사가 된다. 결국, 선교사의 글쓰기는 선교사가 선교의 마지막을 잘 정리할 수 있도록 한다.

당신은 한국교회 선교역사다

코로나19 기간에 자가격리를 하면서 한국교회 초기 역사를 읽었다. 그때 서양 선교사들의 역사자료는 많은데 한국인들의 역사자료는 거의 없다는 사실을 알았다. 한국교회 초기에 선교사들과 함께 사역했던 권서(勸書)와 조사(助事)와 영수(領袖)들의 충성스러움과 열정적인 헌신은 한국교회 성장의 밑거름이 되었다. 그러나 한국교회 초기 사역자들에 대한 자료는 매우 적다. 서양 선교사들은 기록을 남겼으나 한국 사역자들은 기록을 남기지 않았기 때문이다. 그 결과 그분들의 수고와 열정이 역사 속에서 사라졌다. 이름도 없이 빛도 없이 사역하는 것도 소중하다. 그러나 하나님의 선교역사를 기록으로 남기는 것은 더 소중하다.

선교사의 글쓰기는 한국교회 선교역사가 된다. 선교사는 선교역사다. 한국교회 선교를 선교역사에 남기려고 하면 선교사가 글을 써야한다. 그것을 통해서 하나님이 어떻게 일하셨는지를 알고 하나님께 영광과 찬송을 올려드리게 된다.

사라지는 역사, 살아있는 역사

성경은 하나님의 선교 이야기다. 성경은 하나님의 선교 이야기를 기록한 역사적 산물이다.* 예수님의 제자들이 글을 썼기 때문에 예수님의 이야기가 역사에 남았다. 사도 바울은 13권의 서신을 기록하여 하나님의 선교역사를 세상에 남겼다. 그들의 기록 덕분에 2000년이 지난 오늘날에도 하나님의 선교역사를 알 수 있다.

사도들과 한국교회 초기 선교사들처럼 한국 선교사들도 자신을 통해서 하나님께서 행하신 선교역사를 남겨야 한다. 선교에 동참했던 사람들의 이야기도 남겨야 한다. 그 모든 것이 한국교회 선교역사다.

역사는 과거를 현재와 미래 속에서 기억하는 것이다. 말과 행동은 순간적으로 사라진다. 그러나 기록은 수명이 길다. 기록하지 않으면 한 사람의 삶과 사역은 과거로 사라진다. 그러나 기록하면 한 사람의 삶과 사역은 과거와 현재와 미래에 살아있는 역사가 된다.

선교사의 글쓰기는 한국교회 선교역사를 기술하는 것이다. 역사를 모르는 민족에게 미래가 없듯이 역사를 생각하지 않는 선교는 미래

---

* 크리스토퍼 라이트, 정옥배, 한화룡 옮김, 《하나님의 선교》(서울: IVP, 2012), 55.

가 없다. 선교사의 마지막 미션은 자신을 통해서 역사하신 하나님의 선교역사를 기록하는 것이다. 글쓰기도 선교사의 중요한 사역이다.

*** 선교 현장에서 발견한 한 줄 콘비벤츠 6**

이제는 콘비벤츠 선교다.

에필로그

콘비벤츠 정신이 선교를 살린다

콘비벤츠 정신과 자세로 선교하라

존중과 인정과 칭찬은 모든 사람에게 필요한 심리적 산소다. 인간(人間)은 상호 의존적인 존재로 관계 속에서 살아간다. 사람은 상호 관계가 좋을 때 기쁨과 행복을 느낀다. 그러나 관계가 좋지 않으면 기쁨이 상실되고 불행을 느낀다.

좋은 관계는 서로를 인정해 주고 존중해 줄 때 가능해진다. 상대방을 인정해 주고 존중히 여겨 주는 것이 사랑이다. 좋은 관계가 형성되어 행복해지기 위해서는 서로 사랑해야 한다.

한국교회 선교가 행복하고 건강해지기 위해서는 선교사를 후원하는 교회와 선교사와 선교지 사람들 간에 사랑이 있어야 한다. 후원자와 선교사와 선교지 사람이 삼위일체와 같이 서로 사랑할 때 우리의 선교가 행복하고 건강한 선교로 변화될 것이다.

선교의 본질적인 정신은 하나님 사랑과 이웃 사랑이다(마 22:37-40). 선교는 하나님의 사랑에서 출발한다. 선교는 하나님께서 성육신하셔서 십자가에 못 박혀 죽은 사랑에서 시작되었다. 그러므로 선교는 하나님의 크신 사랑으로 이웃을 사랑하는 곳에서 진행된다.

예수님의 대위임령(The Great Commission)은 대계명(The Great

Commandment)을 실천하는 곳에서 완성된다. 대계명은 대위임령보다 앞선다. 하나님 사랑, 이웃 사랑이 없다면 모든 민족을 제자로 삼을 수가 없다. 선교 현장에서 대계명은 서로 돕고 서로 배우고 함께 잔치를 배설하는 콘비벤츠 정신으로 나타난다. 사랑 없는 구제와 희생이 아무 유익이 없듯이 콘비벤츠 정신과 자세가 없는 선교는 건강한 열매를 맺을 수 없다. 콘비벤츠 선교 정신과 자세로 선교하는 곳에 모든 장벽이 무너지고 좋은 관계가 맺어지고 하나님의 나라의 기쁨과 행복이 이루어진다. 콘비벤츠 선교 정신을 실천하는 곳에 화평의 복음이 선포되고 건강한 선교가 열매 맺어진다. 콘비벤츠 정신으로 선교할 때 인종과 문화의 장벽이 무너지고 우정이 깊어지고 하나님의 나라가 임하게 된다.

지금은 한국교회와 한국교회 선교 가운데 상호도움과 상호배움과 공동의 축제가 있는 콘비벤츠 정신이 세워지고 실현되어야 할 때다. 그때 온전한 복음이 온 세상에 선포되어 하나님의 영광이 드러나게 될 것이다.

칭찬과 박수를 쳐 드리고 싶다

이 책은 하나님의 선교를 이해하고 선교사를 사랑하며 콘비벤츠 선교를 실천한 분들의 이야기다. 선교 30년을 되돌아볼 때 모든 것이 하나님의 은혜였다. 나는 쓸모없는 존재였지만 하나님께서 쓸모 있게 만들어 주신 무용지용(無用支用)한 존재였다.

나는 선교를 잘 모르는 사람이었지만 하나님께서 좋은 스승과 친구를 만나게 하셨다. 하나님께서 보내주신 신실한 분들로 인해 조금이나마 건강한 선교를 할 수 있었다.

  이 책에 기록한 분들은 하나님께서 하나님의 선교를 가능하도록 보내주신 천사 같은 동역자들이다. 여기에 기록한 분들은 대가(代價)를 기대하지 않는 하나님의 사랑으로 선교사와 선교지 사람들을 사랑했다. 이분들은 하나님을 사랑하고 이웃을 사랑하는 마음으로 하나님의 선교에 동참했다. 이분들은 에벤에셀의 하나님께 감사한 마음을 가지고 이미 받은 은혜로 만족하며 감사하며 살아가고 있다. 이분들은 인간적인 칭찬과 박수를 원하지 않았다. 마태복음 25장에서 예수님께서 말씀하신 오른쪽에 있는 의인들과 같이 자기들이 어떤 선한 일을 했는지 기억조차 못 하는 분들이다.

  그러나 나는 사도 바울과 같이 선교동역자들의 헌신을 기억하고 칭찬과 박수를 쳐 드리고 이분들의 이야기를 하나님의 선교역사에 남기고 싶었다. 이분들은 충성스럽고 신실한 마음으로 선교 30년을 선교사와 동행했다. 좋은 동반자가 있어서 험악한 러시아에서 정착할 수 있었고 사역을 원만하게 수행할 수 있었다.

  사도 바울은 자비량 선교사였지만 그가 선교하는 동안 그와 함께한 동역자들이 있었다. 바울은 선교동역자들을 생각하며 그분들을 칭찬하며 그분들을 선교역사에 남기고 있다. 바울은 선교하는 동안에 빌립보교회 성도들이 그의 괴로움에 동참한 것을 기억하며 칭찬하고 있다. 또한 바울이 선교 초기에 마게도냐를 떠날 때 오직 빌립보교회만 선교에 동참했다고 힘주어서 칭찬하고 있다. 그리고 데살로니가에 있을 때도 여러 번 바울의 물질적 필요를 채워줬다고 칭찬하고 있다. 그는 에바브로디도를 통해서 받은 후원은 하나님을 기쁘시게 해 드리는 향기로운 제물이라고 말하며 칭찬과 박수를 보내고 있다. 바울은 하나님께서 빌립보교회 성도들에게 필요한 모든 것을 풍성히 채워주시기를 기도한다. 또한 하나님께서 영광스런 방법으로 후원자들의 필요를 채워주실 것을 확신한다. 바울은 선교동역자들의 헌신을 기억하고 감사하며 칭찬했다. 그리고 마지막으로 선교의 주관자이신 하나님께 영광과 찬양을 올려드리고 있다.

바울이 선교하는 동안 어려운 상황 속에서도 자족하며 선교사역을 감당할 수 있었던 궁극적 비결은 날마다 능력을 베풀어 주시는 그리스도 때문이었다(빌 4:10-20). 빌립보서 4장 13절은 하나님이 주시는 능력으로 어떤 상황 속에서도 선교를 할 수 있다는 말씀이다.

선교는 하나님의 능력으로 하는 것이다. 선교는 혼자 하는 것이 아니라 동역자들과 함께하는 것이다. 바울이 그랬던 것처럼 동역자들의 헌신을 기억하고 감사하고 칭찬하는 것은 필요한 일이다. 궁극적으로 선교는 하나님께서 함께하시며 하나님의 선교를 이루신다.

선교 30년 동안 하나님은 신실한 선교동역자들과 함께 사역하게 하셨다. 나는 이 책을 통해서 바울과 같이 함께 선교했던 동역자들의 헌신을 기억하고 감사하며 칭찬을 하고자 했다. 그러나 바울이 한 것처럼 최후에는 오직 하나님께 세세 무궁토록 영광을 올려 드린다.

지면 관계상 콘비벤츠 정신을 가지고 함께 사역했던 모든 분을 다 기록하지는 못했다. 여기에 기록한 분들 외에도 수많은 분이 건강한 선교 정신을 가지고 함께 협력하여 하나님의 선교를 섬겼다. 30년 동안 필자와 함께 콘비벤츠 선교 정신으로 러시아 선교사역에 동참해 주신 한국교회 성도 한 분 한 분에게 감사드린다. 여기에 이름이 기록되어 있거나 기록되어 있지 않거나 하나님의 선교에 진심으로 동참해 주신 모든 분에게 하나님께서 선지자와 의인이 받을 상을 베풀어 주시길 기도한다. 많은 분이 제자의 이름으로 작은 자 하나에게 정성을 다해서 냉수 한 그릇을 대접했다. 선교를 위해서 정성을 쏟은 모든 교회는 결단코 하늘의 상을 잃지 않을 것이다(마 10:41-42).

감사 인사

이 책이 나오기까지 수고해 주신 분들에게 감사 인사를 드린다.

추천사를 써 주신 이수영 목사님과 김영동 교수님과 박성배 목사님께 감사드린다. 눈이 편찮으심에도 불구하고 책 전체를 꼼꼼하게 읽으시며 교정을 해주신 이수영 목사님께 마음 깊이 감사드린다. 책의 초안을 잡아주신 박성배 목사님께 감사드린다.

이 책이 나올 수 있도록 발간비용을 후원해 준 매형 이영섭 권사님과 누이 정덕례 집사님께 감사드린다. 특별히 누이는 항암 치료를 진행하고 있는데 하나님께서 온전히 회복시켜 주시기를 기도한다. 또한 이 책을 아름답게 만들어 주신 렛츠북에 감사드린다.

나의 가장 가까운 선교동역자는 아내 연성숙 선교사다. 우리는 인생의 동반자인 동시에 선교 현장의 동반자다. 우리는 콘비벤츠 선교를 해왔다. 나의 선교사역 50% 이상은 아내가 감당한다. 아내는 이름도 빛도 없이 성실하게 에젤(Ezer) 역할을 해줬다. 이 책을 여러 차례 읽으며 한 글자 한 글자 교정해 준 아내에게 감사와 사랑을 전한다.

선교사의 자녀로 태어나 한국과 선교지라는 두 문화권의 갈등과 역경을 극복하고 믿음의 사람으로 잘 성장하여 찬양대와 청년부 임원으로 사역하고 있는 아들 정복과 딸 정충만에게 고마움과 사랑을 전한다.

언제나 자식을 기다리며 다리를 펴지 못하고 잠 못 이루시며 기도하시다 돌아가신 어머니 박연순 권사님께 감사드린다. 자녀들을 위해서 매일 눈물로 기도하시는 장모님 이복례 권사님께 감사드린다.

또한 그 누구보다도 나를 아시고 나를 사랑하시며 모든 선교 여정 동안 함께 해주신 하나님께 감사와 찬양과 영광을 올려드린다. 1994년에 러시아 선교사로 파송되어 올해로 선교 30주년이 되는 해다. 처음 러시아 선교를 시작했을 때는 두렵고 무서웠다. 그때마다 "내가 죽지 않고 살아서 여호와의 행사를 선포하리로다"(시 118:17)는 말씀을 붙잡고 기도했다. 하나님께서 30년간 지키시고 인도해 주셔서 죽지 않고 살아서 여기까지 왔다. 모든 것이 하나님의 은혜다. 여기까지 인도해 주신 에벤에셀의 하나님의 은혜에 감사와 찬양과 영광을 올려드린다.

Soli Deo Gloria!
Слава Богу!

2024년 5월

정균오

미션 콘비벤츠
Mission Konvivenz

초판 1쇄 발행 2024년 06월 05일

지은이 정균오
펴낸이 류태연

펴낸곳 렛츠북
주소 서울시 마포구 양화로11길 42, 3층(서교동)
등록 2015년 05월 15일 제2018-000065호
전화 070-4786-4823   팩스 070-7610-2823
홈페이지 http://www.letsbook21.co.kr   이메일 letsbook2@naver.com
블로그 https://blog.naver.com/letsbook2   인스타그램 @letsbook2

ISBN 979-11-6054-709-2   03230

* 이 책은 저작권법에 따라 보호를 받는 저작물이므로 무단전재 및 복제를 금지하며, 이 책 내용의 전부 및 일부를 이용하려면 반드시 저작권자와 도서출판 렛츠북의 서면동의를 받아야 합니다.
* 잘못된 책은 구입하신 서점에서 바꾸어 드립니다.